趴老师的西游课

王召强 丛书主编　耿　荣 编著

这是一本配备家长交流群的名著阅读书
建/议/配/合/二/维/码/一/起/使/用/本/书

■ 入群步骤

01	02	03
用微信扫描二维码；	根据提示，选择加入感兴趣的交流群；	群内回复关键词领相应学习资源。

■ 本书含有以下家长交流群

▶ 地域群　　　基于家长所在位置建立的社群参加线下活动。

▶ 读书话题群　同本书其他家长陪孩子探讨读书心得。

▶ 阅读任务群　通过阅读任务帮孩子养成良好学习习惯。

微信扫描二维码 ◀
加入本书读者微信交流群

南京大学出版社

主编的话

经典阅读，离不开名师领读

我在小学阶段，几乎没有读过一本完整的课外书，那时家里唯一的藏书，是一本父亲在煤矿上培训时发放的有关爆破的油印资料，被母亲拿来夹带"鞋样子"。我那时根本看不懂里面的化学符号，也就只能拿来随便翻翻，欣赏里面母亲收集的各式各样的"鞋样子"。

到了初中，我才有机会接触课外读物。初一的语文老师家里有很多藏书，我跟同学一起到他家里玩时，发现他是一个藏书颇丰的人。我当即鼓足勇气，向他借阅了一套《水浒传》。那时山东电视台经常播放自制的电视连续剧《武松》，让我们这些自诩为"山东好汉"的毛头小子对《水浒传》产生了浓厚的兴趣。

真没想到，我这辈子读的第一部小说竟然就是《水浒传》，这可能就是我们山东人的宿命，仿佛冥冥之中自有天意。"少不读水浒，老不读三国"这种告诫完全不适用于我们。这次阅读《水浒传》的经历，让我对中国古代的历史文化产生了浓厚的兴趣，对我后来走上文科的道路产生了深远的影响。可惜这位语文老师只教了我们一年，后来我就只能在同学中借阅图书了。

考上高中以后，我才有意识地拓展课外阅读。为此，舅舅特地带我去了一趟城里的新华书店，我直奔文学书架而去。从此以后，我就打开了一个课外阅读的新天地，像《简·爱》《爱玛》《巴黎圣母院》《悲惨世界》《罗宾汉的故事》《钢铁是怎样炼成的》《童年》《在人间》《我的大学》《三国演义》《红楼梦》《西游记》《王朔文集》《穆斯林的葬礼》这类小说，我就是在高中紧张的学习生活中抽空读完的。高中三年，我从来没有因为语文成绩而苦恼过，几乎每次考试都是名列前茅。即便是在高考复习极度紧张的高三学年，我还是坚持读完了雨果的长篇小说《悲惨世界》。

直到现在，我还清楚地记得高一时，每周日晚上回到家后，夜读《三国演义》的情景。那时我读的是寄宿制高中，每周只有小半天的休息时间，周日回到家时，已是下午四五点钟，吃完晚饭后，我就开始独享"阅读的至乐"了。

我当时读的是繁体字的竖排本，居然没有碰到什么阅读障碍，就这样津津有味地读了进去。《三国演义》是半文半白的文体，对于培养阅读文言文的语感，是再好不过的了。我想我高中三年语文成绩比较突出，主要跟我在阅读"四大名著"中养成的语感有关。

就阅读状态而言，我现在最怀念高中时期读小说的情景。因为那时我还处于庄子所描述的混沌状态，无论何种类型、何种题材的小说，于我而言都是陌生而新鲜的，我都是带着一颗赤子之心贪婪地阅读着，没有任何功利性的目的。

我当时语文成绩很好，并不指望课外阅读来帮我提高分数，反而每每为了提高数学成绩而挤压课外阅读的时间。考进大学中文系以后，读书时间虽然得到了充分的保障，图书馆里的图书也基本上满足了我读书的需求，但读书的功利性、目的性明显增强了许多，再也回不到那个"无目的阅读"的自然状态。

大学期间，我紧跟着大学老师讲述文学作品选和文学史的节奏，阅读了古今中外大量的文学作品，单就小说而言，我尤其钟爱20世纪以降的西方现代派作品。虽然我也是一个在野地里生长起来的孩子，原本应该更亲近《边城》这种现实题材的作品。但奇怪的是，我对现代派小说情有独钟，像法国的新小说、美国的黑色幽默小说、拉丁美洲的魔幻现实主义小说等等，一读起来就有一种舍不得读完的感觉。即便是卡夫卡那些未完成的小说片段，我都能津津有味地读进去。

不过，在大三、大四的时候，我又回归了中国古典小说的阅读，当时我选了一门陈大康老师的《红楼梦》导读课，在陈老师的指导下，细读了一遍《红楼梦》，并把王国维、胡适以来研究红学的重要著作，几乎都通读了一遍。我这才发现《红楼梦》的博大精深之处，只怪我高中时年少无知，错过了细读《红楼梦》的时机。

我在教学过程中开始整本书阅读教学的摸索，是在我工作的第二年（2004年），当时我在上海市松江二中开设的一门自主选修课程，就是《红楼梦》导读，对于一个新教师而言，其难度之大可想而知。在还没有听闻过"整本书阅读"这个教学理念的当时，我就像一头闯进瓷器店里的大象一样，茫然不知所措，现在回想起来，真是令人汗颜。

我原本打算以《红楼梦》第五回"游幻境指迷十二钗 饮仙醪曲演红楼梦"中的判词为纲，逐一梳理"金陵十二钗"的命运遭际和性格特点，从而引导学生共同探讨《红楼梦》在人物形象塑造上的艺术成就。

没想到具体操作起来，简直是难于上青天，选修这门课的学生只有一人在选课前完整地读过一遍《红楼梦》，其他学生根本没有精力在短时间内把《红楼梦》通读一遍，所以这门"人物形象"课最终就演变成了我对"红学"的梳理课。好在"红学"博大精深，足以填满一个学期的选修课时。

2017年，《普通高中语文课程标准》出来以后，我惊喜地发现"整本书阅读"被纳入了十八个学习任务群，而在"部编本"中学语文教材中，"四大名著"赫然在列。这就意味着今后每一位中学生都要在语文老师的指导下，整本书阅读"四大名著"了。

遥想当初我开设《红楼梦》导读的选修课的惨痛经历，不禁让我思考，整本书阅读"四大名著"谈何容易！

其实从2004年开始，我就一直在思考这个问题：究竟如何开展整本书阅读教学。在过去两年的教学实践中（2017年9月至今），我总算摸索出了一点整本书阅读教学的门道。于是决定跟王健瑶、李金财、耿荣、葛承程这四位老师合作，研发出一套整本书阅读"四大名著"的课程化教材来。

王健瑶老师是我在松江二中的老同事，相交十数年来默契最深；李金财、耿荣老师与我同为黄玉峰老师门下弟子，是我到杨浦工作以来新结识的志同道合之友；葛承程老师原系复旦大学的研究生，曾在我校实习，因毕业论文研究的课题是批判性课程，故而结缘。

此番合作研发"领读经典"书系，四位老师用心最苦，用力最深，在卷帙浩繁的原著中精选出二十到三十回，悉心编排，并加之以精读指导，旨在落实新课标的教育理念，为广大中学师生提供一个整本书阅读"四大名著"的课程化教材，以弥补目下整本书阅读教学之不足。疏漏之处，在所难免，还望各位读者多多指教。

王召强

2019年4月23日

前言

如何使用这本书

耿 荣

随手清点了一下书架上关于《西游记》的书籍，我讶异地发现书橱里已有六十多本与其相关的各色书籍。这是出乎我意料的数字，没有想到不知不觉中我竟参阅了如此多的资料。

然而一想到，前段时间游学时一位低年级孩子对《西游记》的好奇和我身边的学生对西游故事的茫然，我就觉得做这样的名著领读工作是一种神圣的志趣和投入。

尽管之前我编写过关于"《西游记》和写作结合"的书籍，我还是把自己当作一名普通的中学生，再次老老实实、勤勤恳恳地陶醉在名著文本的美好氛围中。

我所在的学校与中国很多发达地区的典型性实验学校类似。如果你在班级里随意喊一声：请读过《西游记》的同学站起来！大概全部学生都会站起来，但是，你仔细一问就知道：部分看过电视连续剧《西游记》的同学也认为自己读过文言原著了。这个现象促使我要让更多的学生对中国的古典文学和文言名著产生浓厚之兴趣和探究之精神。

一、《西游记》是一部文学经典名著

《西游记》为明代小说家吴承恩所著，取材于《大唐西域记》和民间传说、元杂剧。宋代《大唐三藏取经诗话》(又名《大唐三藏取经记》)

是《西游记》故事见于说话文字的最早雏形，其中，唐僧就是以玄奘法师为原型的。

作为中国古代第一部浪漫主义长篇神魔小说，《西游记》主要讲述了孙悟空、猪八戒、沙和尚三人保护唐僧西行取经，一路降妖伏魔，最终五圣成真的故事，曲折地反映了世态人情和世俗情怀，具有丰满的现实血肉和浓郁的生活气息。作者吴承恩运用浪漫主义手法，以无比丰富的想象，描绘了一个色彩缤纷、神奇瑰丽的幻想世界，创造了一系列妙趣横生、引人入胜的神话故事，成功地塑造了孙悟空这个超凡入圣的理想化的英雄形象。

《西游记》的艺术特色，可以用两个字来概括，一是"幻"，一是"趣"。而"幻"不是一般的幻，是奇幻，"趣"不是一般的趣，是奇趣。《西游记》的艺术想象奇特、丰富、大胆，在古今小说作品中是鲜有其匹的。书中角色活动的世界里，有各种各样稀奇有趣的妖怪，千奇百怪，丰富多彩。《西游记》的人物、情节、场面乃至所用的法宝、武器，虽极尽幻化之能事，但都凝聚着现实生活的体验，在奇幻中透出生活气息，折射出世态人情，让读者能够理解，乐于接受。

二、整本阅读的困境

虽然很多中学生通读过《西游记》文言全本，但肯定有部分中学生忽略了一些重要的细节，或缺乏必要的指导，这也就是本书编写的重要原因。

《西游记》一般都是以选文形式出现在中学语文教材中，字数为3000字左右。一百回的大体量长篇文言小说中的历史经典以及人文习俗对于学生们来说很难理解，学生们缺乏文本推敲能力和钻研精神也是必然的。

三、这本书能解决的问题

针对中学生在阅读中存在的问题，这本书从一百回《西游记》文言全本中精选了二十三回。

这二十三回的故事是这部小说的主干和最出彩的章节，有《西游记》中最具个性的各路神佛鬼怪和典型情节，例如"第十六回　观音院僧谋宝贝　黑风山怪窃袈裟"中对贪婪人性的解读；再如"第二十七回　尸魔三戏唐三藏　圣僧恨逐美猴王"中对假象的思考，以及"第六十四回　荆棘岭悟能努力　木仙庵三藏谈诗"中对唐僧的一次另类考验等。

所以，无论是从人物形象的塑造，还是从独具特色的打斗场面、环境描写和情节设置来看，这二十三回都紧扣原著的灵魂和主题。可以说，认真阅读了《西游记》这二十三回本就等于最快、最好、最省地阅读了全书。

四、每章回后的四个板块

（一）每一回都有【名家鉴赏台】，【名家鉴赏台】中有【西游点心】和【名家说话】。爱提问还有点儿小粗心的小艾同学喜欢在【西游点心】里面提问；而明代的李卓吾先生和清代的张书绅先生对《西游记》的点评在【名家说话】里达到了思想理论的巅峰。

（二）在【绝妙好辞笺】这个板块中，有【原作指摘】和【演练改写】。这两个小板块瞄准了原作中的经典诗句和场景，结合时下流行的句段阅读法，能够很好地还原、对比、拓展小说中的实例，深入浅出地引领读者在经典的海洋中遨游。

（三）【西游竞技场】主要通过批注实例和批注演练的方式来引导中学生养成在阅读中动笔、在动笔中思考的好习惯，从而达到有针对性地查漏补缺的目的，这个板块还有助于进一步提升学生的批注能力，巩固语文知识的积累。

（四）【实践活动园】则完全是有的放矢地对文字语言拓展和文字语

言实践加以训练。这里不但是想象力培养训练的极好园地、文学和绘画结合的展示场所,还是一个能够引发读者思考的平台,它有助于提高中学生鉴赏《西游记》语句的能力和运用书中语言的能力。

因此,这本书不仅是一本领读名著之书,更是一本夯实学生文言基础、激发文言兴趣的乐读之书!

目录

第一篇　横空出世说猴王

第一回　灵根育孕源流出　心性修持大道生……………………3

第二回　悟彻菩提真妙理　断魔归本合元神……………………18

第四回　官封弼马心何足　名注齐天意未宁……………………33

第七回　八卦炉中逃大圣　五行山下定心猿……………………48

第二篇　西天取经有缘由

第八回　我佛造经传极乐　观音奉旨上长安……………………63

第十回　二将军宫门镇鬼　唐太宗地府还魂……………………78

第十四回　心猿归正　六贼无踪…………………………………93

第三篇　八十一难渡劫行

第十六回　观音院僧谋宝贝　黑风山怪窃袈裟…………………113

第十九回　云栈洞悟空收八戒　浮屠山玄奘受心经……………130

第二十三回　三藏不忘本　四圣试禅心…………………………145

第二十四回　万寿山大仙留故友　五庄观行者窃人参…………161

第二十七回　尸魔三戏唐三藏　圣僧恨逐美猴王………………177

第三十回　邪魔侵正法　意马忆心猿……………………………192

第四十回　婴儿戏化禅心乱　猿马刀归木母空…………………… 209

第四十六回　外道弄强欺正法　心猿显圣灭诸邪…………………… 225

第五十八回　二心搅乱大乾坤　一体难修真寂灭…………………… 242

第六十一回　猪八戒助力败魔王　孙行者三调芭蕉扇………………… 257

第六十四回　荆棘岭悟能努力　木仙庵三藏谈诗…………………… 274

第六十五回　妖邪假设小雷音　四众皆遭大厄难…………………… 291

第八十七回　凤仙郡冒天止雨　孙大圣劝善施霖…………………… 306

第九十二回　三僧大战青龙山　四星挟捉犀牛怪…………………… 321

第九十八回　猿熟马驯方脱壳　功成行满见真如…………………… 338

第四篇　九九归一成圆满

第一百回　径回东土　五圣成真……………………………………… 359

第一篇

横空出世说猴王

第一回

灵根育孕源流出　心性修持大道生

诗曰：
　　混沌未分天地乱，茫茫渺渺无人见。
　　自从盘古破鸿蒙，开辟从兹清浊辨。
　　覆载群生仰至仁，发明万物皆成善。
　　欲知造化会元功，须看《西游释厄传》。

　　盖闻天地之数，有十二万九千六百岁为一元。将一元分为十二会，乃子、丑、寅、卯、辰、巳、午、未、申、酉、戌、亥之十二支也。每会该一万八百岁。且就一日而论：子时得阳气，而丑则鸡鸣；寅不通光，而卯则日出；辰时食后，而巳则挨排；日午天中，而未则西蹉；申时晡[①]而日落酉；戌黄昏而人定亥。譬于大数，若到戌会之终，则天地昏曚而万物否矣。再去五千四百岁，交亥会之初，则当黑暗，而两间人物俱无矣，故曰混沌。又五千四百岁，亥会将终，贞下起元，近子之会，而复逐渐开明。邵康节曰："冬至子之半，天心无改移。一阳初动处，万物未生时。"到此，天始有根。再五千四百岁，正当子会，轻清

[①]　"晡"字属于日字部，是古汉语中代指时间的字，是指下午的三点到五点钟这个时间段。

上腾，有日，有月，有星，有辰。日、月、星、辰，谓之四象。故曰，天开于子。又经五千四百岁，子会将终，近丑之会，而逐渐坚实。《易》曰："大哉乾元！至哉坤元！万物资生，乃顺承天。"至此，地始凝结。再五千四百岁，正当丑会，重浊下凝，有水，有火，有山，有石，有土。水、火、山、石、土，谓之五形。故曰，地辟于丑。又经五千四百岁，丑会终而寅会之初，发生万物。历曰："天气下降，地气上升；天地交合，群物皆生。"至此，天清地爽，阴阳交合。再五千四百岁，正当寅会，生人，生兽，生禽，正谓天地人，三才定位。故曰，人生于寅。

感盘古开辟，三皇治世，五帝定伦，世界之间，遂分为四大部洲：曰东胜神洲，曰西牛贺洲，曰南赡部洲，曰北俱芦洲。这部书单表东胜神洲。海外有一国土，名曰傲来国。国近大海，海中有一座名山，唤为花果山。此山乃十洲之祖脉，三岛之来龙，自开清浊而立，鸿蒙判后而成。真个好山！有词赋为证。赋曰：

　　势镇汪洋，威宁瑶海。势镇汪洋，潮涌银山鱼入穴；威宁瑶海，波翻雪浪蜃离渊。水火方隅高积土，东海之处耸崇巅。丹崖怪石，削壁奇峰。丹崖上，彩凤双鸣；削壁前，麒麟独卧。峰头时听锦鸡鸣，石窟每观龙出入。林中有寿鹿仙狐，树上有灵禽走鹤。瑶草奇花不谢，青松翠柏长青。仙桃常结果，修竹每留云。一条涧壑藤萝密，四面原堤草色新。正是百州会处擎天柱，万劫无移大地根。

那座山正当顶上，有一块仙石。其石有三丈六尺五寸高，有二丈四尺围圆。三丈六尺五寸高，按周天三百六十五度；二丈四尺围圆，按政历二十四气。上有九窍八孔，按九宫八卦。四面更无树木遮阴，左右倒有芝兰相衬。盖自开辟以来，每受天真地秀，日精月华，感之既久，遂有灵通之意。内育仙胞，一日迸裂，产一石卵，似圆球样大。因见风，化作一个石猴。五官俱备，四肢皆全。便就学爬学走，拜了四方。目运两道金光，射冲斗府。惊动高天上圣大慈仁者玉皇大天尊玄穹高上帝，驾座金阙云宫灵霄宝殿，聚集仙卿，见有金光焰焰，即命千里眼、顺风耳开南天门观看。二将果奉旨出门外，看的真，听的明。须臾回报道："臣奉旨观听金光之处，乃东胜神洲海东傲来小国之界，有一座花果山，山上有一仙石，石产一卵，见风化一石猴，在那里拜四方，眼运金光，射冲斗府。如今服饵水食，金光将潜息矣。"玉帝垂赐恩慈曰："下方之物，乃天地精华所生，不足为异。"

那猴在山中，却会行走跳跃，食草木，饮涧泉，采山花，觅树果；与狼虫为伴，虎豹为群，獐鹿为友，猕猿为亲；夜宿石崖之下，朝游峰洞之中。真是"山中无甲子，寒尽不知年。"一朝天气炎热，与群猴避暑，都在松阴之下顽耍。你看他一个个：

跳树攀枝，采花觅果；抛弹子，邷么儿；跑沙窝，砌宝塔；赶蜻蜓，扑趴蜡；参老天，拜菩萨；扯葛藤，编草袜；捉虱子，咬又掐；理毛衣，剔指甲；挨的挨，擦的擦；推的推，压的压；扯的扯，拉的拉，青松林下任他顽，绿水涧边随洗濯。

一群猴子耍了一会，却去那山涧中洗澡。见那股涧水奔流，真个似滚瓜涌溅。古云："禽有禽言，兽有兽语。"众猴都道："这股水不知是那里的水。我们今日赶闲无事，顺涧边往上溜头寻看源流，耍子去耶！"喊一声，都拖男挈女，呼弟呼兄，一齐跑来，顺涧爬山，直至源流之处，乃是一股瀑布飞泉。但见那：

  一派白虹起，千寻雪浪飞。
  海风吹不断，江月照还依。
  冷气分青嶂，余流润翠微。
  潺湲名瀑布，真似挂帘帷。

众猴拍手称扬道："好水！好水！原来此处远通山脚之下，直接大海之波。"又道："那一个有本事的，钻进去寻个源头出来，不伤身体者，我等即拜他为王。"连呼了三声，忽见丛杂中跳出一名石猴，应声高叫道："我进去！我进去！"好猴！也是他：

  今日芳名显，时来大运通。
  有缘居此地，天遣入仙宫。

你看他瞑目蹲身，将身一纵，径跳入瀑布泉中，忽睁睛抬头观看，那里边却无水无波，明明朗朗的一架桥梁。他住了身，定了神，仔细再看，原来是座铁板桥。桥下之水，冲贯于石窍之间，倒挂流出去，遮闭了桥门。却又欠身上桥头，再走再看，却似有人家住处一般，真个好所在。但见那：

  翠藓堆蓝，白云浮玉，光摇片片烟霞。虚窗静室，滑凳板生花。乳窟龙珠倚挂，萦回满地奇葩。锅灶傍崖存火迹，樽罍靠案见肴渣。石座石床真可爱，石盆石碗更堪夸。又见那一竿两竿修竹，三点五点梅花。几树青松常带雨，浑然像个人家。

看罢多时，跳过桥中间，左右观看，只见正当中有一石碣。碣上有一行楷书大字，镌着"花果山福地，水帘洞洞天。"石猴喜不自胜，急抽身往外便走，复瞑目蹲身，跳出水外，打了两个呵呵道："大造化！大造化！"众猴把他围住，问道："里面怎么样？水有多深？"石猴道："没水！没水！原来是一座铁板桥。桥那边是一座天造地设的家当。"众猴道："怎见得是个家当？"石猴笑道："这股水乃是桥下冲贯石桥，倒挂下来遮闭门户的。桥边有花有树，乃是一座石房。房内有石窝、石灶、石碗、石盆、石床、石凳。中间一块石碣上，镌着'花果山福地，水帘洞洞天。'真个是我们安身之处。里面且是宽阔，容得千百口老小。我们都进去住，也省得受老天之气。这里边：

刮风有处躲，下雨好存身。

霜雪全无惧，雷声永不闻。

烟霞常照耀，祥瑞每蒸熏。

松竹年年秀，奇花日日新。"

众猴听得，个个欢喜。都道："你还先走，带我们进去，进去！"石猴却又瞑目蹲身，往里一跳，叫道："都随我进来！进来！"那些猴有胆大的，都跳进去了；胆小的，一个个伸头缩颈，抓耳挠腮，大声叫喊，缠一会，也都进去了。跳过桥头，一个个抢盆夺碗，占灶争床，搬过来，移过去，正是猴性顽劣，再无一个宁时，只搬得力倦神疲方止。石猿端坐上面道："列位呵，'人而无信，不知其可。'你们才说有本事进得来，出得去，不伤身体者，就拜他为王。我如今进来又出去，出去又进来，寻了这一个洞天与列位安眠稳睡，各享成家之福，何不拜我为王？"众猴听说，即拱伏无违。一个个序齿排班，朝上礼拜。都称"千岁大王"。自此，石猴高登王位，将"石"字儿隐了，遂称美猴王。有诗为证。诗曰：

三阳交泰产群生，仙石胞含日月精。

> 借卵化猴完大道，假他名姓配丹成。
> 内观不识因无相，外合明知作有形。
> 历代人人皆属此，称王称圣任纵横。

美猴王领一群猿猴、猕猴、马猴等，分派了君臣佐使，朝游花果山，暮宿水帘洞，合契同情，不入飞鸟之丛，不从走兽之类，独自为王，不胜欢乐。是以：

> 春采百花为饮食，夏寻诸果作生涯。
> 秋收芋栗延时节，冬觅黄精度岁华。

美猴王享乐天真，何期有三五百载。一日，与群猴喜宴之间，忽然忧恼，堕下泪来。众猴慌忙罗拜道："大王何为烦恼？"猴王道："我虽在欢喜之时，却有一点儿远虑，故此烦恼。"众猴又笑道："大王好不知足！我等日日欢会，在仙山福地，古洞神洲，不伏麒麟辖，不伏凤凰管，又不伏人间王位所拘束，自由自在，乃无量之福，为何远虑而忧也？"猴王道："今日虽不归人王法律，不惧禽兽威严，将来年老血衰，暗中有阎王老子管着，一旦身亡，可不枉生世界之中，不得久注天人之内？"众猴闻此言，一个个掩面悲啼，俱以无常为虑。

只见那班部中，忽跳出一个通背猿猴，厉声高叫道："大王若是这般远虑，真所谓道心开发也！如今五虫之内，惟有三等名色，不伏阎王老子所管。"猴王道："你知那三等人？"猿猴道："乃是佛与仙与神圣三者，躲过轮回，不生不灭，与天地山川齐寿。"猴王道："此三者居于何所？"猿猴道："他只在阎浮世界之中，古洞仙山之内。"猴王闻之，满心欢喜，道："我明日就辞汝等下山，云游海角，远涉天涯，务必访此三者，学一个不老长生，常躲过阎君之难。"噫！这句话，顿教跳出轮回网，致使齐天大圣成。

众猴鼓掌称扬，都道："善哉！善哉！我等明日越岭登山，广寻些果品，大设筵宴送大王也。"

次日，众猴果去采仙桃，摘异果，刨山药，劚黄精，芝兰香蕙，瑶草奇花，般般件件，整整齐齐，摆开石凳石桌，排列仙酒仙肴。但见那：

　　金丸珠弹，红绽黄肥。金丸珠弹腊樱桃，色真甘美；红绽黄肥熟梅子，味果香酸。鲜龙眼，肉甜皮薄；火荔枝，核小囊红。林檎碧实连枝献，枇杷缃苞带叶擎。兔头梨子鸡心枣，消渴除烦更解酲。香桃烂杏，美甘甘似玉液琼浆；脆李杨梅，酸荫荫如脂酸膏酪。红囊黑子熟西瓜，四瓣黄皮大柿子。石榴裂破，丹砂粒现火晶珠；芋栗剖开，坚硬肉团金玛瑙。胡桃银杏可传茶，椰子葡萄能做酒。榛松榧柰满盘盛，橘蔗柑橙盈案摆。熟煨山药，烂煮黄精，捣碎茯苓并薏苡，石锅微火漫炊羹。人间纵有珍馐味，怎比山猴乐更宁？

群猴尊美猴王上坐，各依齿肩排于下边，一个个轮流上前，奉酒，奉花，奉果，痛饮了一日。次日，美猴王早起，教："小的们，替我折些枯松，编作筏子，取个竹竿作篙，收拾些果品之类，我将去也。"果独自登筏，尽力撑开，飘飘荡荡，径向大海波中，趁天风，来渡南赡部洲地界。这一去，正是那：

　　天产仙猴道行隆，离山驾筏趁天风。
　　飘洋过海寻仙道，立志潜心建大功。
　　有分有缘休俗愿，无忧无虑会元龙。
　　料应必遇知音者，说破源流万法通。

也是他运至时来，自登木筏之后，连日东南风紧，将他送到西北岸前,乃是南赡部洲地界。持篙试水,偶得浅水,弃了筏子,跳上岸来,只见海边有人捕鱼、打雁、挖蛤、淘盐。他走近前,弄个把戏,妆个㑳虎①,吓得那些人丢筐弃网,四散奔跑。将那跑不动的拿住一个,剥了他衣裳,也学人穿在身上,摇摇摆摆,穿州过府,在市廛中,学人礼,学人话。朝餐夜宿,一心里访问佛仙神圣之道,觅个长生不老之方。见世人都是为名为利之徒,更无一个为身命者。正是那:

> 争名夺利几时休?早起迟眠不自由!
> 骑着驴骡思骏马,官居宰相望王侯。
> 只愁衣食耽劳碌,何怕阎君就取勾?
> 继子荫孙图富贵,更无一个肯回头!

猴王参访仙道,无缘得遇。在于南赡部洲,串长城,游小县,不觉八九年余。忽行至西洋大海,他想着海外必有神仙。独自个依前作筏,又飘过西海,直至西牛贺洲地界。登岸遍访多时,忽见一座高山秀丽,林麓幽深。他也不怕狼虫,不惧虎豹,登山顶上观看。果是好山:

> 千峰排戟,万仞开屏。日映岚光轻锁翠,雨收黛色冷含青。瘦藤缠老树,古渡界幽程。奇花瑞草,修竹乔松。修竹乔松,万载常青欺福地;奇花瑞草,四时不谢赛蓬瀛。幽鸟啼声近,源泉响溜清。重重谷壑芝兰绕,处处巉崖苔藓生。起伏峦头龙脉好,必有高人隐姓名。

正观看间,忽闻得林深之处,有人言语,急忙趋步,穿入林中,侧耳而听,原来是歌唱之声。歌曰:

---

① 㑳虎:吓人的模样。

第一回　灵根育孕源流出　心性修持大道生

"观棋柯烂，伐木丁丁，云边谷口徐行，卖薪沽酒，狂笑自陶情。苍迳秋高对月，枕松根，一觉天明。认旧林，登崖过岭，持斧断枯藤。

收来成一担，行歌市上，易米三升。更无些子争竞，时价平平。不会机谋巧算，没荣辱，恬淡延生。相逢处，非仙即道，静坐讲《黄庭》。"

美猴王听得此言，满心欢喜道："神仙原来藏在这里！"即忙跳入里面，仔细再看，乃是一个樵子，在那里举斧砍柴。但看他打扮非常：

头上戴箬笠，乃是新笋初脱之箨。身上穿布衣，乃是木绵抪就之纱。腰间系环绦，乃是老蚕口吐之丝。足下踏草履，乃是枯莎搓就之爽。手执衡钢斧，担挽火麻绳。扳松劈枯树，争似此樵能！

猴王近前叫道："老神仙！弟子起手。"那樵汉慌忙丢了斧，转身答礼道："不当人！不当人！我拙汉衣食不全，怎敢当'神仙'二字？"猴王道："你不是神仙，如何说出神仙的话来？"樵夫道："我说甚么神仙话？"猴王道："我才来至林边，只听的你说：'相逢处，非仙即道，静坐讲《黄庭》。'《黄庭》乃道德真言，非神仙而何？"樵夫笑道："实不瞒你说，这个词名做《满庭芳》，乃一神仙教我的。那神仙与我舍下相邻。他见我家事劳苦，日常烦恼，教我遇烦恼时，即把这词儿念念。一则散心，二则解困。我才有些不足处思虑，故此念念。不期被你听了。"猴王道："你家既与神仙相邻，何不从他修行？学得个不老之方，却不是好？"樵夫道："我一生命苦：自幼蒙父母养育至八九岁，才知人事，不幸父丧，母亲居孀。再无兄弟姊妹，只我一人，没奈何，早晚侍奉。如今母老，一发不敢抛离。却又田园荒芜，衣食不足，只得斫两束柴薪，挑向市廛之间，货几文钱，籴几升米，自炊自造，安排些茶饭，供养老母，所以不能修行。"

猴王道："据你说起来，乃是一个行孝的君子，向后必有好处。但望你指与我那神仙住处，却好拜访去也。"樵夫道："不远，不远。此山叫做灵台方寸山。山中有座斜月三星洞。那洞中有一个神仙，称名须菩提祖师。那祖师出去的徒弟，也不计其数，见今还有三四十人从他修行。你顺那条小路儿，向南行七八里远近，即是他家了。"猴王用手扯住樵夫道："老兄，你便同我去去。若还得了好处，决不忘你指引之恩。"樵夫道："你这汉子，甚不通变。我方才这般与你说了，你还不省？假若我与你去了，却不误了我的生意？老母何人奉养？我要斫柴，你自去，自去。"

猴王听说，只得相辞。出深林，找上路径，过一山坡，约有七八里远，果然望见一座洞府。挺身观看，真好去处！但见：

　　烟霞散彩，日月摇光。千株老柏，万节修篁。千株老柏，带雨半空青冉冉；万节修篁，含烟一壑色苍苍。门外奇花布锦，桥边瑶草喷香。石崖突兀青苔润，悬壁高张翠藓长。时闻仙鹤唳，每见凤凰翔。仙鹤唳时，声振九皋霄汉远；凤凰翔起，翎毛五色彩云光。玄猿白鹿随隐见，金狮玉象任行藏。细观灵福地，真个赛天堂！

又见那洞门紧闭，静悄悄杳无人迹。忽回头，见崖头立一石牌，约有三丈余高，八尺余阔，上有一行十个大字，乃是"灵台方寸山，斜月三星洞"。美猴王十分欢喜道："此间人果是朴实。果有此山此洞。"看勾多时，不敢

第一回　灵根育孕源流出　心性修持大道生

敲门。且去跳上松枝梢头，摘松子吃了顽耍。

少顷间，只听得呀的一声，洞门开处，里面走出一个仙童，真个丰姿英伟，像貌清奇，比寻常俗子不同。但见他：

　　鬅鬙双丝绾，宽袍两袖风。
　　貌和身自别，心与相俱空。
　　物外长年客，山中永寿童。
　　一尘全不染，甲子任翻腾。

那童子出得门来，高叫道："甚么人在此搔扰？"猴王扑的跳下树来，上前躬身道："仙童，我是个访道学仙之弟子，更不敢在此搔扰。"仙童笑道："你是个访道的么？"猴王道："是。"童子道："我家师父，正才下榻，登坛讲道，还未说出原由，就教我出来开门。说：'外面有个修行的来了，可去接待接待。'想必就是你了？"猴王笑道："是我，是我。"童子道："你跟我进来。"

这猴王整衣端肃，随童子径入洞天深处观看：一层层深阁琼楼，一进进珠宫贝阙，说不尽那静室幽居，直至瑶台之下。见那菩提祖师端坐在台上，两边有三十个小仙侍立台下。果然是：

　　大觉金仙没垢姿，西方妙相祖菩提。
　　不生不灭三三行，全气全神万万慈。
　　空寂自然随变化，真如本性任为之。
　　与天同寿庄严体，历劫明心大法师。

美猴王一见，倒身下拜，磕头不计其数，口中只道："师父！师父！我弟子志心朝礼！志心朝礼！"祖师道："你是那方人氏？且说个乡贯姓名明白，再拜。"猴王道："弟子东胜神洲傲来国花果山水帘洞人氏。"祖师喝令："赶

批注

出去！他本是个撒诈捣虚之徒，那里修甚么道果！"猴王慌忙磕头不住道："弟子是老实之言，决无虚诈。"祖师道："你既老实，怎么说东胜神洲？那去处到我这里，隔两重大海，一座南赡部洲，如何就得到此？"猴王叩头道："弟子飘洋过海，登界游方，有十数个年头，方才访到此处。"

祖师道："既是逐渐行来的也罢。你姓甚么？"猴王又道："我无性。人若骂我，我也不恼；若打我，我也不嗔，只是陪个礼儿就罢了。一生无性。"祖师道："不是这个性。你父母原来姓甚么？"猴王道："我也无父母。"祖师道："既无父母，想是树上生的？"猴王道："我虽不是树生，却是石里长的。我只记得花果山上有一块仙石，其年石破，我便生也。"祖师闻言，暗喜道："这等说，却是天地生成的。你起来走走我看。"猴王纵身跳起，拐呀拐的走了两遍。祖师笑道："你身躯虽是鄙陋，却像个食松果的猢狲。我与你就身上取个姓氏，意思教你姓'猢'。猢字去了个兽傍，乃是古月。古者，老也；月者，阴也。老阴不能化育，教你姓'狲'倒好。狲字去了兽傍，乃是个子系。子者，儿男也；系者，婴细也。正合婴儿之本论。教你姓'孙'罢。"猴王听说，满心欢喜，朝上叩头道："好！好！好！今日方知姓也。万望师父慈悲！既然有姓，再乞赐个名字，却好呼唤。"祖师道："我门中有十二个字，分派起名到你乃第十辈之小徒矣。"猴王道："那十二个字？"祖师道："乃广、大、智、慧、真、如、性、海、颖、悟、圆、觉十二字。排到你，正当'悟'字。与你起个法名叫做'孙悟空'好么？"猴王笑道："好！好！好！自今就叫做孙悟空也！"正是：鸿蒙初辟原无姓，打破顽空须悟空。毕竟不知向后修些甚么道果，且听下回分解。

第一回　灵根育孕源流出　心性修持大道生

名家鉴赏台

1. 西游点心

爱提问还有点儿小粗心的小艾同学读了《西游记》以后，看到有人把《西游记》叫作《西游释厄传》，这种叫法对不对呢？

答：这种叫法是非常正确的。《西游释厄传》是《西游记》的别名。你看《西游记》的开篇是一首七言律诗，末了有一句："欲知造化会元功，须看《西游释厄传》。"这是全诗点睛之笔。

2. 名家说话

读《西游记》者，不知作者宗旨，定作戏论。余为一一拈出，庶几不埋没了作者之意。即如第一回有无限妙处。若得其意，胜如磬翻一大藏了也。篇中云："释厄传"，见此书读之可释厄也。若读了《西游》，厄仍不释，却不辜负了《西游记》么？何以言释厄？只是能解脱便是。

——李卓吾

明代的李卓吾先生对《西游记》的主题思想有着独到而深刻的见解，《西游记》盛赞了人类对理想、对人生的追求。《西游记》貌似一本戏谑之作、神魔之作，但实质上，它是一本对人类理想和追求的致敬之作，并且它把掌声和鲜花给了以玄奘法师为首、孙悟空为代表的取经团队。

绝妙好辞笺

1. 原作指摘

见世人都是为名为利之徒，更无一个为身命者。正是那：

争名夺利几时休？早起迟眠不自由！

骑着驴骡思骏马，官居宰相望王侯。

只愁衣食耽劳碌，何怕阎君就取勾？

继子荫孙图富贵，更无一个肯回头！

2. 演练改写

请把描写猴王初入人间见到人间百态的诗词改写成一段叙述兼议论的现代文文字:(不改变原意)

西游竞技场

1. 本回批注实例

① 只见正当中有一石碣。碣上有一行楷书大字,镌着"花果山福地,水帘洞洞天"。

人人俱有此洞天福地,惜不曾看见耳!

——李卓吾

② 石猿端坐上面道:"列位呵,'人而无信,不知其可。'"

老猴也曾读《论语》?

——李卓吾

③ 此山叫做灵台方寸山。

灵台方寸,心也。一部《西游》,此是宗旨。

——李卓吾

2. 本回批注演练(可在原文处靠右夹批,也可以在下面演练批注)

实践活动园

1. 西游人物秀

在下面给第一回出现的《西游记》主人公之一——美猴王画像。

2. 猴王要说话

猴王好不容易受樵夫指点来到灵台山三星洞,要向须菩提祖师行礼拜师,在此期间,祖师和猴王有一段精彩对话,请你找到本回相关内容,用自己的话再现这一对话情境。聪明的你如果能编成一个小小课本剧就更好了!

3. 人物微点评

① 微点评列举:

他走近前,弄个把戏,妆个嬰虎,吓得那些人丢筐弃网,四散奔跑。将那跑不动的拿住一个,剥了他衣裳,也学人穿在身上,摇摇摆摆,穿州过府,在市鏖中,学人礼,学人语。

② 请你也用三言两语点评猴王这个人物形象:

第二回

悟彻菩提真妙理　　断魔归本合元神

批注

话表美猴王得了姓名，怡然踊跃；对菩提前作礼启谢。那祖师即命大众引悟空出二门外，教他洒扫应对，进退周旋之节。众仙奉行而出。悟空到门外，又拜了大众师兄，就于廊庑之间，安排寝处。次早，与众师兄学言语礼貌、讲经论道，习字焚香，每日如此。闲时即扫地锄园，养花修树，寻柴燃火，挑水运浆。凡所用之物，无一不备。在洞中不觉倏六七年，一日，祖师登坛高坐，唤集诸仙，开讲大道。真个是：

　　天花乱坠，地涌金莲。妙演三乘教，精微万法全。慢摇麈尾喷珠玉，响振雷霆动九天。说一会道，讲一会禅，三家配合本如然。开明一字皈诚理，指引无生了性玄。

孙悟空在旁闻听，喜得他抓耳挠腮，眉花眼笑。忍不住手之舞之，足之蹈之。忽被祖师看见，叫孙悟空道："你在班中，怎么颠狂跃舞，不听我讲？"悟空道："弟子诚心听讲，听到老师父妙音处，喜不自胜，故不觉作此踊跃之状。望师父恕罪！"祖师道："你既识妙音，我且问你，你到洞中多少时了？"悟空道："弟子本来懵懂，不知多少时节。只记得灶下无火，常去山后打柴，见一山好桃树，我在那里吃了七次饱桃矣。"祖师道："那山唤名烂桃山。你既吃七次，想是七年了。你今要从我学些甚么道？"悟空道："但凭尊师教诲，只是有些道气儿，弟子便就学了。"

　　祖师道："'道'字门中有三百六十傍门，傍门皆有正果。不知你学那一门哩？"悟空道："凭尊师意思。弟子倾心听从。"祖师道："我教你个'术'字门中之道，如何？"悟空道："术门之道怎么说？"祖师道："术字门中，乃是些请仙扶鸾，问卜揲蓍，能知趋吉避凶之理。"悟空道："似这般可得长生么？"祖师道："不能！不能！"悟空道："不学！不学！"

　　祖师又道："教你'流'字门中之道，如何？"悟空又问："流字门中，是甚义理？"祖师道："流字门中，乃是儒家、释家、道家、阴阳家、墨家、医家，或看经，或念佛，并朝真降圣之类。"悟空道："似这般可得长生么？"祖师道："若要长生，也似'壁里安柱'。"悟空道："师父，我是个老实人，不晓得打市语。怎么谓之'壁里安柱'？"祖师道："人家盖房，欲图坚固，将墙壁之间，立一顶柱，有日大厦将颓，他必朽矣。"悟空道："据此说，也不长久。不学！不学！"

　　祖师道："教你'静'字门中之道，如何？"悟空道："静字门中，是甚正果？"祖师道："此是休粮守谷，清静无为，参禅打坐，戒语持斋，或睡功，或立功，并入定坐关之类。"悟空道："这般也能长生么？"祖师道："也似'窑头土坯'。"悟空笑道："师父果有些滴达。一行说我不会打市语。怎么谓之'窑头土坯'？"祖师道："就如那窑头上，造成砖瓦之坯，虽已成形，尚未经水火煅炼，

批注

一朝大雨滂沱，他必滥矣。"悟空道："也不长远。不学！不学！"

祖师道："教你'动'字门中之道，如何？"悟空道："动门之道，却又怎样？"祖师道："此是有为有作，采阴补阳，攀弓踏弩，摩脐过气，用方炮制，烧茅打鼎，进红铅，炼秋石，并服妇乳之类。"悟空道："似这等也得长生么？"祖师道："此欲长生，亦如'水中捞月'。"悟空道："师父又来了！怎么叫做'水中捞月'？"祖师道："月在长空，水中有影，虽然看见，只是无捞摸处，到底只成空耳。"悟空道："也不学！不学！"

祖师闻言，咄的一声，跳下高台，手持戒尺，指定悟空道："你这猢狲，这般不学，那般不学，却待怎么？"走上前，将悟空头上打了三下，倒背着手，走入里面，将中门关了，撇下大众而去。唬得那一班听讲的，人人惊惧，皆怨悟空道："你这泼猴，十分无状！师父传你道法，如何不学，却与师父顶嘴？这番冲撞了他，不知几时才出来呵！"此时俱甚抱怨他，又鄙贱嫌恶他。悟空一些儿也不恼，只是满脸陪笑。原来那猴王，已打破盘中之谜，暗暗在心，所以不与众人争竞，只是忍耐无言。祖师打他三下者，教他三更时分存心；倒背着手，走入里面，将中门关上者，教他从后门进步，秘处传他道也。

当日悟空与众等，喜喜欢欢，在三星仙洞之前，盼望天色，急不能到晚。及黄昏时，却与众就寝，假合眼，定息存神。山中又没打更传箭，不知时分，只自家将鼻孔中出入之气调定。约到子时前后，轻轻的起来，穿了衣服，偷开前门，躲离大众，走出外，抬头观看。正是那：

月明清露冷，八极迥无尘。

第二回 悟彻菩提真妙理　断魔归本合元神

　　深树幽禽宿，源头水溜汾。

　　飞萤光散影，过雁字排云。

　　正直三更候，应该访道真。

你看他从旧路径至后门外，只见那门儿半开半掩。悟空喜道："老师父果然注意与我传道，故此开着门也。"即曳步近前，侧身进得门里，只走到祖师寝榻之下。见祖师蜷局身躯，朝里睡着了。悟空不敢惊动，即跪在榻前。那祖师不多时觉来，舒开两足，口中自吟道：

　　"难！难！难！道最玄，莫把金丹作等闲。不遇至人传妙诀，空言口困舌头干！"

悟空应声叫道："师父，弟子在此跪候多时。"祖师闻得声音是悟空，即起披衣盘坐，喝道："这猢狲！你不在前边去睡，却来我这后边作甚？"悟空道："师父昨日坛前对众相允，教弟子三更时候，从后门里传我道理，故此大胆径拜老爷榻下。"祖师听说，十分欢喜，暗自寻思道："这厮果然是个天地生成的！不然，何就打破我盘中之暗谜也？"悟空道："此间更无六耳，止只弟子一人，望师父大舍慈悲，传与我长生之道罢，永不忘恩！"祖师道："你今有缘，我亦喜说。既识得盘中暗谜，你近前来，仔细听之，当传与你长生之妙道也。"悟空叩头谢了，洗耳用心，跪于榻下。祖师云：

　　"显密圆通真妙诀，惜修性命无他说。

　　都来总是精气神，谨固牢藏休漏泄。

　　休漏泄，体中藏，汝受吾传道自昌。

　　口诀记来多有益，屏除邪欲得清凉。

　　得清凉，光皎洁，好向丹台赏明月。

　　月藏玉兔日藏乌，自有龟蛇相盘结。

批注

相盘结，性命坚，却能火里种金莲。

攒簇五行颠倒用，功完随作佛和仙。"

此时说破根源，悟空心灵福至，切切记了口诀，对祖师拜谢深恩，即出后门观看。但见东方天色微舒白，西路金光大显明。依旧路，转到前门，轻轻的推开进去，坐在原寝之处，故将床铺摇响道："天光了！天光了！起耶！"那大众还正睡哩，不知悟空已得了好事。当日起来打混，暗暗维持，子前午后，自己调息。

却早过了三年，祖师复登宝座，与众说法。谈的是公案比语，论的是外像包皮。忽问："悟空何在？"悟空近前跪下："弟子有。"祖师道："你这一向修些什么道来？"悟空道："弟子近来法性颇通，根源亦渐坚固矣。"祖师道："你既通法性，会得根源，已注神体，却只是防备着'三灾利害'。"悟空听说，沉吟良久道："师父之言谬矣。我常闻道高德隆，与天同寿，水火既济，百病不生，却怎么有个'三灾利害'？"祖师道："此乃非常之道：夺天地之造化，侵日月之玄机；丹成之后，鬼神难容。虽驻颜益寿，但到了五百年后，天降雷灾打你，须要见性明心，预先躲避。躲得过，寿与天齐，躲不过，就此绝命。再五百年后，天降火灾烧你。这火不是天火，亦不是凡火，唤做'阴火'。自本身涌泉穴下烧起，直透泥垣宫，五脏成灰，四肢皆朽，把千年苦行，俱为虚幻。再五百年，又降风灾吹你。这风不是东南西北风，不是和薰金朔风，亦不是花柳松竹风，唤做'赑风'。自囟门中吹入六腑，过丹田，穿九窍，骨肉消疏，其身自解。所以都要躲过。"悟空闻说，毛骨悚然，叩头礼拜道："万望老爷垂悯，传与躲避三灾之法，到底不敢忘恩。"祖师道："此亦无难，只是你比

第二回 悟彻菩提真妙理 断魔归本合元神

他人不同，故传不得。"悟空道："我也头圆顶天，足方履地，一般有九窍四肢，五脏六腑，何以比人不同？"祖师道："你虽然像人，却比人少腮。"原来那猴子孤拐面，凹脸尖嘴。悟空伸手一摸，笑道："师父没成算！我虽少腮，却比人多这个素袋，亦可准折过也。"祖师说："也罢，你要学那一般？有一般天罡数，该三十六般变化；有一般地煞数，该七十二般变化。"悟空道："弟子愿多里捞摸，学一个地煞变化罢。"祖师道："既如此，上前来，传与你口诀。"遂附耳低言，不知说了些甚么妙法。这猴王也是一窍通时百窍通，当时习了口诀，自修自炼，将七十二般变化，都学成了。

忽一日，祖师与众门人在三星洞前戏玩晚景。祖师道："悟空，事成了未曾？"悟空道："多蒙师父海恩，弟子功果完备，已能霞举飞升也。"祖师道："你试飞举我看。"悟空弄本事，将身一耸，打了个连扯跟头，跳离地有五六丈，踏云霞去勾有顿饭功夫，返复不上三里远近，落在面前，叉手道："师父，这就是飞举腾云了。"祖师笑道："这个算不得腾云，只算得爬云而已。自古道：'神仙朝游北海暮苍梧。'似你这半日，去不上三里，即爬云也还算不得哩！"悟空道："怎么为'朝游北海暮苍梧'？"祖师道："凡腾云之辈，早辰起自北海，游过东海、西海、南海，复转苍梧，苍梧者，却是北海零陵之语话也。将四海之外，一日都游遍，方算得腾云。"悟空道："这个却难！却难！"祖师道："'世上无难事，只怕有心人。'"悟空闻得此言，叩头礼拜，启道："师父，'为人须为彻'，索性舍个大慈悲，将此腾云之法，一发传与我罢，决不敢忘恩。"祖师道："凡诸仙腾云，皆跌足而起，你却不是这般。

批注

我才见你去，连扯方才跳上。我今只就你这个势，传你个'筋斗云'罢。"悟空又礼拜恳求，祖师却又传个口诀道："这朵云，捻着诀，念动真言，攒紧了拳，对身一抖，跳将起来，一筋斗就有十万八千里路哩！"大众听说，一个个嘻嘻笑道："悟空造化！若会这个法儿，与人家当铺兵，送文书，递报单，不管那里都寻了饭吃！"师徒们天昏各归洞府。这一夜，悟空即运神炼法，会了筋斗云。逐日家无拘无束，自在逍遥，此亦长生之美。

一日，春归夏至，大众都在松树下会讲多时。大众曰："悟空，你是那世修来的缘法？前日老师父拊耳低言，传与你的躲三灾变化之法，可都会么？"悟空笑道："不瞒诸兄长说，一则是师父传授，二来也是我昼夜殷勤，那几般儿都会了。"大众道："趁此良时，你试演演，让我等看看。"悟空闻说，抖擞精神，卖弄手段道："众师兄请出个题目。要我变化甚么？"大众道："就变棵松树罢。"悟空捻着诀，念动咒语，摇身一变，就变做一棵松树。真个是：

郁郁含烟贯四时，凌云直上秀贞姿。

全无一点妖猴像，尽是经霜耐雪枝。

大众见了，鼓掌呵呵大笑。都道："好猴儿！好猴儿！"不觉的嚷闹，惊动了祖师。祖师急拽杖出门来问道："是何人在此喧哗？"大众闻呼，慌忙检束，整衣向前。悟空也现了本相，杂在丛中道："启上尊师，我等在此会讲，更无外姓喧哗。"祖师怒喝道："你等大呼小叫，全不像个修行的体段！修行的人，口开神气散，舌动是非生。如何在此嚷笑？"大众道："不敢瞒师父，适才孙悟空演变化耍子。教他变棵松树，果然是棵松树，弟子们俱

第二回 悟彻菩提真妙理 断魔归本合元神

称扬喝采，故高声惊冒尊师，望乞恕罪。"祖师道："你等起去。"叫："悟空，过来！我问你弄甚么精神，变甚么松树？这个工夫，可好在人前卖弄？假如你见别人有，不要求他？别人见你有，必然求你。你若畏祸，却要传他；若不传他，必然加害：你之性命又不可保。"悟空叩道："只望师父恕罪！"祖师道："我也不罪你，但只是你去吧。"悟空闻此言，满眼堕泪道："师父教我往那里去？"祖师道："你从那里来，便从那里去就是了。"悟空顿然醒悟道："我自东胜神洲傲来国花果山水帘洞来的。"祖师道："你快回去，全你性命；若在此间，断然不可！"悟空领罪，"上告尊师：我也离家有二十年矣，虽是回顾旧日儿孙，但念师父厚恩未报，不敢去。"祖师道："那里甚么恩义？你只是不惹祸不牵带我就罢了！"

悟空见没奈何，只得拜辞，与众相别。祖师道："你这去，定生不良。凭你怎么惹祸行凶，却不许说是我的徒弟。你说出半个字来，我就知之，把你这猢狲剥皮锉骨，将神魂贬在九幽之处，教你万劫不得翻身！"悟空道："决不敢提起师父一字，只说是我自家会的便罢。"

悟空谢了。即抽身，捻着诀，丢个连扯，纵起筋斗云，径回东海。那里消一个时辰，早看见花果山水帘洞。美猴王自知快乐，暗暗的自称道：

　　　　"去时凡骨凡胎重，得道身轻体亦轻。
　　　　举世无人肯立志，立志修玄玄自明。
　　　　当时过海波难进，今日来回甚易行。
　　　　别语叮咛还在耳，何期顷刻见东溟。"

悟空按下云头，直至花果山。找路而走，忽听得鹤唳猿啼，鹤唳声冲霄汉外，猿啼悲切甚伤情。即开口叫道：

批注

"孩儿们,我来了也!"那崖下石坎边,花草中,树木里,若大若小之猴,跳出千千万万,把个美猴王围在当中,叩头叫道:"大王,你好宽心!怎么一去许久?把我们俱闪在这里,望你诚如饥渴!近来被一妖魔在此欺虐,强要占我们水帘洞府,是我等舍死忘生,与他争斗。这些时,被那厮抢了我们家火,捉了许多子侄,教我们昼夜无眠,看守家业。幸得大王来了!大王若再年载不来,我等连山洞尽属他人矣!"悟空闻说,心中大怒道:"是甚么妖魔,辄敢无状!你且细细说来,待我寻他报仇。"众猴叩头:"告上大王,那厮自称混世魔王,住居在直北下。"悟空道:"此间到他那里,有多少路程?"众猴道:"他来时云,去时雾,或风或雨,或雷或电,我等不知有多少路。"悟空道:"既如此,你们休怕,且自顽耍,等我寻他去来!"

好猴王,将身一纵,跳起去,一路筋斗,直至北下观看,见一座高山,真是十分险峻。好山:

  笔峰挺立,曲涧深沉。笔峰挺立透空霄,曲涧深沉通地户。两崖花木争奇,几处松篁斗翠。左边龙,熟熟驯驯;右边虎,平平伏伏。每见铁牛耕,常有金钱种。幽禽睨睆声,丹凤朝阳立。石磷磷,波净净,古怪跷蹊真恶狞。世上名山无数多,花开花谢蘩还众。争如此景永长存,八节四时浑不动。诚为三界坎源山,滋养五行水脏洞!

美猴王正默看景致,只听得有人言语。径自下山寻觅,原来那陡崖之前,乃是那水脏洞。洞门外有几个小妖跳舞,见了悟空就走。悟空道:"休走!借你口中言,传我心内事。我乃正南方花果山水帘洞洞主。你家甚么混世鸟魔,屡次欺我儿孙,我特寻来,要与他见个上下!"

第二回　悟彻菩提真妙理　断魔归本合元神

那小妖听说，疾忙跑入洞里，报道："大王！祸事了！"魔王道："有甚祸事？"小妖道："洞外有猴头称为花果山水帘洞洞主。他说你屡次欺他儿孙，特来寻你，见个上下哩。"魔王笑道："我常闻得那些猴精说他有个大王，出家修行去，想是今番来了。你们见他怎生打扮，有甚器械？"小妖道："他也没甚么器械，光着个头，穿一领红色衣，勒一条黄绦，足下踏一对乌靴，不僧不俗，又不像道士神仙，赤手空拳，在门外叫哩。"魔王闻说："取我批挂兵器来！"那小妖即时取出。那魔王穿了甲胄，绰刀在手，与众妖出得门来，即高声叫道："那个是水帘洞洞主？"悟空急睁睛观看，只见那魔王：

　　头戴乌金盔，映日光明；身挂皂罗袍，迎风飘荡。下穿着黑铁甲，紧勒皮条；足踏着花褶靴，雄如上将。腰广十围，身高三丈，手执一口刀，锋刃多明亮。称为混世魔，磊落凶模样。

猴王喝道："这泼魔这般眼大，看不见老孙！"魔王见了，笑道："你身不满四尺，年不过三旬，手内又无兵器，怎么大胆猖狂，要寻我见甚么上下？"悟空骂道："你这泼魔，原来没眼！你量我小，要大却也不难。你量我无兵器，我两只手彀着天边月哩！你不要怕，只吃老孙一拳！"纵一纵，跳上去，劈脸就打。那魔王伸手架住道："你这般矬矮，我这般高长，你要使拳，我要使刀，使刀就杀了你，也吃人笑，待我放下刀，与你使路拳看。"悟空道："说得是。好汉子！走来！"那魔王丢开架子便打，这悟空钻进去相撞相迎。他两个拳捶脚踢，一冲一撞。原来长拳空大，短簇坚牢。那魔王被悟空掏短肋，撞了裆，几下筋节，把他打重了。他闪过，拿起那板大的钢刀，望

批注

悟空劈头就砍。悟空急撤身，他砍了一个空。悟空见他凶猛，即使身外身法，拔一把毫毛，丢在口中嚼碎，望空喷去，叫一声"变！"，即变做三二百个小猴，周围攒簇。

原来人得仙体，出神变化无方。不知这猴王自从了道之后，身上有八万四千毛羽，根根能变，应物随心。那些小猴，眼乖会跳，刀来砍不着，枪去不能伤。你看他前踊后跃，钻上去，把魔王围绕，抱的抱，扯的扯，钻裆的钻裆，扳脚的扳脚，踢打挦毛，抠眼睛，捻鼻子，抬鼓弄，直打做一个攒盘。这悟空才去夺得他的刀来，分开小猴，照顶门一下，砍为两段。领众杀进洞中，将那大小妖精，尽皆剿灭。却把毫毛一抖，收上身来。又见那收不上身者，却是那魔王在水帘洞中擒去的小猴，悟空道："汝等何为到此？"约有三五十个，都含泪道："我等因大王修仙去后，这两年被他争吵，把我们都摄将来，那不是我们洞中的家火？石盆、石碗都被这厮拿来也。"悟空道："既是我们的家火，你们都搬出外去。"随即洞里放起火来，把那水脏洞烧得枯干，尽归了一体。对众道："汝等跟我回去。"众猴道："大王，我们来时，只听得耳边风声，虚飘飘到于此地，更不识路径，今怎得回乡？"悟空道："这是他弄的个术法儿，有何难也！我如今一窍通，百窍通，我也会弄。你们都合了眼，休怕！"

好猴王，念声咒语，驾阵狂风，云头落下。叫："孩儿们，睁眼。"众猴脚踏实地，认得是家乡，个个欢喜，都奔洞门旧路。那在洞众猴，都一齐簇拥同入，分班序齿，礼拜猴王。安排酒果，接风贺喜，启问降魔救子之事。悟空备细言了一遍，众猴称扬不尽道："大王去到那方，不意学得这般手段！"悟空又道："我当年别汝等，随波逐流，飘过东洋大海,径至南赡部洲,学成人像,着此衣,穿此履,摆摆摇摇,云游了八九年余,更不曾有道;又渡西洋大海,到西牛贺洲地界,访问多时,幸遇一老祖,传了我与天同寿的真功果,不死长生的大法门。"众猴称贺。都道:"万劫难逢也!"悟空又笑道:"小的们,又喜我这一门皆有姓氏。"众猴道:"大王姓甚?"悟空道:"我今姓孙,法名悟空。"众猴闻说,鼓掌忻然道:"大王是老孙,我们都是二孙、三孙、细孙、小孙、——一家孙、一国孙、一窝孙矣!"都来奉承老孙,大盆小碗的,椰子酒、葡萄酒、仙花、仙果,真个是合家欢乐!咦!贯通一姓身归本,只待荣迁仙箓名。毕竟不知怎生结果,居此界终始如何,且听下回分解。

批注

名家鉴赏台

1. 西游点心

这次爱犯嘀咕的小艾同学又嘀咕了,第二回中有诗赞:"说一会道,讲一会禅,三家配合本如然。"孙悟空的师父须菩提祖师究竟是佛是道?是何方神圣呢?

答: 看来小艾用心阅读《西游记》了,孙悟空的师父的确来历不凡。这位须菩提祖师在教会孙悟空若干本领后就将其逐出师门,并告诫道:"你这去,定生不良。凭你怎么惹祸行凶,却不许说是我的徒弟。你说出半个字来,我就知之,把你这猢狲剥皮锉骨,将神魂贬在九幽之处,教你万劫不得翻身!"悟空道:"决不敢提起师父一字,只说是我自家会的便罢。"从此这位神龙见首不见尾的须菩提祖师便如黄鹤般一去不返,再无踪迹。

须菩提祖师的创作原型"须菩提",是释迦牟尼十大弟子之一,他最擅长解悟空性，被称为"解空第一"。所以须菩提祖师给孙猴子取的名字是孙悟空。但是，作者为了增加小说的神秘感和故事性，又把须菩提祖师指为道教中的接引道人的师弟准提道人，所以，孙悟空所拜的师父就是准提道人须菩提。

当然，也有精擅考据的学者认为吴承恩借鉴了真实的西游取经故事，孙悟空所拜的师父和唐僧所拜的师父是同一个人，即古天竺那烂陀寺的戒贤大师。

2. 名家说话

样样不学，只学长生，猴且如此，而况人乎？

世人岂惟不学长生，且学短生矣。何也？酒、色、财、气，俱短生之术也。世人有能离此四者谁乎？

《西游记》极多寓言，读者切勿草草放过。如此回中"水火既济，百病不生。""世上无难事，只怕有心人。""口开神气散，舌动是非生。""你从那里来，便从那里去。"俱是性命微言也。

——李卓吾

《西游记》第二回写得极其精彩，李先生的点评也委实了得！很多读《西游记》的学生只读故事情节，特别关心打打杀杀的痛快之处，却不知孙猴子学本事的那段有许多值得我们细读的地方。

绝妙好辞笺

1. 原作指摘

悟空捻着诀，念动咒语，摇身一变，就变做一棵松树。真个是：

郁郁含烟贯四时，凌云直上秀贞姿。

全无一点妖猴像，尽是经霜耐雪枝。

2. 演练改写

请把众师兄要悟空变成松树的情景改写成一段叙述兼具描写的现代

文文字：（不改变原意）

西游竞技场

1. 本回批注实例

① 祖师道："你虽然像人，却比人少腮。"原来那猴子孤拐面，凹脸尖嘴。悟空伸手一摸，笑道："师父没成算！我虽少腮，却比人多这个素袋，亦可准折过也。"

趣！

——李卓吾

② 世上无难事，只怕有心人。

着眼！

——李卓吾

③ 大众听说，一个个嘻嘻笑道："悟空造化！若会这个法儿，与人家当铺兵，送文书，递报单，不管那里都寻了饭吃！"

众人见识，定是如此。

——李卓吾

④ 决不敢提起师父一字，只说是我自家会的便罢。

如今弟子都是如此。

——李卓吾

2. 本回批注演练（可在原文处靠右夹批，也可以在下面演练批注）

实践活动园

1. 西游人物画

在下面用画笔描绘《西游记》第二回悟空变成松树的场景。

2. 猴王要说话

猴王在灵台山三星洞拜师学艺七年。学艺前，祖师和猴王有一段精彩对话，请你找到本回相关内容，用自己的话改写这一对话情境，请控制在300字以内。

3. 人物微点评

① 微描写列举：

祖师闻言，咄的一声，跳下高台，手持戒尺，指定悟空道："你这猢狲，这般不学，那般不学，却待怎么？"走上前，将悟空头上打了三下，倒背着手，走入里面，将中门关了，撇下大众而去。

② 请你也用三言两语来描写一下须菩提祖师这个人物形象：

第四回

官封弼马心何足　名注齐天意未宁

那太白金星与美猴王,同出了洞天深处,一齐驾云而起。原来悟空筋斗云比众不同,十分快疾,把个金星撇在脑后,先至南天门外。正欲收云前进,被增长天王领着庞、刘、苟、毕、邓、辛、张、陶,一路大力天丁,枪刀剑戟,挡住天门,不肯放进。猴王道:"这个金星老儿,乃奸诈之徒!既请老孙,如何教人动刀动枪,阻塞门路?"正嚷间,金星倏到。悟空就觌面发狠道:"你这老儿,怎么哄我?被你说奉玉帝招安旨意来请,却怎么教这些人阻住天门,不放老孙进去?"金星笑道:"大王息怒。你自来未曾到此天堂,却又无名,众天丁又与你素不相识,他怎肯放你擅入?等如今见了天尊,授了仙箓,注了官名,向后随你出入,谁复挡也?"悟空道:"这等说,也罢,我不进去了。"金星又用手扯住道:"你还同我进去。"

将近天门,金星高叫道:"那天门天将,大小吏兵,放开路者。此乃下界仙人,我奉玉帝圣旨,宣他来也。"那增长天王与众天丁俱才敛兵退避。猴王始信其言。同金星缓步入里观看。真个是:

　　初登上界,乍入天堂。金光万道滚红霓,瑞气

批注

批注

千条喷紫雾。只见那南天门，碧沉沉，琉璃造就；明幌幌，宝玉妆成。两边摆数十员镇天元帅，一员员顶梁靠柱，持铣拥旄；四下列十数个金甲神人，一个个执戟悬鞭，持刀仗剑。外厢犹可，入内惊人：里壁厢有几根大柱，柱上缠绕着金鳞耀日赤须龙；又有几座长桥，桥上盘旋着彩羽凌空丹顶凤。明霞幌幌映天光，碧雾蒙蒙遮斗口。这天上有三十三座天宫，乃遣云宫、毗沙宫、五明宫、太阳宫、化乐宫，……一宫宫脊吞金稳兽；又有七十二重宝殿，乃朝会殿、凌虚殿、宝光殿、天王殿、灵官殿，……一殿殿柱列玉麒麟。寿星台上，有千千年不卸的名花；炼药炉边，有万万载常青的瑞草。又至那朝圣楼前，绛纱衣，星辰灿烂；芙蓉冠，金璧辉煌。玉簪珠履，紫绶金章。金钟撞动，三曹神表进丹墀；天鼓鸣时，万圣朝王参玉帝。又至那灵霄宝殿，金钉攒玉户，彩凤舞朱门。复道回廊，处处玲珑剔透；三檐四簇，层层龙凤翱翔。上面有个紫巍巍，明幌幌，圆丢丢，亮灼灼，大金葫芦顶；下面有天妃悬掌扇，玉女捧仙巾。恶狠狠，掌朝的天将；气昂昂，护驾的仙卿。正中间，琉璃盘内，放许多重重叠叠太乙丹；玛瑙瓶中，插几枝弯弯曲曲珊瑚树。正是天宫异物般般有，世上如他件件无。金阙银銮并紫府，琪花瑶草暨琼葩。朝王玉兔坛边过，参圣金乌着底飞。猴王有分来天境，不堕人间点污泥。

太白金星，领着美猴王，到于灵霄殿外。不等宣诏，直至御前，朝上礼拜。悟空挺身在旁，且不朝礼，但侧耳以听金星启奏。金星奏道："臣领圣旨，已宣妖仙到了。"

第四回　官封弼马心何足　名注齐天意未宁

玉帝垂帘问曰："那个是妖仙？"悟空却才躬身答道："老孙便是！"仙卿们都大惊失色道："这个野猴！怎么不拜伏参见，辄敢这等答应道：'老孙便是！'却该死了！该死了！"玉帝传旨道："那孙悟空乃下界妖仙，初得人身，不知朝礼，且姑恕罪。"众仙卿叫声"谢恩！"猴王却才朝上唱个大喏。玉帝宣文选武选仙卿，看那处少甚官职，着孙悟空去除授。旁边转过武曲星君，启奏道："天宫里各宫各殿，各方各处，都不少官，只是御马监缺个正堂管事。"玉帝传旨道："就除他做个'弼马温'罢。"众臣叫谢恩，他也只朝上唱个大喏。玉帝又差木德星君送他去御马监到任。

当时猴王欢欢喜喜，与木德星官径去到任。事毕，木德星官回宫。他在监里，会聚了监丞、监副、典簿、力士，大小官员人等，查明本监事务，止有天马千匹。乃是：

骅骝骐骥，騄駬纤离；龙媒紫燕，挟翼骕骦；駃騠银䭶，䯁𬳶飞黄；騊駼翻羽，赤兔超光；逾辉弥景，腾雾胜黄；追风绝地，飞翻奔霄；逸飘赤电，铜爵浮云；骢珑虎䯄，绝尘紫鳞；四极大宛，八骏九逸，千里绝群：——此等良马，一个个，嘶风逐电精神壮，踏雾登云气力长。

这猴王查看了文簿，点明了马数。本监中典簿管征备草料；力士官管刷洗马匹、扎草、饮水、煮料；监丞、监副辅佐催办；弼马昼夜不睡，滋养马匹。日间舞弄犹可，夜间看管殷勤：但是马睡的，赶起来吃草；走的捉将来靠槽。那些天马见了他，泯耳攒蹄，都养得肉膘肥满。不觉的半月有余。一朝闲暇，众监官都安排酒席，一则与他接

> 批注

风,一则与他贺喜。

　　正在欢饮之间,猴王忽停杯问曰:"我这'弼马温',是个甚么官衔?"众曰:"官名就是此了。"又问:"此官是个几品?"众道:"没有品从。"猴王道:"没品,想是大之极也。"众道:"不大,不大,只唤做'未入流'。"猴王道:"怎么叫做'未入流'?"众道:"末等。这样官儿,最低最小,只可与他看马。似堂尊到任之后,这等殷勤,喂得马肥,只落得道声'好'字,如稍有些尪羸,还要见责;再十分伤损,还要罚赎问罪。"猴王闻此,不觉心头火起,咬牙大怒道:"这般藐视老孙!老孙在花果山,称王称祖,怎么哄我来替他养马?养马者,乃后生小辈,下贱之役,岂是待我的?不做他!不做他!我将去也!"忽喇的一声,把公案推倒,耳中取出宝贝,幌一幌,碗来粗细,一路解数,直打出御马监,径至南天门。众天丁知他受了仙箓,乃是个弼马温,不敢阻当,让他打出天门去了。

　　须臾,按落云头,回至花果山上。只见那四健将与各洞妖王,在那里操演兵卒。这猴王厉声高叫道:"小的们!老孙来了!"一群猴都来叩头,迎接进洞天深处,请猴王高登宝位,一壁厢办酒接风。都道:"恭喜大王,上界去十数年,想必得意荣归也?"猴王道:"我才半月有余,那里有十数年?"众猴道:"大王,你在天上,不觉时辰。天上一日,就是下界一年哩。请问大王,官居何职?"猴王摇手道:"不好说!不好说!活活的羞杀人!那玉帝不会用人,他见老孙这般模样,封我做个甚么'弼马温',原来是与他养马,未入流品之类。我初到任时不知,只在御马监中顽耍。及今日问我同寮,始知是这等卑贱。老孙心中大恼,推倒席面,不受官衔,因此走下来了。"众猴道:

第四回　官封弼马心何足　名注齐天意未宁

"来得好！来得好！大王在这福地洞天之处为王，多少尊重快乐，怎么肯去与他做马夫？"教："小的们！快办酒来，与大王释闷。"

正饮酒欢会间，有人来报道："大王，门外有两个独角鬼王，要见大王。"猴王道："教他进来。"那鬼王整衣跑入洞中，倒身下拜。美猴王问他："你见我何干？"鬼王道："久闻大王招贤，无由得见；今见大王授了天箓，得意荣归，特献赭黄袍一件，与大王称庆。肯不弃鄙贱，收纳小人，亦得效犬马之劳。"猴王大喜，将赭黄袍穿起，众等欣然排班朝拜，即将鬼王封为前部总督先锋。鬼王谢恩毕，复启道："大王在天许久，所授何职？"猴王道："玉帝轻贤，封我做个甚么'弼马温'！"鬼王听言，又奏道："大王有此神通，如何与他养马？就做个'齐天大圣'，有何不可？"猴王闻说，欢喜不胜，连道几个"好！好！好！"教四健将："就替我快置个旌旗，旗上写'齐天大圣'四大字，立竿张挂。自此以后，只称我为齐天大圣，不许再称大王。亦可传与各洞妖王，一体知悉。"此不在话下。

却说那玉帝次日设朝，只见张天师引御马监监丞、监副在丹墀下拜奏道："万岁，新任弼马温孙悟空，因嫌官小，昨日反下天宫去了。"正说间，又见南天门外增长天王领众天丁，亦奏道："弼马温不知何故，走出天门去了。"玉帝闻言，即传旨："着两路神元，各归本职，朕遣天兵，擒拿此怪。"班部中闪上托塔李天王与哪吒三太子，越班奏上道："万岁，微臣不才，请旨降此妖怪。"玉帝大喜，即封托塔天王李靖为降魔大元帅，哪吒三太子为三坛海会大神，即刻兴师下界。

批注

■批注

　　李天王与哪吒叩头谢辞，径至本宫，点起三军，帅众头目，着巨灵神为先锋，鱼肚将掠后，药叉将催兵。一霎时出南天门外，径来到花果山。选平阳处安了营寨，传令教巨灵神挑战。巨灵神得令，结束整齐，轮着宣花斧，到了水帘洞外。只见小洞门外，许多妖魔，都是些狼虫虎豹之类，丫丫叉叉，轮枪舞剑，在那里跳斗咆哮。这巨灵神喝道："那业畜！快早去报与弼马温知道，吾乃上天大将，奉玉帝旨意，到此收伏；教他早早出来受降，免致汝等皆伤残也。"那些怪，奔奔波波，传报洞中道："祸事了！祸事了！"猴王问："有甚祸事？"众妖道："门外有一员天将，口称大圣官衔，道：奉玉帝圣旨，来此收伏；教早早出去受降，免伤我等性命。"猴王听说，教："取我披挂来！"就戴上紫金冠，贯上黄金甲，登上步云鞋，手执如意金箍棒，领众出门，摆开阵势。这巨灵神睁睛观看，真好猴王：

　　　　身穿金甲亮堂堂，头戴金冠光映映。
　　　　手举金箍棒一根，足踏云鞋皆相称。
　　　　一双怪眼似明星，两耳过肩查又硬。
　　　　挺挺身才变化多，声音响亮如钟磬。
　　　　尖嘴咨牙弼马温，心高要做齐天圣。

　　巨灵神厉声高叫道："那泼猴！你认得我么？"大圣听言，急问道："你是那路毛神？老孙不曾会你，你快报名来。"巨灵神道："我把你那欺心的猢狲！你是认不得我！我乃高上神霄托塔李天王部下先锋，巨灵天将！今奉玉帝圣旨，到此收降你。你快卸了装束，归顺天恩，免得这满山诸畜遭诛；若道半个'不'字，教你顷刻化为齑粉！"猴王听说，心中大怒道："泼毛神，休夸大口，少弄长舌！

第四回　官封弼马心何足　名注齐天意未宁

我本待一棒打死你，恐无人去报信；且留你性命，快早回天，对玉皇说：他甚不用贤！老孙有无穷的本事，为何教我替他养马？你看我这旌旗上字号。若依此字号升官，我就不动刀兵，自然的天地清泰；如若不依，时间就打上灵霄宝殿，教他龙床定坐不成！"这巨灵神闻此言，急睁睛迎风观看，果见门外竖一高竿，竿上有旌旗一面，上写着"齐天大圣"四大字。巨灵神冷笑三声道："这泼猴，这等不知人事，辄敢无状，你就要做齐天大圣！好好的吃吾一斧！"劈头就砍将去。那猴王正是会家不忙，将金箍棒应手相迎。这一场好杀：

> 棒名如意，斧号宣花。他两个乍相逢，不知深浅；斧和棒，左右交加。一个暗藏神妙，一个大口称夸。使动法，喷云嗳雾；展开手，播土扬沙。天将神通就有道，猴王变化实无涯。棒举却如龙戏水，斧来犹似凤穿花。巨灵名望传天下，原来本事不如他：大圣轻轻轮铁棒，着头一下满身麻。

巨灵神抵敌他不住，被猴王劈头一棒，慌忙将斧架隔，呵嚓的一声，把个斧柄打做两截，急撤身败阵逃生。猴王笑道："脓包！脓包！我已饶了你，你快去报信！快去报信！"

巨灵神回至营门，径见托塔天王，忙哈哈下跪道："弼马温果是神通广大！末将战他不得，败阵回来请罪。"李天王发怒道："这厮锉吾锐气，推出斩之！"旁边闪出哪吒太子，拜告："父王息怒，且恕巨灵之罪，待孩儿出师一遭，便知深浅。"天王听谏，且教回营待罪管事。

这哪吒太子，甲胄齐整，跳出营盘，撞至水帘洞外。那悟空正来收兵，见哪吒来的勇猛。好太子：

> 总角才遮囟,披毛未苫肩。
> 神奇多敏悟,骨秀更清妍。
> 诚为天上麒麟子,果是烟霞彩凤仙。
> 龙种自然非俗相,妙龄端不类尘凡。
> 身带六般神器械,飞腾变化广无边。
> 今受玉皇金口诏,敕射海会号三坛。

悟空迎近前来问曰:"你是谁家小哥?闯近吾门,有何事干?"哪吒喝道:"泼妖猴!岂不认得我?我乃托塔天王三太子哪吒是也。今奉玉帝钦差,至此捉你。"悟空笑道:"小太子,你的奶牙尚未退,胎毛尚未干,怎敢说这般大话?我且留你的性命,不打你。你只看我旌旗上的是甚么字号,拜上玉帝:是这般官衔,再也不须动众,我自皈依;若是不遂我心,定要打上灵霄宝殿。"哪吒抬头看处,乃"齐天大圣"四字。哪吒道:"这妖猴能有多大神通,就敢称此名号!不要怕!吃吾一剑!"悟空道:"我只站下不动,任你砍几剑罢。"那哪吒奋怒,大喝一声,叫"变!"即变做三头六臂,恶狠狠,手持着六般兵器,乃是斩妖剑、砍妖刀、缚妖索、降妖杵、绣球儿、火轮儿,丫丫叉叉,扑面打来。悟空见了,心惊道:"这小哥倒也会弄些手段!莫无礼,看我神通!"好大圣,喝声"变"也变做三头六臂;把金箍棒幌一幌,也变作三条;六只手拿着三条棒架住。这场斗,真是个地动山摇,好杀也:

> 六臂哪吒太子,天生美石猴王,相逢真对手,正遇本源流。那一个蒙差来下界,这一个欺心闹斗牛。斩妖宝剑锋芒快,砍妖刀狠鬼神愁;缚妖索子如飞蟒,降妖大杵似狼头;火轮掣电烘烘艳,往往来来滚绣球。大圣三条如意棒,前遮后挡运机谋。苦争数

第四回 官封弼马心何足 名注齐天意未宁

合无高下，太子心中不肯休。把那六件兵器多教变，百千万亿照头丢。猴王不惧呵呵笑，铁棒翻腾自运筹。以一化千千化万，满空乱舞赛飞虬。唬得各洞妖王都闭户，遍山鬼怪尽藏头。神兵怒气云惨惨，金箍铁棒响飕飕。那壁厢，天丁呐喊人人怕；这壁厢，猴怪摇旗个个忧。发狠两家齐斗勇，不知那个刚强那个柔。

三太子与悟空各骋神威，斗了个三十回合。那太子六般兵，变做千千万万；孙悟空金箍棒，变作万万千千。半空中似雨点流星，不分胜负。原来悟空手疾眼快，正在那混乱之时，他拔下一根毫毛，叫声"变！"就变做他的本相，手挺着棒，演着哪吒；他的真身，却一纵，赶至哪吒脑后，着左膊上一棒打来。哪吒正使法间，听得棒头风响，急躲闪时，不能措手，被他着了一下，负痛逃走；收了法，把六件兵器，依旧归身，败阵而回。

那阵上李天王早已看见，急欲提兵助战。不觉太子倏至面前，战兢兢报道："父王！弼马温真个有本事！孩儿这般法力，也战他不过，已被他打伤膊也。"天王大惊失色道："这厮恁的神通，如何取胜？"太子道："他洞门外竖一竿，旗上写'齐天大圣'四字，亲口夸称，教玉帝就封他做齐天大圣，万事俱休；若还不是此号，定要打上灵霄宝殿哩！"天王道："既然如此，且不要与他相持，且去上界，将此言回奏，再多遣天兵，围捉这厮，未为迟也。"太子负痛，不能复战，故同天王回天启奏不题。

你看那猴王得胜归山，那七十二洞妖王与那六弟兄，俱来贺喜。在洞天福地，饮乐无比。他却对六弟兄说："小弟既称齐天大圣，你们亦可以大圣称之。"内有牛魔王忽

批注

然高声叫道:"贤弟言之有理,我即称做个平天大圣。"蛟魔王道:"我称覆海大圣。"鹏魔王道:"我称混天大圣。"狮驼王道:"我称移山大圣。"猕猴王道:"我称通风大圣。"猢狲王道:"我称驱神大圣。"此时七大圣自作自为,自称自号,耍乐一日,各散讫。

却说那李天王与三太子领着众将,直至灵霄宝殿。启奏道:"臣等奉圣旨出师下界,收伏妖仙孙悟空,不期他神通广大,不能取胜,仍望万岁添兵剿除。"玉帝道:"谅一妖猴,有多少本事,还要添兵?"太子又近前奏道:"望万岁赦臣死罪!那妖猴使一条铁棒,先败了巨灵神,又打伤臣臂膊。洞门外立一竿旗,上书'齐天大圣'四字,道是封他这官职,即便休兵来投;若不是此官,还要打上灵霄宝殿也。"玉帝闻言,惊讶道:"这妖猴何敢这般狂妄!着众将即刻诛之。"正说间,班部中又闪出太白金星,奏道:"那妖猴只知出言,不知大小。欲加兵与他争斗,想一时不能收伏,反又劳师。不若万岁大舍恩慈,还降招安旨意,就教他做个齐天大圣。只是加他个空衔,有官无禄便了。"玉帝道:"怎么唤做'有官无禄'?"金星道:"名是齐天大圣,只不与他事管,不与他俸禄,且养在天壤之间,收他的邪心,使不生狂妄,庶乾坤安靖,海宇得清宁也。"玉帝闻言道:"依卿所奏。"即命降了诏书,仍着金星领去。

金星复出南天门,直至花果山水帘洞外观看。这番比前不同,威风凛凛,杀气森森,各样妖精,无般不有。一个个都执剑拈枪,拿刀弄杖的,在那里咆哮跳跃。一见金星,皆上前动手。金星道:"那众头目来!累你去报你大圣知之。吾乃上帝遣来天使,有圣旨在此请他。"众妖即跑入报道:"外面有一老者,他说是上界天使,有旨意请你。"悟空道:"来得好!来得好!想是前番来的那太白金星。那次请我上界,虽是官爵不堪,却也天上走了一次,认得那天门内外之路。今番又来,定有好意。"教众头目大开旗鼓,摆队迎接。大圣即带引群猴,顶冠贯甲,甲上罩了赭黄袍,足踏云履,急出洞门,躬身施礼,高叫道:"老星请进,恕我失迎之罪。"

金星趋步向前,径入洞内,面南立着道:"今告大圣,前者因大圣嫌恶官小,躲离御马监,当有本监中大小官员奏了玉帝。玉帝传旨道:'凡授官者,皆由卑而尊,为何嫌小?'即有李天王领哪吒下界取战。不知大圣神通,故遭败北,回天奏道:'大圣立一竿旗,要做"齐天大圣"。'众武将还要支吾,是老汉力为大圣冒罪奏闻,免兴师旅,请大王授录。玉帝准奏,因此来请。"悟空笑道:"前番勤劳,今又蒙爱,多谢!多谢!但不知上天可有此'齐天大圣'之官衔也?"金星道:"老汉以此衔奏准,方敢领旨而来;如有不遂,只坐罪老汉便是。"

悟空大喜,恳留饮宴不肯,遂与金星纵着祥云,到南天门外。那些天丁天将,都拱手相迎。径入灵霄殿下。金星拜奏道:"臣奉诏宣弼马温孙悟空已到。"玉帝道:"那孙悟空过来。今宣你做个'齐天大圣',官品极矣,但切不可胡为。"这猴亦止朝上唱个喏,道声谢恩。玉帝即命工干官——张、鲁二班——在蟠桃园右首,起一座齐天大圣府,府内设个二司:一名安静司,一名宁神司。司俱有仙吏,左右扶持。又差五斗星君送悟空去到任,外赐御酒二瓶,金花十朵,着他安心定志,再勿胡为。那猴王信受奉行,即日与五斗星君到府,打开酒瓶,同众尽饮。送星官回转本宫，他才遂心满意，喜地欢天，在于天宫快乐，无挂无碍。正是：仙名永注长生录，不堕轮回万古传。毕竟不知向后如何，且听下回分解。

名家鉴赏台

1. 西游点心

小艾又有了新的疑问："弼马温"究竟是怎样的官？为何孙猴子对这个称呼非常厌恶？

答：弼马温是避马瘟的谐音，是养马的小官。弼，是辅助的意思，又是避的谐音；瘟是发病的意思。避马瘟源于古时候民间的传说，即将母猴子的尿与马料混合在一起喂马，可以避免马生病，李时珍在《本草纲目》中也有记载。在《西游记》第四回中，孙悟空第一次被天庭招安后所封的官职，就是掌理"天马"之神，即弼马温。其实质是天界对孙悟空的极大嘲弄。因此，后来出现了大闹天宫，以及孙悟空保唐僧取经路上，各路妖怪称他是弼马温时，孙悟空都愤怒至极等事。

2. 名家说话

定要做齐天大圣，到底名根不断，所以还受人束缚，受人驱使。毕竟并此四字抹杀，方得自由自在。

齐天大圣府内，设安静、宁神两司，极有深意。若能安静、宁神，便是齐天大圣。若不能安静、宁神，还是个猴王。读者大须着眼。

——李卓吾

《西游记》中隐喻极多，孙猴子在鬼王的怂恿下，立了"齐天大圣"的旗号，结果名根不断，招来祸事。

所以李卓吾先生将《西游记》嚼得很透彻。同样，对细节的描绘一样有隐喻存在，比如安静、宁神两司的设定就是掌管心神的职司。

对照我们的人生也是如此，去了名利心就不会纠结，当引以为戒。

第四回　官封弼马心何足　名注齐天意未宁

绝妙好辞笺

1. 原作指摘

他在监里，会聚了监丞、监副、典簿、力士，大小官员人等，查明本监事务，止有天马千匹。乃是：

骅骝骐骥，騄駬纤离；龙媒紫燕，挟翼骕骦；駃騠银𫘧，䯂騱飞黄；騊駼翻羽，赤兔超光；逾辉弥景，腾雾胜黄；追风绝地，飞翻奔霄；逸飘赤电，铜爵浮云；骢珑虎䯄，绝尘紫鳞；四极大宛，八骏九逸，千里绝群：——此等良马，一个个，嘶风逐电精神壮，踏雾登云气力长。

2. 演练改写

请把猴王初入天界见到成群天马的诗词改写成一段叙述兼描写的现代文文字：（不改变原意）

西游竞技场

1. 本回批注实例

① 鬼王听言，又奏道："大王有此神通，如何与他养马？就做个'齐天大圣'，有何不可？"

鬼王太阿谀。

——张书绅

② 悟空笑道："前番勤劳，今又蒙爱，多谢！多谢！但不知上天可有此'齐天大圣'之官衔也？"

心上既好，不怕天上没有。

——张书绅

③ 玉帝道："那孙悟空过来。今宣你做个'齐天大圣'，官品极矣，但切不可胡为。"

好。升一次，就是二三十级，其好可想而知也。

——张书绅

④ 送星官回转本宫，他才遂心满意，喜地欢天，在于天宫快乐，无挂无碍。

所恶者已去，所好者已得，喜地欢天，此之谓自谦。

——张书绅

2. 本回批注演练（可在原文处靠右夹批，也可以在下面演练批注）

实践活动园

1. 西游人物煮

在下面给第四回出现的《西游记》重要人物之一——太白金星画像。

2. 猴王要说话

猴王"反下天宫",有巨灵神来战,请你找到本回相关内容,用自己的话描述这一精彩情境。聪明的你如果能编成一个小小课本剧就更好了!

3. 人物微点评

① 微点评列举:

他是一个一位白发苍苍、表情慈祥的老人,忠厚善良,主要职务是玉皇大帝的特使,负责传达各种命令……

② 请你也用三言两语点评太白金星这个人物形象:

第七回

八卦炉中逃大圣　五行山下定心猿

富贵功名，前缘分定，为人切莫欺心。正大光明，忠良善果弥深。些些狂妄天加谴，眼前不遇待时临。问东君因甚，如今祸害相侵。只为心高图阔极，不分上下乱规箴。

话表齐天大圣被众天兵押去斩妖台下，绑在降妖柱上，刀砍斧剁，枪刺剑刳，莫想伤及其身。南斗星奋令火部众神，放火煨烧，亦不能烧着。又着雷部众神，以雷屑钉打，越发不能伤损一毫。那大力鬼王与众启奏道："万岁，这大圣不知是何处学得这护身之法，臣等用刀砍斧剁，雷打火烧，一毫不能伤损，却如之何？"玉帝闻言道："这厮这等，这等……如何处治？"太上老君即奏道："那猴吃了蟠桃，饮了御酒，又盗了仙丹，——我那五壶丹，有生有熟，被他都吃在肚里，运用三昧火，煅成一块，所以浑做金钢之躯，急不能伤。不若与老道领去，放在八卦炉中，以文武火煅炼。炼出我的丹来，他身自为灰烬矣。"玉帝闻言，即教六丁、六甲，将他解下，付与老君。老君领旨去讫。一壁厢宣二郎显圣，赏赐金花百朵，御酒百瓶，还丹百粒，异宝明珠，锦绣等件，教与义兄弟分享。真君谢恩，回灌江口不题。

那老君到兜率宫，将大圣解去绳索，放了穿琵琶骨之器，推入八卦炉中，命看炉的道人，架火的童子，将火扇起煅炼。原来那炉是乾、坎、艮、震、巽、离、坤、兑八卦。他即将身钻在"巽宫"位下。巽乃风也，有风则无火。只是风搅得烟来，把一双眼熏红了，弄做个老害病眼，故唤作"火眼金睛"。

真个光阴迅速，不觉七七四十九日，老君的火候俱全。忽一日，开炉取丹。那大圣双手侮着眼，正自搓揉流涕，只听得炉头声响。猛睁眼看见光明，他就忍不住，将身一纵，跳出丹炉，唿喇一声，蹬倒八卦炉，往外就走。慌得那架火、看炉，与丁甲一班人来扯，被他一个个都放倒，好似癫痫的白额虎，风狂的独角龙。老君赶上抓一把，被他一摔，摔了个倒栽葱，脱身走了。即去耳中掣出如意棒，迎风幌一幌，碗来粗细，依然拿在手中，不分好歹，却又大乱天宫，打得那九曜星闭门闭户，四天王无影无形。好猴精！有诗为证。诗曰：

混元体正合先天，万劫千番只自然。
渺渺无为浑太乙，如如不动号初玄。
炉中久炼非铅汞，物外长生是本仙。
变化无穷还变化，三皈五戒总休言。

又诗：

一点灵光彻太虚，那条拄杖亦如之：
或长或短随人用，横竖横排任卷舒。

又诗：

猿猴道体假人心，心即猿猴意思深。
大圣齐天非假论，官封"弼马"是知音。

批注

马猿合作心和意，紧缚牢拴莫外寻。

万相归真从一理，如来同契住双林。

这一番，那猴王不分上下，使铁棒东打西敌，更无一神可挡。只打到通明殿里，灵霄殿外。幸有佑圣真君的佐使王灵官执殿。他见大圣纵横，掣金鞭近前挡住道："泼猴何往！有吾在此，切莫猖狂！"这大圣不由分说，举棒就打。那灵官鞭起相迎。两个在灵霄殿前厮浑一处。好杀：

赤胆忠良名誉大，欺天诳上声名坏。一低一好幸相持，豪杰英雄同赌赛。铁棒凶，金鞭快，正直无私怎忍耐？这个是太乙雷声应化尊，那个是齐天大圣猿猴怪。金鞭铁棒两家能，都是神宫仙器械。今日在灵霄宝殿弄威风，各展雄才真可爱。一个欺心要夺斗牛宫，一个竭力匡扶玄圣界。苦争不让显神通，鞭棒往来无胜败。

他两个斗在一处，胜败未分，早有佑圣真君，又差将佐发文到雷府，调三十六员雷将齐来，把大圣围在垓心，各骋凶恶鏖战。那大圣全无一毫惧色，使一条如意棒，左遮右挡，后架前迎。一时，见那众雷将的刀枪剑戟、鞭简挝锤、钺斧金瓜、旄镰月铲，来的甚紧，他即摇身一变，变做三头六臂；把如意棒幌一幌，变作三条；六只手使开三条棒，好便似纺车儿一般，滴流流，在那垓心里飞舞。众雷神莫能相近。真个是：

圆陀陀，光灼灼，亘古常存人怎学？入火不能焚，入水何曾溺？光明一颗摩尼珠，剑戟刀枪伤不着。也能善，也能恶，眼前善恶凭他作。善时成佛与成仙，恶处披毛并带角。无穷变化闹天宫，雷将神兵不可捉。

第七回 八卦炉中逃大圣 五行山下定心猿

当时众神把大圣攒在一处，却不能近身，乱嚷乱斗，早惊动玉帝。遂传旨着游弈灵官同翊圣真君上西方请佛老降伏。

那二圣得了旨，径到灵山胜境，雷音宝刹之前，对四金刚、八菩萨礼毕，即烦转达。众神随至宝莲台下启知，如来召请。二圣礼佛三匝，侍立台下。如来问："玉帝何事，烦二圣下临？"二圣即启道："向时花果山产一猴，在那里弄神通，聚众猴搅乱世界。玉帝降招安旨，封为'弼马温'，他嫌官小反去。当遣李天王、哪吒太子擒拿未获，复招安他，封做'齐天大圣'，先有官无禄。着他代管蟠桃园，他即偷桃；又走至瑶池，偷肴，偷酒，搅乱大会；仗酒又暗入兜率宫，偷老君仙丹，反出天宫。玉帝复遣十万天兵，亦不能收伏。后观世音举二郎真君同他义兄弟追杀，他变化多端，亏老君抛金钢琢打重，二郎方得拿住。解赴御前，即命斩之。刀砍斧剁，火烧雷打，俱不能伤，老君准奏领去，以火煅炼。四十九日开鼎，他却又跳出八卦炉，打退天丁，径入通明殿里，灵霄殿外；被佑圣真君的佐使王灵官挡住苦战，又调三十六员雷将，把他困在垓心，终不能相近。事在紧急，因此，玉帝特请如来救驾。"如来闻诏，即对众菩萨道："汝等在此稳坐法堂，休得乱了禅位，待我炼魔救驾去来。"

如来即唤阿傩、迦叶二尊者相随，离了雷音，径至灵霄门外。忽听得喊声振耳，乃三十六员雷将围困着大圣哩。佛祖传法旨："教雷将停息干戈，放开营所，叫那大圣出来，等我问他有何法力。"众将果退。大圣也收了法象，现出原身近前，怒气昂昂，厉声高叫道："你是那方善士，敢来止住刀兵问我？"如来笑道："我是西方极乐世界释迦牟尼尊者，南无阿弥陀佛。今闻你猖狂村野，屡反天宫，不知是何方生长，何年得道，为何这等暴横？"大圣道："我本：

　　天地生成灵混仙，花果山中一老猿。
　　水帘洞里为家业，拜友寻师悟太玄。
　　炼就长生多少法，学来变化广无边。
　　因在凡间嫌地窄，立心端要住瑶天。
　　灵霄宝殿非他久，历代人王有分传。
　　强者为尊该让我，英雄只此敢争先。"

佛祖听言，呵呵冷笑道："你那厮乃是个猴子成精，焉敢欺心，要夺玉皇上帝尊位？他自幼修持，苦历过一千七百五十劫。每劫该十二万九千六百年。你算，他该多少年数，方能享受此无极大道？你那个初世为人的畜生，如何出此大言！不当人子！不当人子！折了你的寿算！趁早皈依，切莫胡说！但恐遭了毒手，性命顷刻而休，可惜了你的本来面目！"大圣道："他虽年久修长，也不应久占在此。常言道：'皇帝轮流做，明年到我家。'只教他搬出去，将天宫让与我，便罢了；若还不让，定要搅攘，永不清平！"佛祖道："你除了生长变化之法，再有何能，敢占天宫胜境？"大圣道："我的手段多哩！我有七十二般变化，万劫不老长生。会驾筋斗云，一纵十万八千里。如何坐不得天位？"佛祖道："我与你打个赌赛：你若有本事，一筋斗打出我这右手掌中，算你赢，再不用动刀兵苦争战，就请玉帝到西方居住，把天宫让你；若不能打出手掌，你还下界为妖，再修几劫，却来争吵。"

那大圣闻言，暗笑道："这如来十分好呆！我老孙一筋斗去十万八千里。他那手掌，方圆不满一尺，如何跳不出

第七回 八卦炉中逃大圣 五行山下定心猿

去?"急发声道:"既如此说,你可做得主张?"佛祖道:"做得!做得!"伸开右手,却似个荷叶大小。那大圣收了如意棒,抖擞神威,将身一纵,站在佛祖手心里,却道声:"我出去也!"你看他一路云光,无影无形去了。佛祖慧眼观看,见那猴王风车子一般相似不住,只管前进。大圣行时,忽见有五根肉红柱子,撑着一股青气。他道:"此间乃尽头路了。这番回去,如来作证,灵霄殿定是我坐也。"又思量说:"且住!等我留下些记号,方好与如来说话。"拔下一根毫毛,吹口仙气,叫"变!"变作一管浓墨双毫笔,在那中间柱子上写一行大字云:"齐天大圣,到此一游。"写毕,收了毫毛。又不庄尊,却在第一根柱子根下撒了一泡猴尿。翻转筋斗云,径回本处,站在如来掌:"我已去,今来了。你教玉帝让天宫与我。"

如来骂道:"我把你这个尿精猴子!你正好不曾离了我掌哩!"大圣道:"你是不知。我去到天尽头,见五根肉红柱,撑着一股青气,我留个记在那里,你敢和我同去看么?"如来道:"不消去,你只自低头看看。"那大圣睁圆火眼金睛,低头看时,原来佛祖右手中指写着"齐天大圣,到此一游。"大指丫里,还有些猴尿臊气。大圣大吃了一惊道:"有这等事!有这等事!我将此字写在撑天柱子上,如何却在他手指上?莫非有个未卜先知的法术?我决不信!不信!等我再去来!"

好大圣,急纵身又要跳出,被佛祖翻掌一扑,把这猴王推出西天门外,将五指化作金、木、水、火、土五座联山,唤名"五行山",轻轻的把他压住。众雷神与阿傩、迦叶,一个个合掌称扬道:"善哉!善哉!

当年卵化学为人,立志修行果道真。

> 批注

> 万劫无移居胜境，一朝有变散精神。
> 欺天罔上思高位，凌圣偷丹乱大伦。
> 恶贯满盈今有报，不知何日得翻身。"

如来佛祖殄灭了妖猴，即唤阿傩、迦叶同转西方极乐世界。时有天蓬、天佑急出灵霄宝殿道："请如来少待，我主大驾来也。"佛祖闻言，回首瞻仰。须臾，果见八景鸾舆，九光宝盖；声奏玄歌妙乐，咏哦无量神章；散宝花，喷真香，直至佛前谢曰："多蒙大法收殄妖邪。望如来少停一日，请诸仙做一会筵奉谢。"如来不敢违悖，即合掌谢道："老僧承大天尊宣命来此，有何法力？还是天尊与众神洪福，敢劳致谢？"玉帝传旨，即着雷部众神，分头请三清、四御、五老、六司、七元、八极、九曜、十都、千真万圣，来此赴会，同谢佛恩。又命四大天师、九天仙女，大开玉京金阙、太玄宝宫、洞阳玉馆，请如来高坐七宝灵台，调设各班座位，安排龙肝凤髓，玉液蟠桃。

不一时，那玉清元始天尊、上清灵宝天尊、太清道德天尊、五炁真君、五斗星君、三官四圣、九曜真君、左辅、右弼、天王、哪吒，玄虚一应灵通，对对旌旗，双双幡盖，都捧着明珠异宝，寿果奇花，向佛前拜献曰："感如来无量法力，收伏妖猴。蒙大天尊设宴呼唤，我等皆来陈谢。请如来将此会立一名，如何？"如来领众神之托曰："今欲立名，可作个'安天大会'。"各仙老异口同声，俱道："好个'安天大会'！好个'安天大会'！"言讫，各坐座位，走斝传觞，簪花鼓瑟，果好会也。有诗为证。诗曰：

> 宴设蟠桃猴搅乱，安天大会胜蟠桃。
> 龙旗鸾辂祥光霭，宝节幢幡瑞气飘。

第七回　八卦炉中逃大圣　五行山下定心猿

　　仙乐玄歌音韵美，凤箫玉管响声高。
　　琼香缭绕群仙集，宇宙清平贺圣朝。

众皆畅然喜会，只见王母娘娘引一班仙子、仙娥、美姬、毛女，飘飘荡荡舞向佛前，施礼曰："前被妖猴搅乱蟠桃一嘉，请众仙众佛，俱未成功。今蒙如来大法链锁顽猴，喜庆'安天大会'，无物可谢，今是我净手亲摘大株蟠桃数枚奉献。"真个是：

　　半红半绿喷甘香，艳丽仙根万载长。
　　堪笑武陵源上种，争如天府更奇强！
　　紫纹娇嫩寰中少，缃核清甜世莫双。
　　延寿延年能易体，有缘食者自非常。

佛祖合掌向王母谢讫。王母又着仙姬、仙子唱的唱，舞的舞。满会群仙，又皆赏赞。正是：

　　缥缈天香满座，缤纷仙蕊仙花。
　　玉京金阙大荣华，异品奇珍无价。
　　对对与天齐寿，双双万劫增加。
　　桑田沧海任更差，他自无惊无讶。

王母正着仙姬仙子歌舞，觥筹交错，不多时，忽又闻得：

　　一阵异香来鼻嗅，惊动满堂星与宿。
　　天仙佛祖把杯停，各各抬头迎目候。
　　霄汉中间现老人，手捧灵芝飞蔼绣。
　　葫芦藏蓄万年丹，宝箓名书千纪寿。
　　洞里乾坤任自由，壶中日月随成就。
　　遨游四海乐清闲，散淡十洲容辐辏。
　　曾赴蟠桃醉几遭，醒时明月还依旧。
　　长头大耳短身躯，南极之方称老寿。

批注

批注

寿星又到。见玉帝礼毕,又见如来,申谢道:"始闻那妖猴被老君引至兜率宫煅炼,以为必致平安,不期他又反出。幸如来善伏此怪,设宴奉谢,故此闻风而来。更无他物可献,特具紫芝瑶草,碧藕金丹奉上。"诗曰:

　　碧藕金丹奉释迦,如来万寿若恒沙。
　　清平永乐三乘锦,康泰长生九品花。
　　无相门中真法王,色空天上是仙家。
　　乾坤大地皆称祖,丈六金身福寿赊。

如来欣然领谢。寿星得座,依然走斝传觞。只见赤脚大仙又至。向玉帝前颡囟礼毕,又对佛祖谢道:"深感法力,降伏妖猴。无物可以表敬,特具交梨二颗,火枣数枚奉献。"诗曰:

　　大仙赤脚枣梨香,敬献弥陀寿算长。
　　七宝莲台山样稳,千金花座锦般妆。
　　寿同天地言非谬,福比洪波话岂狂。
　　福寿如期真个是,清闲极乐那西方。

如来又称谢了。叫阿傩、迦叶,将各所献之物,一一收起,方向玉帝前谢宴。众各酩酊。只见个巡视灵官来报道:"那大圣伸出头来了。"佛祖道:"不妨,不妨。"袖中只取出一张帖子,上有六个金字:"唵、嘛、呢、叭、咪、吽"。递与阿傩,叫贴在那山顶上。这尊者即领帖子,拿出天门,到那五行山顶上,紧紧的贴在一块四方石上。那座山即生根合缝,可运用呼吸之气,手儿爬出,可以摇挣摇挣。阿傩回报道:"已将帖子贴了。"

如来即辞了玉帝众神,与二尊者出天门之外,又发一个慈悲心,念动真言咒语,将五行山,召一尊土地神祇,会同五方揭谛,居住此山监押。但他饥时,与他铁丸子吃；渴时，与他溶化的铜汁饮。待他灾愆满日，自有人救他。正是：

> 妖猴大胆反天宫，却被如来伏手降。
> 渴饮溶铜捱岁月，饥餐铁弹度时光。
> 天灾苦困遭磨折，人事凄凉喜命长。
> 若得英雄重展挣，他年奉佛上西方。

又诗曰：

> 伏逞豪强大势兴，降龙伏虎弄乖能。
> 偷桃偷酒游天府，受箓承恩在玉京。
> 恶贯满盈身受困，善根不绝气还升。
> 果然脱得如来手，且待唐朝出圣僧。

毕竟不知向后何年何月，方满灾殃，且听下回分解。

名家鉴赏台

1. 西游点心

这次小艾同学读了《西游记》第七回后，细心多了，她这次看到了一个非常关键的词，就是"巽宫"位。孙大圣钻在"巽宫"位下才避开了七七四十九天的神火煅烧，为什么这么写呢？

答：其实小说里做了基本的解释说明。小说中写道：原来那炉是乾、坎、艮、震、巽、离、坤、兑八卦。他即将身钻在"巽宫"位下。巽乃风也，有风则无火。只是风搅得烟来，把一双眼熏红了，弄做个老害病眼，故唤作"火眼金睛"。

这个八卦炉是按九宫八卦来分布的。太上老君的炉子本是炼丹用的，孙悟空用占"巽宫"位的办法来避火，练就了一双火眼金睛。

2. 名家说话

齐天筋斗，只在如来掌上见，出不得如来手也。如来非他，此心之常便是；妖猴非他，此心之变便是。饶他千怪万变，到底不离本来面目。常固常，变亦常耳。万千变态，何益，何益！人可不自省？

妖猴刀砍斧剁，雷打火烧，一毫不能伤损，亦有微意。此性不坏，故《记》中亦已明言之矣，《记》曰："光明一颗摩尼珠，剑戟刀枪伤不着。也能善，也能恶，眼前善恶凭他作。善时成佛与成仙，恶处披毛并带角。"盖不啻详哉其言之，只要读者着眼耳。

——李卓吾

人说："孙猴子跳不出如来佛的手掌。"在李卓吾先生看来：如来佛祖就是一颗平常心，这"平常"两字即是世间恒常的根本，是大道；孙猴子就是一个不安的心啊！这"不安"是外在，也就是无论你怎么变化，不安的心也是飞不出平常之心的范畴的。

"善时成佛与成仙，恶处披毛并带角。"岂非人性写照？

李卓吾此解实在妙！赞一个！

绝妙好辞笺

1. 原作指摘

一时，见那众雷将的刀枪剑戟、鞭简挝锤、钺斧金瓜、旄镰月铲，来的甚紧，他即摇身一变，变做三头六臂；把如意棒幌一幌，变作三条；六只手使开三条棒，好便似纺车儿一般，滴流流，在那垓心里飞舞。众雷神莫能相近。真个是：

圆陀陀，光灼灼，亘古常存人怎学？入火不能焚，入水何曾溺？光明一颗摩尼珠，剑戟刀枪伤不着。也能善，也能恶，眼前善恶凭他作。善时成佛与成仙，恶处披毛并带角。无穷变化闹天宫，雷将神兵不可捉。

2. 演练改写

请把猴王大闹天宫的诗词改写成一段以描写为主的现代文文字：（不改变原意）

西游竞技场

1. 本回批注实例

① 也能善，也能恶，眼前善恶凭他作。

和盘托出。

——李卓吾

② 灵霄宝殿非他久，历代人王有分传。

说得是。

——李卓吾

③ 你那个初世为人的畜生，如何出此大言！

只为初世为人，所以敢出大言！

——李卓吾

④ 拔下一根毫毛，吹口仙气，叫"变！"变作一管浓墨双毫笔。

趣甚，妙甚，何物文人思笔双幻乃尔！

——李卓吾

2. 本回批注演练（可在原文处靠右夹批，也可以在下面演练批注）

实践活动园

1. 西游人物画

在下面给第七回中出现的《西游记》重要人物之一——如来佛祖画像。

2. 猴王要说话

大圣第二次"反上天宫"并最终踢翻八卦炉，大闹天宫。如来佛祖赶来收孙猴子时，也有一段经典对话，请你找到本回相关内容，用自己的话再现这一对话情境。聪明的你如果能编成一个现代版的小小课本剧就更好了！

3. 人物微点评

① 微点评列举：

如来即辞了玉帝众神，与二尊者出天门之外，又发一个慈悲心，念动真言咒语，将五行山，召一尊土地神祇，会同五方揭谛，居住此山监押。

② 请你也用三言两语点评如来佛祖的人物形象：

第二篇

西天取经有缘由

第八回

我佛造经传极乐　观音奉旨上长安

　　试问禅关，参求无数，往往到头虚老。磨砖作镜，积雪为粮，迷了几多年少？毛吞大海，芥纳须弥，金色头陀微笑。悟时超十地三乘，凝滞了四生六道。谁听得绝想崖前，无阴树下，杜宇一声春晓？曹溪路险，鹫岭云深，此处故人音杳。千丈冰崖，五叶莲开，古殿帘垂香袅。那时节，识破源流，便见龙王三宝。

　　这一篇词，名《苏武慢》。话表我佛如来，辞别了玉帝，回至雷音宝刹，但见那三千诸佛、五百阿罗、八大金刚、无边菩萨，一个个都执着幢幡宝盖，异宝仙花，摆列在灵山仙境，婆罗双林之下接迎。如来驾住祥云，对众道："我以甚深般苦，遍现三界。根本性原，毕竟寂灭。同虚空相，一无所有。殄伏乖猴，是事莫识。名生死始，法相如是。"说罢，放舍利之光，满空有白虹四十二道，南北通连。大众见了，皈身礼拜。少顷间，聚庆云彩雾，登上品莲台，端然坐下。那三千诸佛、五百罗汉、八金刚、四菩萨，合掌近前礼毕，问曰："闹天宫搅乱蟠桃者，谁也？"如来道："那厮乃花果山产的一妖猴，罪恶滔天，不可名状；概天神将，俱莫能降伏；虽二郎捉获，老君用火锻炼，亦莫能伤损。我去时，正在雷将中间，扬威耀武，卖弄精神；被我止住兵戈，问他来历，他言有神通，会变化，又驾筋斗云，一去十万八千里。我与他打了个赌赛，他出不得我手，却将他一把抓住，指化五行山，封压他在那里。玉帝大开金阙瑶宫，请我坐了首席。立'安天大会'谢我，却方辞驾而回。"大众听言喜悦，极口称扬。谢罢，各分班而退，各执乃事，共乐天真。果然是：

瑞霭漫天竺，虹光拥世尊。西方称第一，无相法王门！常见玄猿献果，麋鹿衔花；青鸾舞，彩凤鸣；灵龟捧寿，仙鹤擒芝。安享净土祇园，受用龙宫法界。日日开花，时时果熟。习静归真，参禅果正。不灭不生，不增不减。烟霞缥缈随来往，寒暑无侵不记年。

诗曰：

去来自在任优游，也无恐怖也无愁。

极乐场中俱坦荡，大千之处没春秋。

佛祖居一月灵山大雷音宝刹之间，一日，唤聚诸佛、阿罗、揭谛、菩萨、金刚、比丘增、尼等众曰："自伏乖猿安天之后，我处不知年月，料凡间有半千年矣。今值孟秋望日，我有一宝盆，盆中具设百样奇花，千般异果等物，与汝等享此'盂兰盆会'，如何？"概众一个个合掌，礼佛三匝领会。如来却将宝盆中花果品物，着阿傩捧足，着迦叶布散。大众感激，各献诗伸谢。

福诗曰：

福圣光耀世尊前，福纳弥深远更绵。

福德无疆同地久，福缘有庆与天连。

> 福田广种年年盛，福海洪深岁岁坚。
> 福满乾坤多福荫，福增无量永周全。

禄诗曰：

> 禄重如山彩凤鸣，禄随时泰祝长庚。
> 禄添万斛身康健，禄享千钟世太平。
> 禄俸齐天还永固，禄名似海更澄清。
> 禄思远继多瞻仰，禄爵无边万国荣。

寿诗曰：

> 寿星献彩对如来，寿域光华自此开。
> 寿果满盘生瑞霭，寿花新采插莲台。
> 寿诗清雅多奇妙，寿曲调音按美才。
> 寿命延长同日月，寿如山海更悠哉。

众菩萨献毕。因请如来明示根本，指解源流。那如来微开善口，敷演大法，宣扬正果，讲的是三乘妙典，五蕴楞严。但见那天龙围绕，花雨缤纷。正是：禅心朗照千江月，真性情涵万里天。

如来讲罢，对众言回："我观四大部洲，众生善恶，各方不一：东胜神洲者，敬天礼地，心爽气平；北巨芦洲者，虽好杀生，只因糊口，性拙情疏，无多作践；我西牛贺洲者，不贪不杀，养气潜灵，虽无上真，人人固寿；但那南赡部洲者，贪淫乐祸，多杀多争，正所谓口舌凶场，是非恶海。我今有三藏真经，可以劝人为善。"诸菩萨闻言，合掌皈依。向佛前问曰："如来有哪三藏真经？"如来回："我有《法》一藏，谈天；《论》一藏，说地；《经》一藏，度鬼。三藏共计三十五部，该一万五千一百四十四卷，乃是修真之径，正善之门。我待要送上东土，叵耐那方众生愚蠢，毁谤真言，不识我法门之要旨，怠慢了瑜迦之正宗。怎么得一个有法力的，去东土寻一个善信。教他苦历千山，远经万水，到我处求取真经，永传东土，劝他众生，却乃是个山大的福缘，海深的善庆。谁肯去走一遭来？"当有观音菩萨，行近莲台，礼佛三匝道："弟子不才，愿上东土寻一个取经人来也。"诸众抬头观看，那菩萨：

> 理圆四德，智满全身。缨络垂珠翠，香环结宝明。乌云迭盘龙髻，绣带轻飘彩凤翎。碧玉纽，素罗袍，祥光笼罩；锦绒裙，金落索，瑞气遮迎。眉如小月，眼似双星，玉面天生喜，朱唇一点红。净瓶甘露年年盛，斜插垂柳岁岁青。解八难，度群生，大慈悯：故镇太山，居南海，救苦寻声，万称万应，千圣千灵。兰心欣紫竹，蕙性爱香藤。他是落伽山上慈悲主，潮音洞里话观音。

如来见了，心中大喜道："别个是也去不得，须是观音尊者，神通广大，方可去得。"菩萨道："弟子此去东土，有甚言语吩咐？"如来道："这一去，要踏看路道，不许在霄汉中行，须是要半云半雾：目过山水，谨记程途远近之数，叮咛那取经人。但恐善信难行，我与你五件宝贝。"即命阿傩、迦叶，取出"锦襕袈裟"一领，"九环锡杖"一根，对菩萨言曰："这袈裟、锡杖，可与那取经人亲用。若肯坚心来此，穿我的袈裟，免堕轮回；持我的锡杖，不遭毒害。"这菩萨皈依拜领。如来又取三个箍儿，递与菩萨道："此宝唤做'紧箍儿'；虽是一样三个，但只是用各不同。我有'金紧禁'的咒语三篇。假若路上撞见神通广大的妖魔，你须是劝他学好，跟那取经人做个徒弟。他若不伏使唤，可将此箍儿与他戴在头上，自然见肉生根。各依所用的咒语念一念，眼胀头痛，脑门皆裂，管教他入我门来。"

那菩萨闻言，踊跃作礼而退，即唤惠岸行者随行。那惠岸使一条浑铁棍，重有千斤，只在菩萨左右，作一个降魔的大力士。菩萨遂将锦襕袈裟，作一个包裹，令他背了。菩萨将金箍藏了，执了锡杖，径下灵山。这一去，有分教：佛子还来归本愿，金蝉长老裹栴檀。

那菩萨到山脚下，有玉真观金顶大仙在观门首接住，请菩萨献茶。菩萨不敢久停，曰："今领如来法旨，上东土寻取经人去。"大仙道："取经人几时方到？"菩萨道："未定，约莫二三年间，或可至此。"遂辞了大仙，半云半雾，约记程途。有诗为证。诗曰：

　　万里相寻自不言，却云谁得意难全？
　　求人忽若浑如此，是我平生岂偶然？
　　传道有方成妄语，说明无信也虚传。
　　愿倾肝胆寻相识，料想前头必有缘。

师徒二人正走间，忽然见弱水三千，乃是流沙河界。菩萨道："徒弟呀，此处却是难行。取经人浊骨凡胎，如何得渡？"惠岸道："师父，你看河有多远？"那菩萨停立云步看时，只见：

　　东连沙碛，西抵诸番；南达乌戈，北通鞑靼。径过有八百里遥，上下有千万里远。水流一似地翻身，浪滚却如山耸背。洋洋浩浩，漠漠茫茫，十里遥闻万丈洪。仙槎难到此，莲叶莫能浮。衰草斜阳流曲浦，黄云影日暗长堤。那里得客商来往？何曾有渔叟依栖？平沙无雁落，远岸有猿啼。只是红蓼花繁知景色，白蘋香细任依依。

> 批注

批注

菩萨正然点看，只见那河中，泼剌一声响喨，水波里跳出一个妖魔来，十分丑恶。他生得：

青不青，黑不黑，晦气色脸；长不长，短不短，赤脚筋躯。眼光闪烁，好似灶底双灯；口角丫叉，就如屠家火钵。獠牙撑剑刃，红发乱蓬松。一声叱咤如雷吼，两脚奔波似滚风。

那怪物手执一根宝杖，走上岸就捉菩萨，却被惠岸掣浑铁棒挡住，喝声："休走！"那怪物就持宝杖来迎。两个在流沙河边，这一场恶杀，真个惊人：

木叉浑铁棒，护法显神通；怪物降妖杖，努力逞英雄。双条银蟒河边舞，一对神僧岸上冲。那一个威镇流沙施本事，这一个力保观音建大功。那一个翻波跃浪，这一个吐雾喷风。翻波跃浪乾坤暗，吐雾喷风日月昏。那个降妖杖，好便似出山的白虎；这个浑铁棒，却就如卧道的黄龙。那个使将来，寻蛇拨草；这个丢开去，扑鹞分松。只杀得昏漠漠，星辰灿烂；雾腾腾，天地朦胧。那个久住弱水惟他狠，这个初出灵山第一功。

他两个来来往往，战上数十合，不分胜负。那怪物架住了铁棒道："你是哪里和尚，敢来与我抵敌？"木叉道："我是托塔天王二太子木叉惠岸行者。今保我师父往东土寻取经人去。你是何怪，敢大胆阻路？"那怪方才醒悟道："我记得你跟南海观音在紫竹林中修行，你为何来此？"木叉道："那岸上不是我师父？"

怪物闻言，连声喏喏；收了宝杖，让木叉揪了去，见观音纳头下拜。告道："菩萨，恕我之罪，待我诉告。我不是妖邪，我是灵霄殿下侍銮舆的卷帘大将。只因在蟠桃会

第八回 我佛造经传极乐 观音奉旨上长安

上，失手打碎了玻璃盏，玉帝把我打了八百，贬下界来，变得这般模样。又教七日一次，将飞剑来穿我胸胁百余下方回，故此这般苦恼。没奈何，饥寒难忍，三二日间，出波涛寻一个行人食用；不期今日无知，冲撞了大慈菩萨。"菩萨道："你在天有罪，既贬下来，今又这等伤生，正所谓罪上加罪。我今领了佛旨，上东土寻取经人。你何不入我门来，皈依善果，跟那取经人做个徒弟，上西天拜佛求经？我教飞剑不来穿你。那时节功成免罪，复你本职，心下如何？"那怪道："我愿皈正果。"又向前道："菩萨，我在此间吃人无数，向来有几次取经人来，都被我吃了。凡吃的人头，抛落流沙，竟沉水底。这个水，鹅毛也不能浮。惟有九个取经人的骷髅，浮在水面，再不能沉。我以为异物，将索儿穿在一处，闲时拿来顽耍。这去，但恐取经人不得到此，却不是反误了我的前程也？"菩萨曰："岂有不到之理？你可将骷髅地挂在头顶下，等候取经人，自有用处。"怪物道："既然如此，愿领教诲。"菩萨方与他摩顶受戒，指沙为姓，就姓了沙，起个法名，叫做个沙悟净。当时入了沙门，送菩萨过了河，他洗心涤虑，再不伤生，专等取经人。

菩萨与他别了，同木叉径奔东土。行了多时，又见一座高山，山上有恶气遮漫，不能步上。正欲驾云过山，不觉狂风起处，又闪上一个妖魔。他生得又甚凶险。但见他：

卷脏莲蓬吊搭嘴，耳如蒲扇显金睛。
獠牙锋利如钢锉，长嘴张开似火盆。
金盔紧系腮边带，勒甲丝绦蟒退鳞。
手执钉钯龙探爪，腰挎弯弓月半轮。

批注

批注

纠纠威风欺太岁，昂昂志气压天神。

他撞上来，不分好歹，望菩萨举钉把就筑。被木叉行者挡住，大喝一声道："那泼怪，休得无礼！看棒！"妖魔道："这和尚不知死活！看钯！"两个在山底下，一冲一撞，赌斗输赢。真个好杀：

妖魔凶猛，惠岸威能。铁棒分心捣，钉钻劈面迎。播土扬尘天地暗，飞砂走石鬼神惊。九齿钯，光耀耀，双环响喨；一条棒，黑悠悠，两手飞腾。这个是天王太子，那个是元帅精灵。一个在普陀为护法，一个在山洞作妖精。这场相遇争高下，不知那个亏输那个赢。

他两个正杀到好处，观世音在半空中，抛下莲花，隔开钯杖。怪物见了心惊，便问："你是那里和尚，敢弄甚么眼前花儿哄我？"木叉道："我把你个肉眼凡胎的泼物！我是南海菩萨的徒弟。这是我师父抛来的莲花，你也不认得哩！"那怪道："南海菩萨，可是扫三灾救八难的观世音么？"木叉道："不是他是谁？"怪物撇了钉把，纳头下礼道："老兄，菩萨在哪里？累烦你引见一引见。"木叉仰面指道："那不是？"怪物朝上磕头，厉声高叫道："菩萨，恕罪！恕罪！"观音按下云头，前来问道："你是那里成精的野豕，何方作怪的老彘，敢在此间挡我？"那怪道："我不是野豕，亦不是老彘，我本是天河里天蓬元帅。只因带酒戏弄嫦娥，玉帝把我打了二千锤，贬下尘凡。一灵真性，竟来夺舍投胎，不期错了道路，投在个母猪胎里，变得这般模样。是我咬杀母猪，可死群彘，在此处占了山场，吃人度日。不期撞着菩萨，万望拔救，拔救。"菩萨道："此山叫做甚么山？"怪物道："叫做福陵山。山中有

第八回　我佛造经传极乐　观音奉旨上长安

一洞，叫做云栈洞。洞里原有个卵二姐。他见我有些武艺，招我做了家长，又唤做'倒踏门'。不上一年，他死了，将一洞的家当，尽归我受用。在此日久年深，没有个赡身的勾当，只是依本等吃人度日。万望菩萨恕罪。"菩萨道："古人云：'若要有前程，莫做没前程。'你既上界违法，今又不改凶心，伤生造孽，却不是二罪俱罚？"那怪道："前程！前程！若依你，教我嗑风！常言道：'依着官法打杀，依着佛法饿杀。'去也！去也！还不如捉个行人，肥腻腻的吃他家娘！管甚么二罪，三罪，千罪，万罪！"菩萨道："'人有善愿，天必从之。'汝若肯归依正果，自有养身之处。世有五谷，尽能济饥，为何吃人度日？怪物闻言，似梦方觉。向菩萨施礼道："我欲从正，奈何'获罪于天，无所祷也'！"菩萨道："我领了佛旨，上东土寻取经人。你可跟他做个徒弟，往西天走一遭来，将功折罪，管教你脱离灾瘴。"那怪满口道："愿随！愿随！"菩萨才与他摩顶受戒，指身为姓，就姓了猪；替他起个法名，就叫做猪悟能。遂此领命归真，持斋把素，断绝了五荤三厌，专候那取经人。

　　菩萨却与木叉，辞了悟能，半兴云雾前来。正走处，只见空中有一条玉龙叫唤。菩萨近前问曰："你是何龙，在此受罪？"那龙道："我是西海龙王敖闰之子。因纵火烧了殿上明珠，我父王表奏天庭，告了忤逆。玉帝把我吊在空中，打了三百，不日遭诛。望菩萨搭救，搭救。"

　　观音闻言，即与木叉撞上南天门里。早有邱、张二天师接着，问道："何往？"菩萨道："贫僧要见玉帝一面。"二天师即忙上奏。玉帝遂下殿迎接。菩萨上前礼毕道："贫僧领佛旨上东土寻取经人，路遇孽龙悬吊，特来启奏，饶他性命，赐与贫僧，教他与取经人做个脚力。"玉帝闻言，即传旨赦宥，差天将解放，送与菩萨。菩萨谢恩而出。这小龙叩头谢活命之恩，听从菩萨使唤。菩萨把他送在深涧之中，只等取经人来，变做白马，上西方立功。小龙领命潜身不题。

　　菩萨带引木叉行者过了此山，又奔东土。行不多时，忽见金光万道，瑞气千条。木叉道："师父，那放光之处，乃是五行山了，见有如来的'压帖'在那里。"菩萨道："此却是那搅乱蟠桃会大闹天宫的齐天大圣，今乃压在此也。"木叉道："正是，正是。"师徒俱上山来，观看帖子，乃是"唵、嘛、呢、叭、咪、吽"六字真言。菩萨看罢，叹惜不已，作诗一首，诗曰：

　　　　堪叹妖猴不奉公，当年狂妄逞英雄。
　　　　欺心搅乱蟠桃会，大胆私行兜率宫。
　　　　十万军中无敌手，九重天上有威风。
　　　　自遭我佛如来困，何日舒伸再显功！

　　师徒们正说话处，早惊动了那大圣。大圣在山根下，高叫道："是哪个在山上吟诗，揭我的短哩？"菩萨闻言，径下山来寻看。只见那石崖之下，有土地、山神、监押大圣的天将，都来拜接了菩萨，引至那大圣面前。看时，他原来压于石匣之中，口能言，身不能动。菩萨道："姓孙的，你认得我么？"大圣睁开火眼金睛，点着头儿高叫道："我怎么不认得你。你好的是那南海普陀落伽山救苦救难大慈大悲南无观世音菩萨。承看顾！承看顾！我在此度日如年，更无一个相知的来看我一看。你从哪里来也？"菩萨道："我奉佛旨，上东土寻取经人去，从此经过，特留残步看你。"大圣道，"如来哄了我，把我压在此山，五百余年了，不能展挣。万望菩萨方便一二，救我老孙一救！"菩萨道："你这厮罪业弥深，救你出来，恐你又生祸害。反为不美。"大圣道："我已知悔了。但愿大慈悲指条门路，情愿修行。"这才是：

人心生一念，天地尽皆知。

善恶若无报，乾坤必有私。

那菩萨闻得此言，满心欢喜。对大圣道："圣经云：'出其言善，则千里之外应之；出其言不善，则千里之外违之。'你既有此心，待我到了东土大唐国寻一个取经的人来，教他救你。你可跟他做个徒弟，秉教伽持，入我佛门。再修正果，如何？"大圣声声道："愿去！愿去！"菩萨道："既有善果，我与你起个法名。"大圣道："我已有名了，叫做孙悟空。"菩萨又喜道："我前面也有二人归降，正是'悟'字排行。你今也是'悟'字，却与他相合，甚好，甚好。这等也不消叮嘱，我去也。"那大圣见性明心归佛教，这菩萨留情在意访神僧。

他与木叉离了此处，一直东来，不一日就到了长安大唐国。敛雾收云，师徒们变作两个疥癞游僧，入长安城里，早不觉天晚。行至大市街旁，见一座土地庙祠，二人径入，唬得那土地心慌，鬼兵胆战。知是菩萨，叩头接入。那土地又急跑报与城隍、社令，及满长安各庙神祇，都知是菩萨，参见告道："菩萨，恕众神接迟之罪。"菩萨道："汝等不可走漏一毫消息。我奉佛旨，特来此处寻访取经人。借你庙宇，权住几日，待访着真僧即回。"众神各归本处，把个土地赶到城隍庙里暂住，他师徒们隐遁真形。毕竟不知寻出那个取经人来，且听下回分解。

批注

名家鉴赏台

1. 西游点心

小艾同学读完《西游记》第八回后，更加成熟了，她看到一个非常关键的词，那就是"三藏真经"。她说可以回家考考父母了！你猜到小艾读懂什么了吗？

答：小艾这次看得很仔细，她发现了《西游记》中的另一位重要人物——唐僧。而且她还终于了解了他为何叫唐三藏了！

所谓三藏就是：如来"有《法》一藏，谈天；《论》一藏，说地；《经》一藏，度鬼。三藏共计三十五部，该一万五千一百四十四卷，乃是修真之径，正善之门"。也就是三卷书，这些书是指引东土信众修真向善的正道之书！

2. 名家说话

老孙是名悟空，老猪是名悟能，老沙是名悟净，如此提醒叫唤，不止三番四覆。空者何在？能者何在？净者何在？毕竟求一个悟的，真如龟之毛，鬼之角也。可胜浩叹，可胜浩汉！

如来曰："南赡部洲，正所谓口舌凶场，是非恶海。"逼真佛语也。然此犹从未取经之前言之，今大藏真经，俨然在也，何反从凶场中多起干戈，恶海内猛翻波浪，何耶？真可为之痛哭流涕者矣！

——李卓吾

此回点出三藏真经，是绝妙的画龙点睛之笔，如来才是贯穿全文的大手笔和西游记真正的"总导演"，观音菩萨是具体操作的"总执行导演"。

绝妙好辞笺

1. 原作指摘

师徒二人正走间,忽然见弱水三千,乃是流沙河界。菩萨道:"徒弟呀,此处却是难行。取经人浊骨凡胎,如何得渡。"惠岸道:"师父,你看河有多远?"那菩萨停云步看时,只见:

> 东连沙碛,西抵诸番;南达乌戈,北通鞑靼。径过有八百里遥,上下有千万里远。水流一似地翻身,浪滚却如山耸背。洋洋浩浩,漠漠茫茫,十里遥闻万丈洪。仙槎难到此,莲叶莫能浮。衰草斜阳流曲浦,黄云影日暗长堤。那里得客商来往?何曾有渔叟依栖?平沙无雁落,远岸有猿啼。只是红蓼花繁知景色,白蘋香细任依依。

2. 演练改写

请把菩萨见到流沙河的诗词改写成一段以场景描写为主的现代文文字:(不改变原意)

西游竞技场

1. 本回批注实例

① 禅心朗照千江月,真性情涵万里天。

好句。与"落霞""秋水"足堪同赏千古。

——张书绅

② 当有观音菩萨,行近莲台,礼佛三匝道:"弟子不才,愿上东土寻一个取经人来也。"

取经一事乃《西游》之大纲，此回点出，全神俱已响应。

——张书绅

③他见我有些武艺，招我做了家长，又唤做"倒蹅门"。

未赘高老庄，先招二姐，何八戒之丈人多也。

——张书绅

④那大圣见性明心归佛教，这菩萨留情在意访神僧。

至此已无人不新，无处不新，而本文至此已完。

——张书绅

2. 本回批注演练（可在原文处靠右夹批，也可以在下面演练批注）

实践活动园

1. 西游人物煮

在下面给第八回出现的《西游记》重要人物之一——观音大师画像。

2. 猴王要说话

大圣被困如来五指山五百余年，观音菩萨来探访孙悟空时有一段有趣的对话，请你找到本回相关内容，用自己的话再现这一对话情境。聪明的你如果能编成一个现代版的小小课本剧就更好了！

3.人物微点评

①微点评列举：

农历二月十九是其生日，位居佛界四大菩萨之首，面善心软，救苦救难，手托杨柳济世瓶，身下有宝莲座相随，木叉护法……

②请你也用三言两语点评观音大师这个人物形象：

第十回

二将军宫门镇鬼　唐太宗地府还魂

却说太宗与魏征在便殿对弈,一递一着,摆开阵势。正合《烂柯经》云:

博弈之道,贵乎严谨。高者在腹,下者在边,中者在角,此棋家之常法。法曰:"宁输一子,不失一先。击左则视右,攻后则瞻前。有先而后,有后而先。两生勿断,皆活勿连。阔不可太疏,密不可太促。与其恋子以求生,不若弃之而取胜;与其无事而独行,不若固之而自补。彼众我寡,先谋其生;我众彼寡,务张其势。善胜者不争,善阵者不战;善战者不败,善败者不乱。夫棋始以正合,终以奇胜。凡敌无事而自补者,有侵绝之意;弃小而不救者,有图大之心;随手而下者,无谋之人;不思而应者,取败之道。《诗》云:'惴惴小心,如临于谷。'此之谓也。"

诗曰:

棋盘为地子为天,色按阴阳造化全。

下到玄微通变处,笑夸当日烂柯仙。

君臣两个对弈此棋,正下到午时三刻,一盘残局未终,魏征忽然踏伏在案边,鼾鼾盹睡。太宗笑曰:"贤卿真是匡扶社稷之心劳，创立江山之力倦，所以不觉盹睡。"太宗任他睡着，更不呼唤。不多时，魏征醒来，俯伏在地道："臣该万死！臣该万死！却才晕困，不知所为，望陛下赦臣慢君之罪！"太宗道："卿有何慢罪？且起来，拂退残棋，与卿从新更着。"魏征谢了恩，却才拈子在手，只听得朝门外大呼小叫。原来是秦叔宝、徐茂功等，将着一个血淋的龙头，掷在帝前，启奏道："陛下，海浅河枯曾有见，这般异事却无闻。"太宗与魏征起身道："此物何来？"叔宝、茂功道："千步廊南，十字街头，云端里落下这颗龙头，微臣不敢不奏。"唐王惊问魏征："此是何说？"魏征转身叩头道："是臣才一梦斩的。"唐王闻言，大惊道："贤卿盹睡之时，又不曾见动身动手，又无刀剑，如何却斩此龙？"魏征奏道："主公，臣的身在君前，梦离陛下。身在君前对残局，合眼朦胧；梦离陛下乘瑞云，出神抖擞。那条龙，在剐龙台上，被天兵将绑缚其中。是臣道：'你犯天条，合当死罪。我奉天命，斩汝残生。'龙闻哀苦，臣抖精神。龙闻哀苦，伏爪收鳞甘受死；臣抖精神，撩衣进步举霜锋。挖扠一声刀过处，龙头因此落虚空。"

太宗闻言，心中悲喜不一。喜者：夸奖魏征好臣，朝中有此豪杰，愁甚江山不稳？悲者：谓梦中曾许救龙，不期竟致遭诛。只得强打精神，传旨着叔宝将龙头悬挂市曹，晓谕长安黎庶。一壁厢赏了魏征，众官散讫。

当晚回宫，心中只是忧闷：想那梦中之龙，哭啼啼哀告求生，岂知无常，难免此患。思念多时，渐觉神魂倦怠，身体不安。当夜二更时分，只听得宫门外有号泣之声，太宗愈加惊恐。正朦胧睡间，又见那泾河龙王，手提着一颗血淋淋的首级，高叫："唐太宗！还我命来！还我

> 批注

命来！你昨夜满口许诺救我，怎么天明时反宣人曹官来斩我？你出来！你出来！我与你到阎君处折辨折辨！"他扯住太宗，再三嚷闹不放。太宗箝口难言，只挣得汗流遍体。正在那难分难解之时，只见正南上香云缭绕，彩雾飘飘，有一个女真人上前，将杨柳枝用手一摆，那没头的龙，悲悲啼啼，径往西北而去。原来这是观音菩萨，领佛旨，上东土，寻取经人，此住长安城都土地庙里，夜闻鬼泣神号，特来喝退业龙，救脱皇帝。那龙径到阴司地狱具告不题。

却说太宗苏醒回来，只叫"有鬼！有鬼！"慌得那三宫皇后，六院嫔妃，与近侍太监，战兢兢，一夜无眠。不觉五更三点，那满朝文武多官，都在朝门外候朝。等到天明，犹不见临朝，唬得一个个惊惧踌躇。及日上三竿，方有旨意出来道："朕心不快，众官免朝。"不觉倏五七日，众官忧惶，都正要撞门见驾问安，只见太后有旨，召医官入宫用药。众人在朝门等候讨信。少时，医官出来，众问何疾。医官道："皇上脉气不正，虚而又数，狂言见鬼；又诊得十动一代，五脏无气，恐不讳只在七日之内矣。"众官闻言，大惊失色。

正怆惶间，又听得太后有旨宣徐茂功、护国公、尉迟公见驾。三公奉旨，急入到分宫楼下。拜毕，太宗正色强言道："贤卿，寡人十九岁领兵，南征北伐，东挡西除，苦历数载，更不曾见半点邪祟，今日却反见鬼！"尉迟公道："创立江山，杀人无数，何怕鬼乎？"太宗道："卿是不信。朕这寝宫门外，入夜就抛砖弄瓦，鬼魅呼号，着然难处。白日犹可，昏夜难禁。"叔宝道："陛下宽心，今晚臣与敬德把守宫门，看有甚么鬼祟。"太宗准奏。茂功谢恩而出。当日天晚，各取披挂，他两个介胄整齐，执金瓜钺斧，在宫门外把守。好将军！你看他怎生打扮：

　　头戴金盔光烁烁，身披铠甲龙鳞。护心宝镜幌祥云，狮蛮收紧扣，绣带彩霞新。这一个凤眼朝天星斗怕，那一个环睛映电月光浮。他本是英雄豪杰旧勋臣，只落得千年称户尉，万古作门神。

二将军侍立门旁，一夜天晚，更不曾见一点邪祟。是夜，太宗在宫，安寝无事，晓来宣二将军，重重赏犒道："朕自得疾，数日不能得睡，今夜仗二将军威势甚安。卿且请出安息安息，待晚间再一护卫。"二将谢恩而出。遂此二三夜把守俱安，只是御膳减损，病转觉重。太宗又不忍二将辛苦，又宣叔宝、敬德与杜、房诸公入宫，吩咐道："这两日朕虽得安，却只难为秦、胡二将军彻夜辛苦。朕欲召巧手丹青，传二将军真容，贴于门上，免得劳他，如何？"众臣即依旨，选两个会写真的，着胡、秦二公，依前披挂，照样画了，贴在门上。夜间也即无事。

如此二三日，又听得后宰门，乒乓乒乓，砖瓦乱响，晓来急宣众臣曰："连日前门幸喜无事，今夜后门又响，却不又惊杀寡人也！"茂功进前奏道："前门不安，是敬德、叔宝护卫；后门不安，该着魏征护卫。"太宗准奏。又宣魏征今夜把守后门。征领旨，当夜结束整齐，提着那诛龙的宝剑，侍立在后宰门前，真个的好英雄也！他怎生打扮：

　　熟绢青巾抹额，锦袍玉带垂腰。兜风氅袖采霜飘，压赛垒茶神貌。脚踏乌靴坐折，手持利刃凶骁。圆睁两眼四边瞧，那个邪神敢到？

一夜通明，也无鬼魅。虽是前后门无事，只是身体渐

> 批注

重。一日，太后又传旨，召众臣商议殡殓后事。太宗又宣徐茂功，吩咐国家大事，叮嘱仿刘蜀主托孤之意。言毕，沐浴更衣，待时而已。旁闪魏征，手扯龙衣，奏道："陛下宽心，臣有一事，管保陛下长生。"太宗道："病势已入膏肓，命将危矣，如何保得？"征云："臣有书一封，进与陛下，捎去到冥司，付酆都判官崔珏。"太宗道："崔珏是谁？"征云："崔珏乃是太上先皇帝驾前之臣，先受兹州令，后升礼部侍郎。在日与臣八拜为交，相知甚厚。他如今已死，现在阴司做掌生死文簿的酆都判官，梦中常与臣相会。此去若将此书付与他，他念微臣薄分，必然放陛下回来。管教魂魄还阳世，定取龙颜转帝都。"太宗闻言，接在手中，笼入袖里，遂瞑目而亡。那三宫六院、皇后嫔妃、侍长储君及两班文武，俱举哀戴；又在白虎殿上，停着梓宫不题。

却说太宗渺渺茫茫，魂灵径出五凤楼前，只见那御林军马，请大驾出朝采猎。太宗欣然从之，缥渺而去。行多时，人马俱无。独自个散步荒郊草野之间。正惊惶难寻道路，只见那一边，有一人高声大叫道："大唐皇帝，往这里来！往这里来！"太宗闻言，抬头观看，只见那人：

　　头顶乌纱，腰围犀角。头顶乌纱飘软带，腰围犀角显金厢。手擎牙笏凝祥霭，身着罗袍隐瑞光。脚踏一双粉底靴，登云促雾；怀揣一本生死簿，注定存亡。鬓发蓬松飘耳上，胡须飞舞绕腮旁。昔日曾为唐国相，如今掌案侍阎王。

太宗行到那边，只见他跪拜路旁，口称"陛下，赦臣失悮远迎之罪！"太宗问曰："你是何人？因甚事前来接拜？"那人道："微臣半月前，在森罗殿上，见泾河鬼龙告

第十回　二将军宫门镇鬼　唐太宗地府还魂

陛下许救反诛之故，第一殿秦广大王即差鬼使催请陛下，要三曹对案。臣已知之，故来此间候接，不期今日来迟，望乞恕罪，恕罪。"太宗道："你姓甚名谁？是何官职？"那人道："微臣存日，在阳曹侍先君驾前，为兹州令，后拜礼部侍郎，姓崔名珏。今在阴司，得受酆都掌案判官。"太宗大喜，近前来御手忙挽道："先生远劳。朕驾前魏征有书一封，正寄与先生，却好相遇。"判官谢恩，问书在何处。太宗即向袖中取出递与崔珏。珏拜接了，拆封而看。其书曰：

"辱爱弟魏征，顿首书拜大都案契兄崔老先生台下：忆昔交游，音容如在。倏尔数载，不闻清教。常只是遇节令设蔬品奉祭，未卜享否？又承不弃，梦中临示，始知我兄长大人高迁。奈何阴阳两隔，天各一方，不能面觌。今因我太宗文皇帝倏然而故，料是对案三曹，必然得与兄长相会。万祈俯念生日交情，方便一二，放我陛下回阳，殊为爱也。容再修谢。不尽。"

那判官看了书，满心欢喜道："魏人曹前日梦斩老龙一事，臣已早知，甚是夸奖不尽。又蒙他早晚看顾臣的子孙，今日既有书来，陛下宽心，微臣管送陛下还阳，重登玉阙。"太宗称谢了。

二人正说间，只见那边有一对青衣童子，执幢幡宝盖，高叫道："阎王有请，有请。"太宗遂与崔判官并二童子举步前进。忽见一座城，城门上挂着一面大牌，上写着"幽冥地府鬼门关"七个大金字。那青衣将幢幡摇动，引太宗径入城中，顺街而走。只见那街旁边有先主李渊，先兄建成，故弟元吉，上前道："世民来了！世民来了！"那

批注

83

> 批注

建成、元吉就来揪打索命。太宗躲闪不及，被他扯住。幸有崔判官唤一青面獠牙鬼使，喝退了建成、元吉，太宗方得脱身而去。行不数里，见一座碧瓦楼台，真个壮丽，但见：

　　飘飘万迭彩霞堆，隐隐千条红雾现。
　　耿耿檐飞怪兽头，辉辉瓦迭鸳鸯片。
　　门钻几路赤金钉，槛设一横白玉段。
　　窗牖近光放晓烟，帘栊幌亮穿红电。
　　楼台高耸接青霄，廊庑平排连宝院。
　　兽鼎香云袭御衣，绛纱灯火明宫扇。
　　左边猛烈摆牛头，右下峥嵘罗马面。
　　接亡送鬼转金牌，引魄招魂垂素练。
　　唤作阴司总会门，下方阎老森罗殿。

太宗正在外面观看，只见那壁厢环珮叮当，仙香奇异，外有两对提烛，后面却是十代阎王降阶而至。是那十代阎君：秦广王、初江王、宋帝王、仵官王、阎罗王、平等王、泰山王、都市王、卞城王、转轮王。

十王出在森罗宝殿，控背躬身，迎迓太宗。太宗谦下，不敢前行。十王道："陛下是阳间人王，我等是阴间鬼王，分所当然，何须过让？"太宗道："朕得罪麾下，岂敢论阴阳人鬼之道？"逊之不已。太宗前行，径入森罗殿上，与十王礼毕，分宾主坐定。

约有片时，秦广王拱手而进言曰："泾河鬼龙告陛下许救而反杀之，何也？"太宗道："朕曾夜梦老龙求救，实是允他无事；不期他犯罪当刑，该我那人曹官魏征处斩。朕宣魏征在殿着棋，不知他一梦而斩。这是那人曹官出没神机，又是那龙王犯罪当死，岂是朕之过也？"十王闻言，

第十回　二将军宫门镇鬼　唐太宗地府还魂

伏礼道："自那龙未生之前，南斗星死簿上已注定该遭杀于人曹之手，我等早已知之。但只是他在此折辩，定要陛下来此，三曹对案，是我等将他送入轮藏，转生去了。今又有劳陛下降临，望乞恕我催促之罪。"言毕，命掌生死簿判官："急取簿子来，看陛下阳寿天禄该有几何？"崔判官急转司房，将天下万国国王天禄总簿，先逐一检阅，只见南赡部洲大唐太宗皇帝注定贞观一十三年。崔判官吃了一惊，急取浓墨大笔，将"一"字上添了两画，却将簿子呈上。十王从头看时，见太宗名下注定三十三年，阎王惊问："陛下登基多少年了？"太宗道："朕即位，今一十三年了。"阎王道："陛下宽心勿虑，还有二十年阳寿。此一来已是对案明白，请返本还阳。"太宗闻言，躬身称谢。十阎王差崔判官、朱太尉二人，送太宗还魂。太宗出森罗殿，又起手问十王道："朕宫中老少安否如何？"十王道："俱安，但恐御妹，寿似不永。"太宗又再拜启谢："朕回阳世，无物可酬谢，惟答瓜果而已。"十王喜曰："我处颇有东瓜、西瓜，只少南瓜。"太宗道："朕回去即送来，即送来。"从此遂相揖而别。

那太尉执一首引魂幡，在前引路。崔判官随后保着太宗，径出幽司。太宗举目而看，不是旧路，问判官曰："此路差矣？"判官道："不差。阴司里是这般，有去路，无来路。如今送陛下自转轮藏出身，一则请陛下游观地府，一则教陛下转托超生。"太宗只得随他两个，引路前来。

径行数里，忽见一座高山，阴云垂地，黑雾迷空。太宗道："崔先生，那厢是甚么山？"判官道："乃幽冥背阴山。"太宗悚惧道："朕如何去得？"判官道："陛下宽心，有臣等引领。"太宗战战兢兢，相随二人，上得山岩，抬

📝 批注

批注

头观看，只见：

> 形多凸凹，势更崎岖。峻如蜀岭，高似庐岩。非阳世之名山，实阴司之险地。荆棘丛丛藏鬼怪，石崖磷磷隐邪魔。耳畔不闻兽鸟噪，眼前惟见鬼妖行。阴风飒飒，黑雾漫漫。阴风飒飒，是神兵口内哨来烟；黑雾漫漫，是鬼祟暗中喷出气。一望高低无景色，相看左右尽猖亡。那里山也有，峰也有，岭也有，洞也有，涧也有；只是山不生草，峰不插天，岭不行客，洞不纳云，涧不流水。岸前皆魍魉，岭下尽神魔。洞中收野鬼，涧底隐邪魂。山前山后，牛头马面乱喧呼；半掩半藏，饿鬼穷魂时对泣。催命的判官，急急忙忙传信票；追魂的太尉，吆吆喝喝趱公文。急脚子，旋风滚滚，勾司人，黑雾纷纷。

太宗全靠着那判官保护，过了阴山。

前进，又历了许多衙门，一处处俱是悲声振耳，恶怪惊心。太宗又道："此是何处？"判官道："此是阴山背后'一十八层地狱'。"太宗道："是那十八层？"判官道："你听我说：

> 吊筋狱、幽枉狱、火坑狱，寂寂寥寥，烦烦恼恼，尽皆是生前作下千般业，死后通来受罪名。酆都狱、拔舌狱、剥皮狱，哭哭啼啼，凄凄惨惨，只因不忠不孝伤天理，佛口蛇心堕此门。磨捱狱、碓捣狱、车崩狱，皮开肉绽，抹嘴咨牙，乃是瞒心昧己不公道，巧语花言暗损人。寒冰狱、脱壳狱、抽肠狱，垢面蓬头，愁眉皱眼，都是大斗小秤欺痴蠢，致使灾屯累自身。油锅狱、黑暗狱、刀山狱，战战兢兢，悲悲切切，皆因强暴欺良善，藏头缩颈苦伶仃。血池狱、

第十回 二将军宫门镇鬼 唐太宗地府还魂

阿鼻狱、秤杆狱，脱皮露骨，折臂断筋，也只为谋财害命，宰畜屠生，堕落千年难解释，沉沦永世下翻身。一个个紧缚牢栓，绳缠索绑，差些赤发鬼、黑脸鬼，长枪短剑；牛头鬼、马面鬼，铁简铜锤；只打得皱眉苦面血淋淋，叫地叫天无救应。正是人生却莫把心欺，神鬼昭彰放过谁？善恶到头终有报，只争来早与来迟。"

> 批注

太宗听说，心中惊惨。

进前又走不多时，见一伙鬼卒，各执幢幡，路旁跪下道："桥梁使者来接。"判官喝令起去，上前引着太宗，从金桥而过。

太宗又见那一边有一座银桥，桥上行几个忠孝贤良之辈，公平正大之人，亦有幢幡接引；那壁厢又有一桥，寒风滚滚，血浪滔滔，号泣之声不绝。太宗问道："那座桥是何名色？"判官道："陛下，那叫做奈河桥。若到阳间，切须传记，那桥下都是些：

奔流浩浩之水，险峻窄窄之路。俨如匹练搭长江，却似火坑浮上界。阴气逼人寒透骨，腥风扑鼻味钻心。波翻浪滚，往来并没渡人船；赤脚蓬头，出入尽皆作业鬼。桥长数里，阔只三厘，高有百尺，深却千重。上无扶手栏杆，下有抢人恶怪。枷杻缠身，打上奈河险路。你看那桥边神将甚凶顽，河内孽魂真苦恼，桠杈树上，挂的是青红黄紫色丝衣；壁斗崖前，蹲的是毁骂公婆淫泼妇。铜蛇铁狗任争餐，永堕奈河无出路。

诗曰：

时闻鬼哭与神号，血水浑波万丈高。

无数牛头并马面，狰狞把守奈河桥。

　　正说间，那几个桥梁使者，早已回去了。太宗心又惊惶，点头暗叹，默默悲伤，相随着判官、太尉，早过了奈河恶水，血盆苦界。前又到枉死城，只听哄哄人嚷，分明说"李世民来了！李世民来了！"太宗听叫，心惊胆战。见一伙拖腰折臂、有足无头的鬼魅，上前拦住，都叫道："还我命来！还我命来！"慌得那太宗藏藏躲躲，只叫"崔先生救我！崔先生救我！"判官道：陛下，那些人都是那六十四处烟尘，七十二处草寇，众王子、众头目的鬼魂；尽是枉死的冤业，无收无管，不得超生，又无钱钞盘缠，都是孤寒饿鬼。陛下得些钱钞与他，我才救得哩。"太宗道："寡人空身到此，却那里得有钱钞？"判官道："陛下，阳间有一人，金银若干，在我这阴司里寄放。陛下可出名立一约，小判可作保，且借他一库，给散这些饿鬼，方得过去。"太宗问曰："此人是谁？"判官道："他是河南开封府人氏，姓相名良，他有十三库金银在此。陛下若借用过他的，到阳间还他便了。"太宗甚喜，情愿出名借用。遂立了文书与判官，借他金银一库，着太尉尽行给散。判官复吩咐道："这些金银，汝等可均分用度，放你大唐爷爷过去。他的阳寿还早哩。我领了十王钧语，送他还魂，教他到阳间做一个"水陆大会"，度汝等超生，再休生事。"众鬼闻言，得了金银，俱唯唯而退。判官令太尉摇动引魂幡，领太宗出离了枉死城中，奔上平阳大路，飘飘荡荡而去。毕竟不知从那条路出身，且听下回分解。

名家鉴赏台

1. 西游点心

小艾同学读完《西游记》第十回后,感觉汗毛都要竖起来了!她张口就问:"写这么一个恐怖的章节有必要吗?"还有门神的由来,你读到了吗?

答: 小艾这次应该看得非常过瘾吧!读此回唐太宗游地府,确实也是像读《聊斋志异》中的《席方平》一般,让人惊心。但吸引读者之余,在整部小说中还是极有意义的,铺叙了唐太宗遣法师西天取经的缘由和决心,为下文玄奘法师出场做了极其必要的铺垫。

有趣的是作者在写这一部分的情节时,还亦庄亦谐地写入了大将秦叔宝和尉迟恭替唐太宗把守宫门的桥段。出人意料地把门神的来历缘由也做了精彩的描述。实在匠心独具,有神来之笔。

2. 名家说话

说虽荒唐,然说地狱处亦能唤醒愚人,有大功德也。只是愚人虽唤不醒耳。可奈何,可奈何!

只是崔判官作弊,不曾与太宗说得。这叫做出了灯油钱,却在黑里坐。如何,如何?

——李卓吾

没写游西天,先写了游阴曹地府;没写唐僧,先写了唐王;没写妖魔,先写了鬼怪。应该说作者将阴曹地府描写得极其生动形象,不由令人想到唐代著名画家吴道子的画壁画《地狱变》而入幽冥的传说。

绝妙好辞笺

1. 原作指摘

　　太宗准奏。茂功谢恩而出。当日天晚，各取披挂，他两个介胄整齐，执金瓜钺斧，在宫门外把守。好将军！你看他怎生打扮：

　　　　头戴金盔光烁烁，身披铠甲龙鳞。护心宝镜幌祥云，狮蛮收紧扣，绣带彩霞新。这一个凤眼朝天星斗怕，那一个环睛映电月光浮。他本是英雄豪杰旧勋臣，只落得千年称户尉，万古作门神。

2. 演练改写

　　请把两个把门将军的肖像描写改写成一段现代文文字：（不改变原意）

西游竞技场

1. 本回批注实例

　　① "崔珏乃是太上先皇帝驾前之臣，先受兹州令，后升礼部侍郎。"秉礼之士，是位君子，与前贤人进士正相应。

　　　　　　　　　　　　　　　　　　——张书绅

　　② 二人正说间，只见那边有一对青衣童子，执幢幡宝盖，高叫道："阎王有请，有请。"

阎王岂是请得的！读之毛发俱动。

——张书绅

③ 崔判官吃了一惊，急取浓墨大笔，将"一"字上添了两画，却将簿子呈上。

妙极妙极。为何南斗簿上就不注？人皆敬之，天道佑之，鬼神扶助，正此之谓。

——张书绅

④ "我领了十王钧语，送他还魂，教他到阳间做一个'水陆大会'，度汝等超生，再休生事。"

此水陆大会才是西游发愿之始。

——张书绅

2. 本回批注演练（可在原文处靠右夹批，也可以在下面演练批注）

实践活动园

1. 西游人物秀

在下面给《西游记》第十回出现的门神画像。

2.唐皇要说话

唐太宗自从去幽冥界之后，一直受惊不小，请用自己的话再现唐太宗入幽冥和崔判官对话的情境。聪明的你如果能编成一个现代版的小小课本剧就更好了！

3.人物微点评

①微点评列举：

脚踏一双粉底靴，登云促雾；怀揣一本生死簿，注定存亡。鬓发蓬松飘耳上，胡须飞舞绕腮旁。昔日曾为唐国相，如今掌案侍阎王。

②请你也用三言两语点评崔判官这个人物形象：

第十四回

心猿归正　六贼无踪

诗曰：

佛即心兮心即佛，心佛从来皆要物。
若知无物又无心，便是真如法身佛。
法身佛，没模样，一颗圆光涵万象。
无体之体即真体，无相之相即实相。
非色非空非不空，不来不向不回向。
无异无同无有无，难舍难取难听望。
内外灵光到处同，一佛国在一沙中。
一粒沙含大千界，一个身心万法同。
知之须会无心诀，不染不滞为净业。
善恶千端无所为，便是南无释迦叶。

却说那刘伯钦与唐三藏惊惊慌慌，又闻得叫声"师父来也"。众家僮道："这叫的必是那山脚下石匣中老猿。"太保道："是他！是他！"三藏问："是甚么老猿？"太保道："这山旧名五行山；因我大唐王征西定国，改名两界山。先年间曾闻得老人家说：'王莽篡汉之时，天降此山，下压

批注

着一个神猴，不怕寒暑，不吃饮食，自有土神监押，教他饥餐铁丸，渴饮铜汁；自昔到今，冻饿不死。'这叫必定是他。长老莫怕。我们下山去看来。"三藏只得依从，牵马下山。行不数里，只见那石匣之间，果有一猴，露着头，伸着手，乱招手道："师父，你怎么此时才来？来得好！来得好！救我出来，我保你上西天去也！"这长老近前细看，你道他是怎生模样：

尖嘴缩腮，金睛火眼。头上堆苔藓，耳中生薜萝。鬓边少发多青草，颔下无须有绿莎。眉间土，鼻凹泥，十分狼狈；指头粗，手掌厚，尘垢余多。还喜得眼睛转动，喉舌声和。语言虽利便，身体莫能那。正是五百年前孙大圣，今朝难满脱天罗。

刘太保诚然胆大，走上前来，与他拔去了鬓边草，颔下莎，问道："你有甚么说话？"那猴道："我没话说，教那个师父上来，我问他一问。"三藏道："你问我甚么？"那猴道："你可是东土大王差往西天取经去的么？"三藏道："我正是，你问怎么？"那猴道："我是五百年前大闹天宫的齐天大圣，只因犯了诳上之罪，被佛祖压于此处。前者有个观音菩萨，领佛旨意，上东土寻取经人。我教他救我一救，他劝我再莫行凶，归依佛法，尽殷勤保护取经人，往西方拜佛，功成后自有好处。故此昼夜提心，晨昏吊胆，只等师父来救我脱身。我愿保你取经，与你做个徒弟。"三藏闻言，满心欢喜道："你虽有此善心，又蒙菩萨教诲，愿入沙门，只是我又没斧凿，如何救得你出？"那猴道："不用斧凿，你但肯救我，我自出来也。"三藏道："我自救你，你怎得出来？"那猴道："这山顶上有我佛如来的金字压帖。你只上出去将帖儿揭起，我就出来了。"

94

第十四回　心猿归正　六贼无踪

三藏依言，回头央浼刘伯钦道："太保啊，我与你上出走一遭。"伯钦道："不知真假何如！"那猴高叫道："是真！决不敢虚谬！"伯钦只得呼唤家僮，牵了马匹。他却扶着三藏，复上高山。攀藤附葛，只行到那极巅之处，果然见金光万道，瑞气千条，有块四方大石，石上贴着一封皮，却是"唵、嘛、呢、叭、咪、吽"六个金字。三藏近前跪下，朝石头，看着金字，拜了几拜，望西祷祝道："弟子陈玄奘，特奉旨意求经，果有徒弟之分，揭得金字，救出神猴，同证灵山；若无徒弟之分，此辈是个凶顽怪物，哄赚弟子，不成吉庆，便揭不得起。"祝罢，又拜。拜毕，上前将六个金字，轻轻揭下。只闻得一阵香风，劈手把"压帖儿"刮在空中，叫道："吾乃监押大圣者。今日他的难满，吾等回见如来，缴此封皮去也。"吓得个三藏与伯钦一行人，望空礼拜。径下高山，又至石匣边，对那猴道："揭了压帖矣，你出来么。"那猴欢喜，叫道："师父，你请走开些，我好出来，莫惊了你。"

伯钦听说，领着三藏，一行人回东即走。走了五七里远近，又听得那猴高叫道："再走！再走！"三藏又行了许远，下了山，只闻得一声响亮，真个是地裂山崩。众人尽皆悚惧。只见那猴早到了三藏的马前，赤淋淋跪下，道声"师父，我出来也！"对三藏拜了四拜，急起身，与伯钦唱个大喏道："有劳大哥送我师父，又承大哥替我脸上刬草。"谢毕，就去收拾行李，扣背马匹。那马见了他，腰软蹄矬，战兢兢的立站不住。盖因那猴原是弼马温，在天上看养龙马的，有些法则，故此凡马见他害怕。

三藏见他意思，实有好心，真个像沙门中的人物，便叫："徒弟啊，你姓甚么？"猴王道："我姓孙。"三藏道：

▶ 批注

"我与你起个法名，却好呼唤。"猴王道："不劳师父盛意，我原有个法名，叫做孙悟空。"三藏欢喜道："也正合我们的宗派。你这个模样，就象那小头陀一般，我再与你起个混名，称为行者，好么？"悟空道："好！好！好！"自此时又称为孙行者。

那伯钦见孙行者一心收拾要行，却转身对三藏唱个喏道："长老，你幸此间收得个好徒，甚喜，甚喜，此人果然去得。我却告回。"三藏躬身作礼相谢道："多有拖步，感激不胜。回府多多致意令堂老夫人，令荆夫人，贫僧在府多扰，容回时踵谢。"伯钦回礼，遂此两下分别。

却说那孙行者请三藏上马，他在前边，背着行李，赤条条，拐步而行。不多时，过了两界山，忽然见一只猛虎，咆哮剪尾而来。三藏在马上惊心。行者在路旁欢喜道："师父莫怕他。他是送衣服与我的。"放下行李，耳朵里拔出一个针儿，迎着风，幌一幌，原来是个碗来粗细一条铁棒。他拿在手中，笑道："这宝贝，五百余年不曾用着他，今日拿出来挣件衣服儿穿穿。"你看他拽开步，迎着猛虎，道声"业畜！那里去！"那只虎蹲着身，伏在尘埃，动也不敢动。却被他照头一棒，就打的脑浆迸万点桃红，牙齿喷几珠玉块，唬得那陈玄奘滚鞍落马，咬指道声"天那！天那！刘太保前日打的斑斓虎，还与他斗了半日；今日孙悟空不用争持，把这虎一棒打得稀烂，正是'强中更有强中手'！"

行者拖将虎来道："师父略坐一坐，等我脱下他的衣服来，穿了走路。"三藏道："他那里有甚衣服？"行者道："师父莫管我，我自有处置。"好猴王，把毫毛拔下一根，吹口仙气，叫"变！"变作一把牛耳尖刀，从那虎腹上挑

第十四回　心猿归正　六贼无踪

开皮，往下一剥，剥下个囫囵皮来；剁去了爪甲，割下头来，割个四四方方一块虎皮，提起来，量了一量道："阔了些儿。一幅可作两幅。"拿过刀来，又裁为两幅。收起一幅，把一幅围在腰间，路旁揪了一条葛藤，紧紧束定，遮了下体道："师父，且去！且去！到了人家，借些针线，再缝不迟。"他把条铁棒，捻一捻，依旧像个针儿，收在耳里，背着行李，请师父上马。

> 批注

两个前进，长老在马上问道："悟空，你才打虎的铁棒，如何不见？"行者笑道："师父，你不晓得。我这棍，本是东洋大海龙宫里得来的，唤做'天河镇底神珍铁'，又唤做'如意金箍棒'。当年大反天宫，甚是亏他。随身变化，要大就大，要小就小。刚才变做一个绣花针儿模样，收在耳内矣。但用时，方可取出。"三藏闻言暗喜。又问道："方才那只虎见了你，怎么就不动动？让自在打他，何说？悟空道："不瞒师父说，莫道是只虎，就是一条龙，见了我也不敢无礼。我老孙，颇有降龙伏虎的手段，翻江搅海的神通；见貌辨色，聆音察理；大之则量于宇宙，小之则摄于毫毛；变化无端，隐显莫测。剥这个虎皮，何为稀罕？见到那疑难处，看展本事么！"三藏闻得此言，愈加放怀无虑，策马前行。师徒两个走着路，说着话，不觉得太阳星坠。但见：

　　焰焰斜辉返照，天涯海角归云。千出鸟雀噪声频，觅宿投林成阵。野兽双双对对，回窝族族群群。一钩新月破黄昏，万点明星光晕。

行者道：师父走动些，天色晚了。那壁厢树木森森，想必是人家庄院，我们赶早投宿去来。"三藏果策马而行，径奔人家，到了庄院前下马。行者撇了行李，走上前，叫

97

声"开门！开门！"那里面有一老者，扶筇而出；唿喇的开了门，看见行者这般恶相，腰系着一块虎皮，好似个雷公模样，唬得脚软身麻，口出谵语道："鬼来了！鬼来了！"三藏近前搀住叫道："老施主，休怕。他是我贫僧的徒弟，不是鬼怪。"老者抬头，见了三藏的面貌清奇，方然立定。问道："你是那寺里来的和尚，带这恶人上我门来？"三藏道："我贫僧是唐朝来的，往西天拜佛求经，适路过此间，天晚，特造檀府借宿一宵，明早不犯天光就行。万望方便一二。"老者道："你虽是个唐人，那个恶的，却非唐人。"悟空厉声高呼道："你这个老儿全没眼色！唐人是我师父，我是他徒弟！我也不是甚'糖人，蜜人'，我是齐天大圣。你们这里人家，也有认得我的。我也曾见你来。"那老者道："你在那里见我？"悟空道："你小时不曾在我面前扒柴？不曾在我脸上挑菜？"老者道："这厮胡说！你在那里住？我在那里住？我来你面前扒柴、挑菜！"悟空道："我儿子便胡说！你是认不得我了，我本是这两界山石匣中的大圣。你再认认看。"老者方才省悟道："你倒有些像他；但你是怎么得出来的？"悟空将菩萨劝善，令我等待唐僧揭贴脱身之事，对那老者细说了一遍。老者却才下拜，将唐僧请到里面，即唤老妻与儿女都来相见，具言前事，个个欣喜。又命看茶。茶罢，问悟空道："大圣啊，你也有年纪了？"悟空道："你今年几岁了？"老者道："我痴长一百三十岁了。"行者道："还是我重子重孙哩！我那生身的年纪，我不记得是几时；但只在这山脚下，已五百余年了。"老者道："是有，是有。我曾记得祖公公说，此山乃从天降下，就压了一个神猴。只到如今，你才脱体。我那小时见你，是你头上有草，脸上有泥，还

第十四回 心猿归正 六贼无踪

不怕你；如今脸上无了泥，头上无了草，却像瘦了些，腰间又苦了一块大虎皮，与鬼怪能差多少？"

一家儿听得这般话说，都呵呵大笑。这老儿颇贤，即今安排斋饭。饭后，悟空道："你家姓甚？"老者道："舍下姓陈。"三藏闻言，即下来起手道："老施主，与贫僧是华宗。"行者道："师父，你是唐姓，怎的和他是华宗？"三藏道："我俗家也姓陈，乃是唐朝海州弘农郡聚贤庄人氏。我的法名叫做陈玄奘。只因我大唐太宗皇帝赐我做御弟三藏，指唐为姓，故名唐僧也。"那老者见说同姓，又十分欢喜。行者道："老陈，左右打搅你家。我有五百多年不洗澡了，你可去烧些汤来，与我师徒们洗浴洗浴，一发临行谢你。"那老儿即令烧汤拿盆，掌上灯火。师徒浴罢，坐在灯前，行者道："老陈，还有一事累你，有针线借我用用。"那老儿道："有，有，有。"即教妈妈取针线来，递与行者。行者又有眼色：见师父洗浴，脱下一件白布短小直裰未穿，他即扯过来披在身上，却将那虎皮脱下，联接一处，打一个马面样的折子，围在腰间，勒了藤条，走到师父面前道："老孙今日这等打扮，比昨日如何？"三藏道："好！好！好！这等样，才像个行者。"三藏道："徒弟，你不嫌残旧，那件直裰儿，你就穿了罢。"悟空唱个喏道："承赐！承赐！"他又去寻些草料喂了马。此时各各事毕，师徒与那老儿，亦各归寝。

次早，悟空起来，请师父走路。三藏着衣，教行者收拾铺盖行李。正欲告辞，只见那老儿，早具脸汤，又具斋饭。斋罢，方才起身。三藏上马，行者引路，不觉饥餐渴饮，夜宿晓行，又值初冬时候。但见那：

霜凋红叶千林瘦，岭上几株松柏秀。未开梅蕊

批注

散香幽，暖短昼，小春候，菊残荷尽山茶茂。寒桥古树争枝斗，曲涧涓涓泉水溜。淡云欲雪满天浮，朔风骤，牵衣袖，向晚寒威人怎受？

师徒们正走多时，忽见路旁唿哨一声，闯出六个人来，各执长枪短剑，利刃强弓，大咤一声道："那和尚！那里走！赶早留下马匹，放下行李，饶你性命过去！"唬得那三藏魂飞魄散，跌下马来，不能言语。行者用手扶起道："师父放心，没些儿事。这都是送衣服送盘缠与我们的。"三藏道："悟空，你想有些耳闭？他说教我们留马匹、行李，你倒问他要甚么衣服、盘缠？"行者道："你管守着衣服、行李、马匹，待老孙与他争持一场，看是何如。"三藏道："好手不敌双拳，双拳不如四手。他那里六条大汉，你这般小小的一个人儿，怎么敢与他争持？"

行者的胆量原大，那容分说，走上前来，叉手当胸，对那六个人施礼道："列位有甚么缘故，阻我贫僧的去路？"那人道："我等是剪径的大王，行好心的山主。大名久播，你量不知。早早的留下东西，放你过去；若道半个'不'字，教你碎尸粉骨！"行者道："我也是祖传的大王，积年的山主，却不曾闻得列位有甚大名。"那人道："你是不知，我说与你听：一个唤做眼看喜，一个唤做耳听怒，一个唤做鼻嗅爱，一个唤作舌尝思，一个唤作意见欲，一个唤作身本忧。"悟空笑道："原来是六个毛贼！你却不认得我这出家人是你的主人公，你倒来挡路。把那打劫的珍宝拿出来，我与你作七分儿均分，饶了你罢！"那贼闻言，喜的喜，怒的怒，爱的爱，思的思，欲的欲，忧的忧。一齐上前乱嚷道："这和尚无礼！你的东西全然没有，转来和我等要分东西！"他轮枪舞剑，一拥前来，照行者劈头乱砍,乒乒乓乓,砍有七八十下。悟空停立中间,只当不知。那贼道:"好和尚!真个的头硬!"行者笑道:"将就看得过罢了!你们也打得手困了,却该老孙取出个针儿来耍耍。"那贼道:"这和尚是一个行针灸的郎中变的。我们又无病症,说甚么动针的话!"行者伸手去耳朵里拔出一根绣花针儿,迎风一幌,却是一条铁棒,足有碗来粗细,拿在手中道:"不要走!也让老孙打一棍儿试试手!"唬得这六个贼四散逃走,被他拽开步,团团赶上,一个个尽皆打死。剥了他的衣服,夺了他的盘缠,笑吟吟走将来道:"师父请行,那贼已被老孙剿了。"三藏道:"你十分撞祸!他虽是剪径的强徒,就是拿到官司,也不该死罪;你纵有手段,只可退他去便了,怎么就都打死?这却是无故伤人的性命,如何做得和尚?出家人'扫地恐伤蝼蚁命,爱惜飞蛾纱罩灯'。你怎么不分皂白,一顿打死?全无一点慈悲好善之心!早还是山野中无人查考;若到城市,倘有人一时冲撞了你,你也行凶,执着棍子,乱打伤人,我可做得白客,怎能脱身?"悟空道:"师父,我若不打死他,他却要打死你哩。"三藏道:"我这出家人,宁死决不敢行凶。我就死,也只是一身,你却杀了他六人,如何理说?此事若告到官,就是你老子做官,也说不过去。"行者道:"不瞒师父说,我老孙五百年前,据花果山称王为怪的时节,也不知打死多少人;假似你说这般到官,倒也得些状告是。"三藏道:"只因你没收没管,暴横人间,欺天诳上,才受这五百年前之难。今既入了沙门,若是还像当时行凶,一味伤生,去不得西天,做不得和尚!忒恶!忒恶!"

原来这猴子一生受不得人气,他见三藏只管绪绪叨

批注

批注

叨，按不住心头火发道："你既是这等，说我做不得和尚，上不得西天，不必恁般绪咭恶我，我回去便了！"那三藏却不曾答应，他就使一个性子，将身一纵，说一声"老孙去也！"三藏急抬头，早已不见。只闻得呼的一声，回东而去。撇得那长老孤孤零零，点头自叹。悲怨不已，道："这厮！这等不受教诲！我但说他几句，他怎么就无形无影的，径回去了？——罢！罢！罢！也是我命里不该招徒弟，进人口！如今欲寻他无处寻，欲叫他叫不应，去来！去来！"正是舍身拚命归西去，莫倚旁人自主张。

那长老只得收拾行李，捎在马上，也不骑马，一只手柱着锡杖，一只手揪着缰绳，凄凄凉凉，往西前进。行不多时，只见山路前面，有一个年高的老母，捧一件绵衣，绵衣上有一顶花帽。三藏见他来得至近，慌忙牵马，立于右侧让行。那老母问道："你是那里来的长老，孤孤凄凄独行于此？"三藏道："弟子乃东土大唐奉圣旨往西天拜活佛求真经者。"老母道："西方佛乃大雷音寺天竺国界，此去有十万八千里路。你这等单人独马，又无个伴侣，又无个徒弟，你如何去得！"三藏道："弟子日前，收得一个徒弟，他性泼凶顽，是我说了他几句，他不受教，遂渺然而去也。"老母道："我有这一领绵布直裰，一顶嵌金花帽，原是我儿子用的。他只做了三日和尚，不幸命短身亡。我才去他寺里，哭了一场，辞了他师父，将这两件衣帽拿来，做个忆念。长老啊，你既有徒弟，我把这衣帽送了你罢。"三藏道："承老母盛赐；但只是我徒弟已走了，不敢领受。"老母道："他那厢去了？"三藏道："我听得呼的一声，他回东去了。"老母道："东边不远，就是我家，想必往我家去了。我那里还有一篇咒儿，唤做'定心真言'；

又名做'紧箍儿咒'。你可暗暗的念熟，牢记心头，再莫泄漏一人知道。我去赶上他，叫他还来跟你，你却将此衣帽与他穿戴。他若不服你使唤，你就默念此咒，他再不敢行凶，也再不敢去了。"三藏闻言，低头拜谢。那老母化一道金光，回东而去。

三藏情知是观音菩萨授此真言，急忙撮土焚香，望东恳恳礼拜。拜罢，收了衣帽，藏在包袱中间。却坐于路旁，诵习那《定心真言》。来回念了几遍，念得烂熟，牢记心胸不题。

却说那悟空别了师父，一筋斗云，径转东洋大海。按住云头，分开水道，径至水晶宫前。早惊动龙王出来迎接。接至宫里坐下，礼毕。龙王道："近闻得大圣难满，失贺！想必是重整仙山，复归古洞矣。"悟空道："我也有此心性；只是又做了和尚了。"龙王道："做甚和尚？"行者道："我亏了南海菩萨劝善，教我正果，随东土唐僧，上西方拜佛，皈依沙门，又唤为行者了。"龙王道："这等真是可贺！可贺！这才叫做改邪归正，惩创善心。既如此，怎么不西去，复东回何也？"行者笑道："那是唐僧不识人性。有几个毛贼剪径，是我将他打死，唐僧就绪绪叨叨，说了我若干的不是。你想老孙，可是受得闷气的？是我撇了他，欲回本山，故此先来望你一望，求钟茶吃。"龙王道："承降！承降！"当时龙子、龙孙即捧香茶来献。

茶毕，行者回头一看，见后壁上挂着一幅'圮桥进履'的画儿。行者道："这是甚么景致？"龙王道："大圣在先，此事在后，故你不认得。这叫做'圮桥三进履'。"行者道："怎的是'三进履'？"龙王道："此仙乃是黄石公。此子乃是汉世张良。石公坐在圮桥上，忽然失履于桥下，遂唤张良取来。此子即忙取来，跪献于前。如此三度，张良略无一毫倨傲怠慢之心，石公遂爱他勤谨，夜授天书，着他扶汉。后果然运筹帷幄之中，决胜千里之外。太平后，弃职归山，从赤松子游，悟成仙道。大圣，你若不保唐僧，不尽勤劳，不受教诲，到底是个妖仙，休想得成正果。"悟空闻言，沉吟半晌不语。龙王道："大圣自当裁处，不可图自在，误了前程。"悟空道："莫多话，老孙还去保他便了。"龙王欣喜道："既如此，不敢久留，请大圣早发慈悲，莫要疏久了你师父。"行者见他催促请行，急耸身，出离海藏，驾着云，别了龙王。

　　正走，却遇着南海菩萨。菩萨道："孙悟空，你怎么不受教诲，不保唐僧，来此处何干？"慌得个行者在云端里施礼道："向蒙菩萨善言，果有唐朝僧到，揭了压帖，救了我命，跟他做了徒弟。他却怪我凶顽，我才子闪了他一闪，如今就去保他也。"菩萨道："赶早去，莫错过了念头。"言毕，各回。

　　这行者，须臾间看见唐僧在路旁闷坐。他上前道："师父！怎么不走路？还在此做甚？"三藏抬头道："你往那里去来？教我行又不敢行，动又不敢动，只管在此等你。"行者道："我往东洋大海老龙王家讨茶吃吃。"三藏道："徒弟啊，出家人不要说谎。你离了我，没多一个时辰，就说到龙王家吃茶？"行者笑道："不瞒师父说，我会驾筋斗云，一个筋斗，有十万八千里路，故此得即去即来。"三藏道："我略略的言语重了些儿，你就怪我，使个性子丢了我去。像你这有本事的，讨得茶吃；像我这去不得的，只管在此忍饿。你也过意不去呀！"行者道："师父，你若饿了，我便去与你化些斋吃。"三藏道："不用化斋。我那包袱里，还有些干粮，是刘太保母亲送的，你去拿钵盂寻些水来，等我吃些儿走路罢。"

行者去解开包袱，在那包裹中间见有几个粗面烧饼，拿出来递与师父。又见那光艳艳的一领绵布直裰，一顶嵌金花帽，行者道："这衣帽是东土带来的？"三藏就顺口儿答应道："是我小时穿戴的。这帽子若戴了，不用教经，就会念经；这衣服若穿了，不用演礼，就会行礼。"行者道："好师父，把与我穿戴了罢。"三藏道："只怕长短不一，你若穿得，就穿了罢。"行者遂脱下旧白布直裰，将绵布直裰穿上，也就是比量着身体裁的一般，把帽儿戴上。三藏见他戴上帽子，就不吃干粮，却默默的念那《紧箍咒》一遍。行者叫道："头痛！头痛！"那师父不住的又念了几遍，把个行者痛得打滚，抓破了嵌金的花帽。三藏又恐怕扯断金箍，住了口不念。不念时，他就不痛了。伸手去头上摸摸，似一条金线儿模样，紧紧的勒在上面，取不下，揪不断，已此生了根了。他就耳里取出针儿来，插入箍里，往外乱捎。三藏又恐怕他捎断了，口中又念起来，他依旧生痛，痛得竖蜻蜓，翻筋斗，耳红面赤，眼胀身麻。那师父见他这等，又不忍不舍，复住了口，他的头又不痛了。行者道："我这头，原来是师父咒我的。"三藏道："我念得是《紧箍经》，何曾咒你？"行者道："你再念念看。"三藏真个又念，行者真个又痛，只教："莫念！莫念！念动我就痛了！这是怎么说？"三藏道："你今番可听我教诲了？"行者道："听教了！"——"你再可无礼了？"行者道："不敢了！"

他口里虽然答应，心上还怀不善，把那针儿幌一幌，碗来粗细，望唐僧就欲下手，慌得长老口中又念了两三

批注

批注

遍，这猴子跌倒在地，丢了铁棒，不能举手，只教："师父！我晓得了！再莫念！再莫念！"三藏道："你怎么欺心，就敢打我？"行者道："我不曾敢打，我问师父，你这法儿是谁教你的？"三藏道："是适间一个老母传授我的。"行者大怒道："不消讲了！这个老母，坐定是那个观世音！他怎么那等害我！等我上南海打他去！"三藏道："此法既是他授与我，他必然先晓得了。你若寻他，他念起来，你却不是死了？"行者见说得有理，真个不敢动身，只得回心，跪下哀告道："师父！这是他奈何我的法儿，教我随你西去。我也不去惹他，你也莫当常言，只管念诵。我愿保你，再无退悔之意了。"三藏道："既如此，伏侍我上马去也。"那行者才死心塌地，抖擞精神，束一束绵布直裰，扣背马匹，收拾行李，奔西而进。毕竟这一去，后面又有甚话说，且听下回分解。

名家鉴赏台

1. 西游点心

小艾同学读完《西游记》第十四回后，感觉这里的套路好深啊，怎么满天神佛也处处设陷阱呢？

答：这正是这一章回的妙处，想那孙猴子当年负气大闹天宫，怎么会受得了唐僧的絮絮叨叨，先是东海龙王用"圮桥进履"的故事来劝解大圣，不忍何以成钢，张良是这样，悟空也是如此，这是必经的修炼。

2. 名家说话

总批：

请问今世人还是打死六贼的，还是六贼打死的？

又批：

"心猿归正,六贼无踪。"八个字已分明说出,人亦容易明白。但篇中尚多隐语,人当着眼。不然,何异痴人说梦,却不辜负了作者苦心?今特一一拈出,读者须自领略:"是你的主人公。""你的东西全然没有,转来和我等要分东西。""我若不打死他,他就要打死你。""莫倚傍人自主张。""东边不远,就是我家,想必往我家去了。""这才叫做改邪归正。""不可图自在,误了前程。""赶早去,莫错过了念头。""再无退悔之意了。"此等言语,岂是寻常,可略不加之意乎?着眼,着眼。方不枉读了《西游记》也。

——李卓吾

正如头上有箍,叫紧箍咒;棒上也有箍,叫金箍棒。人的心里也应该有一道箍。

孙猴子自此开始知道他的人生并非他为所欲为的乖张所能驾驭,知道约束的存在和重要。这道箍其实是一道自省自律之箍。

人生也是如此,所谓六根清净,心灵才能踏上真正的求经之路。

绝妙好辞笺

1. 原作指摘

茶毕,行者回头一看,见后壁上挂着一幅"圯桥进履"的画儿。行者道:"这是甚么景致?"龙王道:"大圣在先,此事在后,故你不认得。这叫做'圯桥三进履'。"行者道:"怎的是'三进履'?"龙王道:"此仙乃是黄石公。此子乃是汉世张良。石公坐在圯桥上,忽然失履于桥下,遂唤张良取来。此子即忙取来,跪献于前。如此三度,张良略无一毫倨傲怠慢之心,石公遂爱他勤谨,夜授天书,着他扶汉。后果然运筹帷幄之中,决胜千里之外。太平后,弃职归山,从赤松子游,悟成仙道。

2. 演练改写

请把"圯桥进履"的故事改写成一段现代文文字:(不改变原意)

西游竞技场

1. 本回批注实例

① 行者伸手去耳朵里拔出一根绣花针儿,迎风一幌,却是一条铁棒,足有碗来粗细,拿在手中道:"不要走!也让老孙打一棍儿试试手!"唬得这六个贼四散逃走,被他拽开步,团团赶上,一个个尽皆打死。

世人心都要杀六贼者,只是没手段。

——李卓吾

② 猴王道:"不劳师父盛意,我原有个法名,叫做孙悟空。"

人心之不正,皆因不曾悟得这一字。

——张书绅

③ 悟空道:"莫多话,老孙还去保他便了。"

好大圣,一提就醒,不使子房独擅美于千古。

——张书绅

④ 行者遂脱下旧白布直裰,将绵布直裰穿上,也就是比量着身体裁的一般,把帽儿戴上。

衣帽整齐,修的绝妙。

——张书绅

2. 本回批注演练（可在原文处靠右夹批，也可以在下面演练批注）

实践活动园

1. 西游人物煮

在下面将《西游记》第十四回出现的悟空戴帽成箍的情形描画出来。

2. 猴王要诉苦

请用文字描写猴王戴上紧箍儿后的心理活动。聪明的你如果能编成一个现代版的内心独白就更好了！

3. 人物微点评

① 微点评列举：

尖嘴缩腮，金睛火眼。头上堆苔藓，耳中生薜萝。鬓边少发多青草，颔下无须有绿莎。眉间土，鼻凹泥，十分狼狈；指头粗，手掌厚，尘垢余多。还喜得眼睛转动，喉舌声和。语言虽利便，身体莫能那。正是五百年前孙大圣，今朝难满脱天罗。

② 请你对比大闹天宫时的大圣形象，用三言两语来评点今昔：

第三篇

八十一难渡劫行

第十六回

观音院僧谋宝贝　黑风山怪窃袈裟

却说他师徒两个，策马前来，直至山门首观看，果然是一座寺院。但见那：

层层殿阁，迭迭廊房，三山门外，巍巍万道彩云遮；五福堂前，艳艳千条红雾绕。两路松篁，一林桧柏。两路松篁，无年无纪自清幽；一林桧柏，有色有颜随傲丽。又见那钟鼓楼高，浮屠塔峻。安禅僧定性，啼树鸟音闲。寂寞无尘真寂寞，清虚有道果清虚。

诗曰：

上刹祇园隐翠窝，招提胜景赛婆婆。

果然净土人间少，天下名山僧占多。

长老下了马，行者歇了担，正欲进门，只见那门里走出一众僧来。你看他怎生模样：

头戴左笄帽，身穿无垢衣。

铜环双坠耳，绢带束腰围。

草履行来稳，木鱼手内提。

口中常作念，般若总皈依。

三藏见了，侍立门旁，道个问讯，那和尚连忙答礼，笑道："失瞻。"问："是那里来的？请入方丈献茶。"三藏道："我弟子乃东土钦差，上雷音寺拜佛求经。至此处天色将晚，欲借上刹一宵。"那和尚道："请进里坐，请进里坐。"三藏方唤行者牵马进来。那和尚忽见行者相貌，有些害怕，便问："那牵马的是个甚么东西？"三藏道："悄言！悄言！他的性急，若听见你说是甚么东西，他就恼了。——他是我的徒弟。"那和尚打了个寒噤，咬着指头道："这般一个丑头怪脑的，好招他做徒弟！"三藏道："你看不出来哩，丑自丑，甚是有用。"

　　那和尚只得同三藏与行者进了山门。山门里，又见那正殿上书四个大字，是"观音禅院"。三藏又大喜道："弟子屡感菩萨圣恩，未及叩谢；今遇禅院，就如见菩萨一般，甚好拜谢。"那和尚闻言，即命道人开了殿门，请三藏朝拜。那行者拴了马，丢了行李，同三藏上殿。三藏展背舒身，铺胸纳地，望金像叩头。那和尚便去打鼓，行者就去撞钟。三藏俯伏台前，倾心祷祝。祝拜已毕，那和尚住了鼓，行者还只管撞钟不歇，或紧或慢，撞了许久。那道人道："拜已毕了，还撞钟怎么？"行者方丢了钟杵，笑道："你那里晓得！我这是'做一日和尚撞一日钟'的。"此时却惊动那寺里大小僧人、上下房长老，听得钟声乱响，一齐拥出道："那个野人在这里乱敲钟鼓？"行者跳将出来，呲的一声道："是你孙外公撞了耍子的！"那些和尚一见了，唬得跌跌滚滚，都爬在地下道："雷公爷爷！"行者道："雷公是我的重孙儿哩！起来，起来，不要怕，我们是东土大唐来的老爷。"众僧方才礼拜；见了三藏，都才放心不怕。内有本寺院主请道："老爷们到后方丈中奉茶。"遂而解缰牵马，抬了行李，转过正殿，径入后房，序了

第十六回 观音院僧谋宝贝 黑风山怪窃袈裟

坐次。

那院主献了茶，又安排斋供。天光尚早。三藏称谢未毕，只见那后面有两个小童，搀着一个老僧出来。看他怎生打扮：

> 头上戴一顶毗卢方帽，猫睛石的宝顶光辉；身上穿一领锦绒褊衫，翡翠毛的金边晃亮。一对僧鞋攒八宝，一根拄杖嵌云星。满面皱痕，好似骊山老母；一双昏眼，却如东海龙君。口不关风因齿落，腰驼背屈为筋挛。

众僧道："师祖来了。"三藏躬身施礼迎接道："老院主，弟子拜揖。"那老僧还了礼，又各叙坐。老僧道："适间小的们说东土唐朝来的老爷，我才出来奉见。"三藏道："轻造宝山，不知好歹，恕罪！恕罪！"老僧道："不敢！不敢！"因问："老爷，东土到此，有多少路程？"三藏道："出长安边界，有五千余里；过两界山，收了一众小徒，一路来，行过西番哈咇国，经两个月，又有五六千里，才到了贵处。"老僧道："也有万里之遥了。我弟子虚度一生，山门也不曾出去，诚所谓'坐井观天'，樗朽之辈。"三藏又问："老院主高寿几何？"老僧道："痴长二百七十岁了。"行者听见道："这还是我万代孙儿哩？"三藏瞅了他一眼道："谨言！莫要不识高低，冲撞人。"那和尚便问：老爷，你有多少年纪了？"行者道；"不敢说。"那老僧也只当一句疯话，便不介意，也不再问，只叫献茶。有一个小幸童，拿出一个羊脂玉的盘儿，有三个法蓝镶金的茶钟；又一童，提一把白铜壶儿，斟了三杯香茶。真个是色欺榴蕊艳，味胜桂花香。三藏见了，夸爱不尽道："好物件！好物件！真是美食美器！"那老僧道：

115

"污眼！污眼！老爷乃天朝上国，广览奇珍，似这般器具，何足过奖？老爷自上邦来，可有甚么宝贝，借与弟子一观？"三藏道："可怜！我那东土，无甚宝贝；就有时，路程遥远，也不能带得。"

行者在旁道："师父，我前日在包袱里，曾见那领袈裟，不是件宝贝？拿与他看看何如？"众僧听说袈裟，一个个冷笑。行者道："你笑怎的？"院主道："老爷才说袈裟是件宝贝，言实可笑。若说袈裟，似我等辈者，不止二三十件；若论我师祖，在此处做了二百五六十年和尚，足有七八百件！"叫："拿出来看看。"那老和尚，也是他一时卖弄，便叫道人开库房，头陀抬柜子，就抬出十二柜，放在天井中，开了锁，两边设下衣架，四围牵了绳子，将袈裟一件件抖开挂起，请三藏观看。果然是满堂绮绣，四壁绫罗！

行者一一观之，都是些穿花纳锦，刺绣销金之物，笑道："好，好，好！收起！收起！把我们的也取出来看看。"三藏把行者扯住，悄悄的道："徒弟，莫要与人斗富。你我是单身在外，只恐有错。"行者道："看看袈裟，有何差错？"三藏道："你不曾理会得，古人有云：'珍奇玩好之物，不可使见贪婪奸伪之人。'倘若一经入目，必动其心；既动其心，必生其计。汝是个畏祸的，索之而必应其求，可也；不然，则殒身灭命，皆起于此，事不小矣。"行者道："放心！放心！都在老孙身上！"你看他不由分说，急急的走了去，把个包袱解开，早有霞光迸迸；尚有两层油纸裹定，去了纸，取出袈裟，抖开时，红光满室，彩气盈庭。众僧见了，无一个不心欢口赞。真个好袈裟！上头有：

第十六回　观音院僧谋宝贝　黑风山怪窃袈裟

千般巧妙明珠坠，万样稀奇佛宝攒。
上下龙须铺彩绮，兜罗四面锦沿边。
体挂魍魉从此灭，身披魑魅入黄泉。
托化天仙亲手制，不是真僧不敢穿。

批注

那老和尚见了这般宝贝，果然动了奸心，走上前，对三藏跪下，眼中垂泪道："我弟子真是没缘！"三藏搀起道："老院师有何话说？"他道："老爷这件宝贝，方才展开，天色晚了，奈何眼目昏花，不能看得明白，岂不是无缘！"三藏教："掌上灯来，让你再看。"那老僧道："爷爷的宝贝，已是光亮；再点了灯，一发晃眼，莫想看得仔细。"行者道："你要怎的看才好？"老僧道："老爷若是宽恩放心，教弟子拿到后房，细细的看一夜，明早送还老爷西去，不知尊意何如？"三藏听说，吃了一惊，埋怨行者道："都是你！都是你！"行者笑道："怕他怎的？等我包起来，教他拿了去看。但有疏虞，尽是老孙管整。"那三藏阻当不住，他把袈裟递与老僧道："凭你看去，只是明早照旧还我，不得损污些须。"老僧喜喜欢欢，着幸童将袈裟拿进去，却吩咐众僧，将前面禅堂扫净，取两张藤床，安设铺盖，请二位老爷安歇；一壁厢又教安排明早斋送行，遂而各散。师徒们关了禅堂，睡下不题。

却说那和尚把袈裟骗到手，拿在后房灯下，对袈裟号啕痛哭，慌得那本寺僧，不敢先睡。小幸童也不知为何，却去报与众僧道："公公哭到二更时候，还不歇声。"有两个徒孙，是他心爱之人，上前问道："师公，你哭怎的？"老僧道："我哭无缘，看不得唐僧宝贝！"小和尚道："公公年纪高大，发过了。他的袈裟，放在你面前，你只消解开看便罢了，何须痛哭？"老僧道："看的不长久。我今

批注

年二百七十岁，空挣了几百件袈裟。怎么得有他这一件？怎么得做个唐僧？"小和尚道："师公差了。唐僧乃是离乡背井的一个行脚僧。你这等年高，享用也彀了，倒要象他做行脚僧，何也？"老僧道："我虽是坐家自在，乐乎晚景，却不得他这袈裟穿穿。若教我穿得一日儿，就死也闭眼，——也是我来阳世间为僧一场！"众僧道："好没正经！你要穿他的，有何难处？我们明日留他住一日；你就穿他一日，留他住十日，你就穿他十日，便罢了。何苦这般痛哭？"老僧道："纵然留他住了半载，也只穿得半载，到底也不得气长。他要去时，只得与他去，怎生留得长远？"

正说话处，有一个小和尚，名唤广智，出头道："公公，要得长远，也容易。"老僧闻言，就欢喜起来道："我儿，你有甚么高见？"广智道："那唐僧两个是走路的人，辛苦之甚，如今已睡着了。我们想几个有力量的，拿了枪刀，打开禅堂，将他杀了，把尸首埋在后园，只我一家知道，却又谋了他的白马、行囊，却把那袈裟留下，以为传家之宝，岂非子孙长久之计耶？"老和尚见说，满心欢喜，却才揩了眼泪道："好！好！好！此计绝妙！"即便收拾枪刀。

内中又有一个小和尚，名唤广谋，就是那广智的师弟，上前来道："此计不妙。若要杀他，须要看看动静。那个白脸的似易，那个毛脸的似难。万一杀他不得，却不反招己祸？我有一个不动刀枪之法，不知你尊意如何？"老僧道："我儿，你有何法？"广谋道："依小孙之见，如今唤聚东山大小房头，每人要干柴一束，舍了那三间禅堂，放起火来，教他欲走无门，连马一火焚之。就是山前山后

第十六回　观音院僧谋宝贝　黑风山怪窃袈裟

人家看见，只说是他自不小心，走了火，将我禅堂都烧了。那两个和尚，却不都烧死？又好掩人耳目。袈裟岂不是我们传家之宝？"那些和尚闻言，无不欢喜。都道："强！强！强！此计更妙！更妙！"遂教各房头搬柴来。唉！这一计，正是弄得个高寿老僧该尽命，观音禅院化为尘！原来他那寺里，有七八十个房头，大小有二百余众。当夜一拥搬柴，把个禅堂，前前后后，四面围绕不通，安排放火不题。

却说三藏师徒，安歇已定。那行者却是个灵猴，虽然睡下，只是存神炼气，朦胧着醒眼。忽听得外面不住的人走，揸揸的柴响风生，他心疑惑道："此时夜静，如何有人行得脚步之声？莫敢是贼盗，谋害我们的？……"他就一骨鲁跳起，欲要开门出看，又恐惊醒师父。你看他弄个精神，摇身一变，变做一个蜜蜂儿。真个是：

　　口甜尾毒，腰细身轻。穿花度柳飞如箭，粘絮寻香似落星。小小微躯能负重，嚣嚣薄翅会乘风。却自橡棂下，钻出看分明。

只见那众僧们，搬柴运草，已围住禅堂放火哩。行者暗笑道："果依我师父之言，他要害我们性命，谋我的袈裟，故起这等毒心。我待要拿棍打他啊，可怜又不禁打，一顿棍都打死了，师父又怪我行凶。——罢，罢，罢！与他个'顺手牵羊，将计就计'，教他住不成罢！"好行者，一筋斗跳上南天门里，唬得个庞、刘、苟、毕躬身，马、赵、温、关控背，俱道："不好了！不好了！那闹天宫的主子又来了！"行者摇着手道："列位免礼，休惊，我来寻广目天王的。"

说不了，却遇天王早到，迎着行者道："久阔，久阔。

119

前闻得观音菩萨来见玉帝，借了四值功曹、六丁六甲并揭谛等，保护唐僧往西天取经去，说你与他做了徒弟，今日怎么得闲到此？"行者道："且休叙阔。唐僧路遇歹人，放火烧他，事在万分紧急，特来寻你借'辟火罩儿'，救他一救。快些拿来使使，即刻返上。"天王道："你差了，既是歹人放火，只该借水救他，如何要辟火罩？"行者道："你那里晓得就里。借水救之，却烧不起来，倒相应了他；只是借此罩，护住了唐僧无伤，其余管他，尽他烧去。快些！快些！此时恐已无及，莫误了我下边干事！"那天王笑道："这猴子还是这等起不善之心，只顾了自家，就不管别人。"行者道："快着！快着！莫要调嘴，害了大事！"那天王不敢不借，遂将罩儿递与行者。

行者拿了，按着云头，径到禅堂房脊上，罩住了唐僧与白马、行李，他却去那后面老和尚住的方丈房上头坐，着意保护那袈裟。看那些人放起火来，他转捻诀念咒，望巽地上吸一口气吹将去，一阵风起，把那火转刮得烘烘乱着。好火！好火！但见：

黑烟漠漠，红焰腾腾。黑烟漠漠，长空不见一天星；红焰腾腾，大地有光千里赤。起初时，灼灼金蛇；次后来，威威血马。南方三炁逞英雄，回禄大神施法力。燥干柴烧烈火性，说甚么燧人钻木；熟油门前飘彩焰，赛过了老祖开炉。正是那无情火发，怎禁这有意行凶；不去弭灾，反行助虐。风随火势，焰飞有千丈余高；火趁风威，灰迸上九霄云外。乒乒乓乓，好便似残年爆竹；泼泼喇喇，却就如军中炮声。烧得那当场佛像莫能逃，东院伽蓝无处躲。胜如赤壁夜鏖兵，赛过阿房宫内火！

第十六回　观音院僧谋宝贝　黑风山怪窃袈裟

　　这正是星星之火，能烧万顷之田。须臾间，风狂火盛，把一座观音院，处处通红。你看那众和尚，搬箱抬笼，抢桌端锅，满院里叫苦连天。孙行者护住了后边方丈，辟火罩罩住了前面禅堂，其余前后火光大发，真个是照天红焰辉煌，透壁金光照耀！

　　不期火起之时，惊动了一山兽怪。这观音院正南二十里远近，有座黑风山，山中有一个黑风洞，洞中有一个妖精，正在睡醒翻身，只见那窗门透亮，只道是天明。起来看时，却是正北下的火光晃亮，妖精大惊道："呀！这必是观音院里失了火！这些和尚好不小心！我看时，与他救一救来。"好妖精，纵起云头，即至烟火之下，果然冲天之火，前面殿宇皆空，两廊烟火方灼。他大拽步，撞将进去，正呼唤叫取水来，只见那后房无火，房脊上有一人放风。他却情知如此，急入里面看时，见那方丈中间有些霞光彩气，台案上有一个青毡包袱。他解开一看，见是一领锦襕袈裟，乃佛门之异宝。正是财动人心，他也不救火，他也不叫水，拿着那袈裟，趁哄打劫，拽回云步，径转东山而去。

　　那场火只烧到五更天明，方才灭息。你看那众僧们，赤赤精精，啼啼哭哭，都去那灰内寻铜铁，拨腐炭，扑金银。有的在墙筐里，苦搭窝棚；有的赤壁根头，支锅造饭。叫冤叫屈，乱嚷乱闹不题。

　　却说行者取了辟火罩，一筋斗送上南天门，交与广目天王道："谢借！谢借！"天王收了道："大圣至诚了。我正愁你不还我的宝贝，无处寻讨，且喜就送来也。"行者道："老孙可是那当面骗物之人？这叫做'好借好还，再借不难'。"天王道："许久不面，请到宫少坐一时，何如？"

批注

批注

　　行者道："老孙比在前不同，'烂板凳，高谈阔论'了；如今保唐僧，不得身闲。容叙！容叙！"急辞别坠云，又见那太阳星上。径来到禅堂前，摇身一变，变做个蜜蜂儿，飞将进去，现了本像，看时那师父还沉睡哩。

　　行者叫道："师父，天亮了，起来罢。"三藏才醒觉，翻身道："正是。"穿了衣服，开门出来，忽抬头只见些倒壁红墙，不见了楼台殿宇。大惊道："呀！怎么这殿宇俱无？都是红墙，何也？"行者道："你还做梦哩！今夜走了火的。"三藏道："我怎不知？"行者道："是老孙护了禅堂，见师父浓睡，不曾惊动。"三藏道："你有本事护了禅堂，如何就不救别房之火？"行者笑道："好教师父得知。果然依你昨日之言，他爱上我们的袈裟，算计要烧杀我们。若不是老孙知觉，到如今皆成灰骨矣！"三藏闻言，害怕道："是他们放的火么？"行者道："不是他是谁？"三藏道："莫不是怠慢了你，你干的这个勾当？"行者道："老孙是这等愈懒之人，干这等不良之事？实实是他家放的。老孙见他心毒，果是不曾与他救火，只是与他略略助些风的。"三藏道："天那！天那！火起时，只该助水，怎转助风？"行者道："你可知古人云：'人没伤虎心，虎没伤人意。'他不弄火，我怎肯弄风？"三藏道："袈裟何在？敢莫是烧坏了也？"行者道："没事！没事！烧不坏！那放袈裟的方丈无火。"三藏恨道："我不管你！但是有些儿伤损，我只把那话儿念动念动，你就是死了！"行者慌了道："师父，莫念！莫念！管寻还你袈裟就是了。等我去拿来走路。"三藏才牵着马，行者挑了担，出了禅堂，径往后方丈去。

　　却说那些和尚，正悲切间，忽的看见他师徒牵马挑担

第十六回　观音院僧谋宝贝　黑风山怪窃袈裟

而来，唬得一个个魂飞魄散道："冤魂索命来了！"行者喝道："甚么冤魂索命？快还我袈裟来！"众僧一齐跪倒叩头道："爷爷呀！冤有冤家，债有债主。要索命不干我们事，都是广谋与老和尚定计害你的，莫问我们讨命。"行者咄的一声道："我把你这些该死的畜生！那个问你讨甚么命！只拿袈裟来还我走路！"其间有两个胆量大的和尚道："老爷，你们在禅堂里已烧死了，如今又来讨袈裟，端的还是人，是鬼？"行者笑道："这伙孽畜！那里有甚么火来？你去前面看看禅堂，再来说话！"众僧们爬起来往前观看，那禅堂外面的门窗槅扇，更不曾燎灼了半分。众人悚惧，才认得三藏是位神僧，行者是尊护法。一齐上前叩头道："我等有眼无珠，不识真人下界！你的袈裟在后面方丈中老师祖处哩。"三藏行过了三五层败壁破墙，嗟叹不已。只见方丈果然无火，众僧抢入里面，叫道："公公！唐僧乃是神人，未曾烧死，如今反害了自己家当！趁早拿出袈裟，还他去也。"

原来这老和尚寻不见袈裟，又烧了本寺的房屋，正在万分烦恼焦燥之处，一闻此言，怎敢答应？因寻思无计，进退无方，拽开步，躬着腰，往那墙上着实撞了一头，可怜只撞得脑破血流魂魄散，咽喉气断染红沙！有诗为证。诗曰：

　　　　堪叹老衲性愚蒙，枉作人间一寿翁。
　　　　欲得袈裟传远世，岂知佛宝不凡同！
　　　　但将容易为长久，定是萧条取败功。
　　　　广智广谋成甚用？损人利己一场空！

慌得个众僧哭道："师公已撞杀了，又不见袈裟，怎生是好？"行者道："想是汝等盗藏起也！都出来！开具花

> 批注

名手本，等老孙逐一查点！"那上下房的院主，将本寺和尚、头陀、幸童、道人尽行开具手本二张，大小人等，共计二百三十名。行者请师父高坐，他却一一从头唱名搜检，都要解放衣襟，分明点过，更无袈裟。又将那各房头搬抢出去的箱笼物件，从头细细寻遍，那里得有踪迹。三藏心中烦恼，懊恨行者不尽，却坐在上面念动那咒。行者扑的跌倒在地，抱着头，十分难禁，只教"莫念！莫念！管寻还了袈裟！"那众僧见了，一个个战兢兢的，上前跪下劝解，三藏才合口不念。行者一骨鲁跳起来，耳朵里掣出铁棒，要打那些和尚，被三藏喝住道："这猴头！你头痛还不怕，还要无礼？休动手！且莫伤人！再与我审问一问！"众僧们磕头礼拜，哀告三藏道："老爷饶命！我等委实的不曾看见。这都是那老死鬼的不是。他昨晚看着你的袈裟，只哭到更深时候，看也不曾敢看，思量要图长久，做个传家之宝，设计定策，要烧杀老爷；自火起之候，狂风大作，各人只顾救火，搬抢物件，更不知袈裟去向。"

行者大怒，走进方丈屋里，把那触死鬼尸首抬出，剥了细看，浑身更无那件宝贝；就把个方丈掘地三尺，也无踪影。行者忖量半晌，问道："你这里可有甚么妖怪成精么？"院主道："老爷不问，莫想得知。我这里正东南有座黑风山，黑风洞内有一个黑大王。我这老死鬼常与他讲道。他便是个妖精。别无甚物。"行者道："那山离此有多远近？"院主道："只有二十里，那望见山头的就是。"行者笑道："师父放心，不须讲了，一定是那黑怪偷去无疑。"三藏道："他那厢离此有二十里，如何就断得是他？"行者道："你不曾见夜间那火，光腾万里，亮透三天，且休说二十里，就是二百里也照见了！坐定是他见火光焜耀，趁

第十六回 观音院僧谋宝贝 黑风山怪窃袈裟

着机会,暗暗的来到这里,看见我们袈裟是件宝贝,必然趁哄掳去也。等老孙去寻他一寻。"三藏道:"你去了时,我却何倚?"行者道:"这个放心,暗中自有神灵保护,明中等我叫那些和尚伏侍。"即唤众和尚过来道:"汝等着几个去埋那老鬼,着几个伏侍我师父,看守我白马!"众僧领诺。行者又道:"汝等莫顺口儿答应,等我去了,你就不来奉承。看师父的,要怡颜悦色;养白马的,要水草调匀;假有一毫儿差了,照依这个样棍,与你们看看!"他掣出棍子,照那火烧的砖墙扑的一下,把那墙打得粉碎,又震倒了有七八层墙。众僧见了,个个骨软身麻,跪着磕头滴泪道:"爷爷宽心前去,我等竭力虔心,供奉老爷,决不敢一毫怠慢!"好行者,急纵筋斗云,径上黑风山,寻找这袈裟。正是那:

> 金禅求正出京畿,仗锡投西涉翠微。
>
> 虎豹狼虫行处有,工商士客见时稀。
>
> 路逢异国愚僧妒,全仗齐天大圣威。
>
> 火发风生禅院废,黑熊夜盗锦襕衣。

毕竟此去不知袈裟有无,吉凶如何,且听下回分解。

批注

名家鉴赏台

1.西游点心

小艾同学读完《西游记》第十六回后,不由得一声长叹:活了两百七十岁的老院主还是勘不破一个"贪"字,还有那孙行者还是脱不了猴性和好胜心!

答:看来小艾同学读得越多,阅读理解能力越强啊!老院主和众弟子毕竟是肉眼凡胎,活得再长,还是抗不过欲望。文中最可笑的是两个

125

出谋划策的徒孙：广智和广谋。他们无智加无谋，偏偏还出了个馊主意。整个这一回的故事，老院主黑夜看袈裟；广智和广谋是黑着心在黑夜定计谋；孙行者是黑夜弄风；山兽怪是黑夜偷袈裟；这一回目中出现的山叫黑风山！

作者真是写绝了！

2. 名家说话

总批：

饶他广智、广谋，直弄得家破人亡，亦一省之乎？

好个广智、广谋，袈裟又不曾得，家当烧了，老和尚死了。何益，何益！人人如此，可怜，可怜！善乎，篇中之言曰："广智广谋成甚用，损人利己一场空。"可谓老婆心急矣。篇中又有隐语，亦一一拈出："只顾了自家，就不管别人。""那无情火发。""星星之火，能烧万顷之田。""他不弄火，我怎肯弄风？"都是醒世名言，不要寻常看过。

——李卓吾

"星星之火，能烧万顷之田。"和"星星之火，可以燎原！"此二句不知可有关联？《西游记》中醒世名句不少，劝诫之寓意也不少，玩味必然能从中得人生三味。

绝妙好辞笺

1. 原作指摘

黑烟漠漠，红焰腾腾。黑烟漠漠，长空不见一天星；红焰腾腾，大地有光千里赤。起初时，灼灼金蛇；次后来，威威血马。南方三炁逞英雄，回禄大神施法力。燥干柴烧烈火性，说甚么燧人钻木；熟油门前飘彩焰，赛过了老祖开炉。正是那无情火发，怎禁这有意行凶；不去弭灾，反行助虐。风随火势，焰飞有千丈余高；火趁风威，灰迸上九霄云外。乒乒乓乓，好便似残年爆竹；泼泼喇喇，却就如军中炮声。烧得那当场佛像莫能逃,东院伽蓝无处躲。胜如赤壁夜鏖兵,赛过阿房宫内火!

这正是星星之火,能烧万顷之田。须臾间,风狂火盛,把一座观音院,处处通红。你看那众和尚,搬箱抬笼,抢桌端锅,满院里叫苦连天。

2. 演练改写

请把"观音院失火的场景"改写成一段现代文文字:(不改变原意)

西游竞技场

1. 本回批注实例

① 却说那和尚把袈裟骗到手,拿在后房灯下,对袈裟号啕痛哭。

曲尽世上老贪之态。

——李卓吾

② 老僧道:"看的不长久。我今年二百七十岁,空挣了几百件袈裟。怎么得有他这一件?怎么得做个唐僧?"

既是二百七十岁,纵得此袈裟能得几年受享?独不曰六十不制衣乎?可为世情发一大笑。

——李卓吾

③ 依小孙之见,如今唤聚东山大小房头,每人要干柴一束,舍了那三间禅堂。

三间禅堂换了一领袈裟,所得便宜处,失便宜也。

——李卓吾

④ 正是财动人心,他也不救火,他也不叫水,拿着那袈裟,趁哄打劫,拽回云步,径转东山而去。

这件袈裟僧偷怪窃，唐僧为它多了若干事，真是"着了袈裟事更多"也。

——李卓吾

2. 本回批注演练（可在原文处靠右夹批，也可以在下面演练批注）

实践活动园

1. 西游人物秀

请在下面将《西游记》第十六回出现的老院主看袈裟的情形描画出来。

2. 老院主要诉苦

请用文字描写老院主拿到袈裟后的心理活动。聪明的你如果能编成一个现代版的课本剧就更好了！

3. 人物微点评

① 微点评列举：

头上戴一顶毗卢方帽，猫睛石的宝顶光辉；身上穿一领锦绒褊衫，翡翠毛的金边晃亮。一对僧鞋攒八宝，一根拄杖嵌云星。满面皱痕，好似骊山老母；一双昏眼，却如东海龙君。口不关风因齿落，腰驼背屈为筋挛。

② 请你细读本章回中的老院主形象的描写，用三言两语来评点他这个人物：

第十九回

云栈洞悟空收八戒　浮屠山玄奘受心经

批注

　　却说那怪的火光前走，这大圣的彩霞随跟。正行处，忽见一座高山，那怪把红光结聚，现了本相，撞入洞里，取出一柄九齿钉钯来战。行者喝一声道："泼怪！你是那里来的邪魔？怎么知道我老孙的名号？你有甚么本事，实实供来，饶你性命！"那怪道："是你也不知我的手段！上前来站稳着，我说与你听：

　　我自小生来心性拙，贪闲爱懒无休歇。
　　不曾养性与修真，混沌迷心熬日月。
　　忽然闲里遇真仙，就把寒温坐下说。
　　劝我回心莫堕凡，伤生造下无边孽。
　　有朝大限命终时，八难三途悔不喋。
　　听言意转要修行，闻语心回求妙诀。
　　有缘立地拜为师，指示天关并地阙。
　　得传九转大还丹，工夫昼夜无时辍。
　　上至顶门泥丸宫，下至脚板涌泉穴。
　　周流肾水入华池，丹田补得温温热。
　　婴儿姹女配阴阳，铅汞相投分日月。
　　离龙坎虎用调和，灵龟吸尽金乌血。

第十九回　云栈洞悟空收八戒　浮屠山玄奘受心经

　　三花聚顶得归根，五气朝元通透彻。
　　功圆行满却飞升，天仙对对来迎接。
　　朗然足下彩云生，身轻体健朝金阙。
　　玉皇设宴会群仙，各分品级排班列。
　　敕封元帅管天河，总督水兵称宪节。
　　只因王母会蟠桃，开宴瑶池邀众客。
　　那时酒醉意昏沉，东倒西歪乱撒泼。
　　逞雄撞入广寒宫，风流仙子来相接。
　　见他容貌挟人魂，旧日凡心难得灭。
　　全无上下失尊卑，扯住嫦娥要陪歇。
　　再三再四不依从，东躲西藏心不悦。
　　色胆如天叫似雷，险些震倒天关阙。
　　纠察灵官奏玉皇，那日吾当命运拙。
　　广寒围困不通风，进退无门难得脱。
　　却被诸神拿住我，酒在心头还不怯。
　　押赴灵霄见玉皇，依律问成该处决。
　　多亏太白李金星，出班俯囟亲言说。
　　改刑重责二千锤，肉绽皮开骨将折。
　　放生遭贬出天关，福陵山下图家业。
　　我因有罪错投胎，俗名唤做猪刚鬣。"

　　行者闻言道："你这厮原来是天蓬水神下界。怪道知我老孙名号。"那怪道声：唝！你这诳上的弼马温，当年撞那祸时，不知带累我等多少，今日又来此欺人！不要无礼！吃我一钯！"行者怎肯容情，举起棒，当头就打。他两个在那半山之中，黑夜里赌斗。好杀：

　　行者金睛似闪电，妖魔环眼似银花。这一个口喷彩雾，那一个气吐红霞。气吐红霞昏处亮，口喷彩雾夜光华。金箍棒，九齿钯，两个英雄实可夸：一个是大圣临凡世，一个是元帅降天涯。那个因失威仪成怪物，这个幸逃苦难拜僧家。钯去好似龙伸爪，棒迎浑若凤穿花。那个道："你破人亲事如杀父！"这个道："你强奸幼女正该拿！"闲言语，乱喧哗，往往来来棒架钯。看看战到天将晓，那妖精两膊觉酸麻。

他两个自二更时分，直斗到东方发白。那怪不能迎敌，败阵而逃，依然又化狂风，径回洞里，把门紧闭，再不出头。行者在这洞门外看有一座石碣，上书"云栈洞"三字；见那怪不出，天又大明，心却思量："恐师父等候，且回去见他一见，再来捉此怪不迟。"随踏云点一点，早到高老庄。

却说三藏与那诸老谈今论古，一夜无眠。正想行者不来，只见天井里，忽然站下行者。行者收藏铁棒，整衣上厅，叫道："师父，我来了。"慌得那诸老一齐下拜。谢道："多劳！多劳！"三藏问道："悟空，你去这一夜，拿得妖精在那里？"行者道："师父，那妖不是凡间的邪祟，也不是山间的怪兽。他本是天蓬元帅临凡，只因错投了胎，嘴脸象一个野猪模样，其实性灵尚存。他说以相为姓，唤名猪刚鬣。是老孙从后宅里掣棒就打，他化一阵狂风走了。被老孙着风一棒，他就化道火光，径转他那本山洞里，取出一柄九齿钉钯，与老孙战了一夜。适才天色将明，他怯战而走，把洞门紧闭不出。老孙还要打开那门，与他见个好歹，恐师父在此疑虑盼望，故先来回个信息。"

说罢，那老高上前跪下道："长老，没及奈何，你虽赶得去了，他等你去后复来，却怎区处？索性累你与我拿住，除了根，才无后患。我老夫不敢怠慢，自有重谢：将这家财田地，凭众亲友写立文书，与长老平分。只是要剪

第十九回 云栈洞悟空收八戒 浮屠山玄奘受心经

草除根,莫教坏了我高门清德。"行者笑道:"你这老儿不知分限。那怪也曾对我说,他虽是食肠大,吃了你家些茶饭,他与你干了许多好事。这几年挣了许多家资,皆是他之力量。他不曾白吃了你东西,问你袪他怎的。据他说,他是一个天神下界,替你巴家做活,又未曾害了你家女儿。想这等一个女婿,也门当户对,不怎么坏了家声,辱了行止。当真的留他也罢。"老高道:"长老,虽是不伤风化,但名声不甚好听。动不动着人就说:'高家招了一个妖怪女婿!'这句话儿教人怎当?"三藏道:"悟空,你既是与他做了一场,一发与他做个竭绝,才见始终。"行者道:"我才试他一试耍子。此去一定拿来与你们看。且莫忧愁。"叫:"老高,你还好生管待我师父,我去也。"

说声去,就无形无影的,跳到他那山上,来到洞口,一顿铁棍,把两扇门打得粉碎。口里骂道:"那馕糠的夯货,快出来与老孙打么!"那怪正喘嘘嘘的,睡在洞里。听见打得门响,又听见骂馕糠的夯货,他却恼怒难禁,只得拖着钯,抖擞精神,跑将出来,厉声骂道:"你这个弼马温,着实惫懒!与你有甚相干,你把我大门打破?你且去看看律条,打进大门而入,该个杂犯死罪哩!"行者笑道:"这个呆子!我就打了大门,还有个辨处。像你强占人家女子,又没个三媒六证,又无些茶红酒礼,该问个真犯斩罪哩!"那怪道:"且休闲讲,看老猪这钯!"行者使棒支住道:"你这钯可是与高老家做园工筑地种菜的?有何好处怕你!"那怪道:"你错认了!这钯岂是凡间之物?你且听我道来:

此是锻炼神冰铁,磨琢成工光皎洁。老君自己动钤锤,荧惑亲身添炭屑。五方五帝用心机,六丁六甲费周折。造成九齿玉垂牙,铸就双环金坠叶。身妆六曜排五星，体按四时依八节。短长上下定乾坤，左右阴阳分日月。六爻神将按天条，八卦星辰依斗列。名为上宝逊金钯，进与玉皇镇丹阙。因我修成大罗仙，为吾养就长生客。敕封元帅号天蓬，钦赐钉钯为御节。举起烈焰并毫光，落下猛风飘瑞雪。天曹神将尽皆惊，地府阎罗心胆怯。人间那有这般兵，世上更无此等铁。随身变化可心怀，任意翻腾依口诀。相携数载未曾离，伴我几年无日别。日食三餐并不丢，夜眠一宿浑无撇。也曾佩去赴蟠桃，也曾带他朝帝阙。皆因仗酒却行凶，只为倚强便撒泼。上天贬我降凡尘，下世尽我作罪孽。石洞心邪曾吃人，高庄情喜婚姻结。这钯下海掀翻龙鼍窝，上山抓碎虎狼穴。诸般兵刃且休题，惟有吾当钯最切。相持取胜有何难，赌斗求功不用说。何怕你铜头铁脑一身钢，钯到魂消神气泄！"

行者闻言，收了铁棒道："呆子不要说嘴！老孙把这头伸在那里，你且筑一下儿，看可能魂消气泄？"那怪真个举起钯，着气力筑将来，扑的一下，钻起钯的火光焰焰，更不曾筑动一些儿头皮。唬得他手麻脚软，道声"好头！好头！"行者道："你是也不知。老孙因为闹天宫，偷了仙丹，盗了蟠桃，窃了御酒，被小圣二郎擒住，押在斗牛宫前，众天神把老孙斧剁锤敲，刀砍剑刺，火烧雷打，也不曾损动分毫。又被那太上老君拿了我去，放在八卦炉中，将神火锻炼，炼做个火眼金睛，铜头铁臂。不信，你再筑几下，看看疼与不疼？"那怪道："你这猴子，我记得你闹天宫时，家住在东胜神洲傲来国花果山水帘洞里，到如今久不闻名，你怎么来到这里，上门子欺我？莫敢是我丈人去那里请你来的？"行者道："你丈人不曾去请我。因是老

第十九回　云栈洞悟空收八戒　浮屠山玄奘受心经

孙改邪归正，弃道从僧，保护一个东土大唐驾下御弟，叫做三藏法师，往西天拜佛求经，路过高庄借宿，那高老儿因话说起，就请我救他女儿，拿你这馕糠的夯货！"

那怪一闻此言，丢了钉钯，唱个大喏道："那取经人在那里？累烦你引见引见。"行者道："你要见他怎的？"那怪道："我本是观世音菩萨劝善，受了他的戒行，这里持斋把素，教我跟随那取经人往西天拜佛求经，将功折罪，还得正果。教我等他，这几年不闻消息。今日既是你与他做了徒弟，何不早说取经之事，只倚凶强，上门打我？"行者道："你莫诡诈欺心软我，欲为脱身之计。果然是要保护唐僧，略无虚假，你可朝天发誓，我才带你去见我师父。"那怪扑的跪下，望空似捣碓的一般，只管磕头道："阿弥陀佛，南无佛，我若不是真心实意，还教我犯了天条，劈尸万段！"行者见他赌咒发愿，道："既然如此，你点把火来烧了你这住处，我方带你去。"那怪真个搬些芦苇荆棘，点着一把火，将那云栈洞烧得像个破瓦窑。对行者道：我今已无挂碍了，你却引我去罢。"行者道："你把钉钯与我拿着。"那怪就把钯递与行者。行者又拔了一根毫毛，吹口仙气，叫"变！"即变做一条三股麻绳，走过来，把手背绑剪了。那怪真个倒背着手，凭他怎么绑缚。却又揪着耳朵，拉着他，叫："快走！快走！"那怪道："轻着些儿！你的手重，揪得我耳根子疼。"行者道："轻不成！顾你不得！常言道：'善猪恶拿。'只等见了我师父，果有真心，方才放你。"他两个半云半雾的，径转高家庄来。有诗为证：

金性刚强能克木，心猿降得木龙归。

金从木顺皆为一，木恋金仁总发挥。

一主一宾无间隔，三交三合有玄微。

批注

性情并喜贞元聚，同证西方话不违。

顷刻间，到了庄前。行者拎着他的钯，揪着他的耳道："你看那厅堂上端坐的是谁？乃吾师也。"那高氏诸亲友与老高，忽见行者把那怪背绑揪耳而来，一个个欣然迎到天井中，道声"长老！长老！他正是我家的女婿！"那怪走上前，双膝跪下，背着手，对三藏叩头，高叫道："师父，弟子失迎。早知是师父住在我丈人家，我就来拜接，怎么又受到许多泼折？"三藏道："悟空，你怎么降得他来拜我？"行者才放了手，拿钉钯柄儿打着，喝道："呆子！你说么！"那怪把菩萨劝善事情，细陈了一遍。

三藏大喜。便叫："高太公，取个香案用用。"老高即忙抬出香案。三藏净了手焚香，望南礼拜道："多蒙菩萨圣恩！"那几个老儿也一齐添香礼拜。拜罢，三藏上厅高坐，教："悟空放了他绳。"行者才把身抖了一抖，收上身来，其缚自解。那怪从新礼拜三藏，愿随西去。又与行者拜了，以先进者为兄，遂称行者为师兄。三藏道："既从吾善果，要做徒弟，我与你起个法名，早晚好呼唤。"他道："师父，我是菩萨已与我摩顶受戒，起了法名，叫做猪悟能也。"三藏笑道："好！好！你师兄叫做悟空，你叫做悟能，其实是我法门中的宗派。"悟能道："师父，我受了菩萨戒行，断了五荤三厌，在我丈人家持斋把素，更不曾动荤；今日见了师父，我开了斋罢。"三藏道："不可！不可！你既是不吃五荤三厌，我再与你起个别名，唤为八戒。"那呆子欢欢喜喜道："谨遵师命。"因此又叫做猪八戒。

高老见这等去邪归正，更十分喜悦。遂命家僮安排筵宴，酬谢唐僧。八戒上前扯住老高道："爷，请我拙荆出来拜见公公、伯伯，如何？"行者笑道："贤弟，你既入了沙

第十九回　云栈洞悟空收八戒　浮屠山玄奘受心经

门，做了和尚，从今后，再莫题起那'抽荆'的话说。世间只有个火居道士，那里有个火居的和尚？我们且来叙了坐次，吃顿斋饭，赶早儿往西天走路。"高老儿摆了桌席，请三藏上坐。行者与八戒，坐于左右两旁。诸亲下坐。高老把素酒开樽，满斟一杯，奠了天地，然后奉与三藏。三藏道："不瞒太公说，贫僧是胎里素，自幼儿不吃荤。"老高道："因知老师清素，不曾敢动荤。此酒也是素的，请一杯不妨。"三藏道："也不敢用酒。酒是我僧家第一戒者。"悟能慌了道："师父，我自持斋，却不曾断酒。"悟空道："老孙虽量窄，吃不上坛把，却也不曾断酒。"三藏道："既如此，你兄弟们吃些素酒也罢。只是不许醉饮误事。"遂而他两个接了头钟。各人俱照旧坐下，摆下素斋。说不尽那杯盘之盛，品物之丰。

　　师徒们宴罢，老高将一红漆丹盘，拿出二百两散碎金银，奉三位长老为途中之费；又将三领绵布褊衫，为上盖之衣。三藏道："我们是行脚僧，遇庄化饭，逢处求斋，怎敢受金银财帛？"行者近前，轮开手，抓了一把，叫："高才，昨日累你引我师父，今日招了一个徒弟，无物谢你，把这些碎金碎银，权作带领钱，拿了去买草鞋穿。以后但有妖精，多作成我几个，还有谢你处哩。"高才接了，叩头谢赏。老高又道："师父们既不受金银，望将这粗衣笑纳，聊表寸心。"三藏又道："我出家人，若受了一丝之贿，千劫难修。只是把席上吃不了的饼果，带些去做干粮足矣。"八戒在旁边道："师父、师兄，你们不要便罢，我与他家做了这几年女婿，就是挂脚粮也该三石哩。——丈人啊，我的直裰，昨晚被师兄扯破了，与我一件青锦袈裟；鞋子绽了，与我一双好新鞋子。"高老闻言，不敢不与。

> 批注

137

批注

　　随买一双新鞋，将一领褊衫，换下旧时衣物。

　　那八戒摇摇摆摆，对高老唱个喏道："上复丈母、大姨、二姨并姨夫、姑舅诸亲：我今日去做和尚了，不及面辞，休怪。丈人啊，你还好生看待我浑家，只怕我们取不成经时，好来还俗，照旧与你做女婿过活。"行者喝道："夯货，却莫胡说！"八戒道："哥呵，不是胡说，只恐一时间有些儿差池，却不是和尚误了做，老婆误了娶，两下里都耽搁了？"三藏道："少题闲话，我们赶早儿去来。"遂此收拾了一担行李，八戒担着；背了白马，三藏骑着；行者肩担铁棒，前面引路。一行三众，辞别高老及众亲友，投西而去。有诗为证，诗曰：

　　　　满地烟霞树色高，唐朝佛子苦劳劳。

　　　　饥餐一钵千家饭，寒着千针一衲袍。

　　　　意马胸头休放荡，心猿乖劣莫教嚎。

　　　　情和性定诸缘合，月满金华是伐毛。

　　三众进西路途，有个月平稳。行过了乌斯藏界，猛抬头见一座高山。三藏停鞭勒马道："悟空、悟能、前面山高，须索仔细，仔细。"八戒道："没事。这山唤做浮屠山，山中有一个乌巢禅师，在此修行，老猪也曾会他。"三藏道："他有些甚么勾当？"八戒道："他倒也有些道行。他曾劝我跟他修行，我不曾去罢了。"师徒们说着话，不多时，到了山上。好山！但见那：

　　　　山南有青松碧桧，山北有绿柳红桃。闹聒聒，山禽对语；舞翩翩，仙鹤齐飞。香馥馥，诸花千样色；青冉冉，杂草万般奇。涧下有滔滔绿水，崖前有朵朵祥云。真个是景致非常幽雅处，寂然不见往来人。

　　那师父在马上遥观，见香桧树前，有一柴草窝。左

第十九回 云栈洞悟空收八戒 浮屠山玄奘受心经

边有麋鹿衔花，右边有山猴献果。树梢头，有青鸾彩凤齐鸣，玄鹤锦鸡咸集。八戒指道："那不是乌巢禅师！"三藏纵马加鞭，直至树下。

却说那禅师见他三众前来，即便离了巢穴，跳下树来。三藏下马奉拜，那禅师用手搀道："圣僧请起。失迎，失迎。"八戒道："老禅师，作揖了。"禅师惊问道："你是福陵山猪刚鬣，怎么有此大缘，得与圣僧同行？"八戒道："前年蒙观音菩萨劝善，愿随他做个徒弟。"禅师大喜道："好，好，好！"又指定行者，问道："此位是谁？"行者笑道："这老禅怎么认得他，倒不认得我？"禅师道："因少识耳。"三藏道："他是我的大徒弟孙悟空。"禅师陪笑道："欠礼，欠礼。"

三藏再拜，请问西天大雷音寺还在那里。禅师道："远哩！远哩！只是路多虎豹，难行。"三藏殷勤致意，再回："路途果有多远？"禅师道："路途虽远，终须有到之日，却只是魔瘴难消。我有《多心经》一卷，凡五十四句，共计二百七十字。若遇魔瘴之处，但念此经，自无伤害。"三藏拜伏于地恳求，那禅师遂口诵传之。经云：

《摩诃般若波罗蜜多心经》。观自在菩萨，行深般若波罗蜜多，时照见五蕴皆空，度一切苦厄。舍利子，色不异空，空不异色；色即是空，空即是色。受想行识，亦复如是。舍利子，是诸法空相，不生不灭，不垢不净，不增不减。是故空中无色，无受想行识，无眼耳鼻舌身意，无色声香味触法，无眼界，乃至无意识界，无无明，亦无无明尽，乃至无老死，亦无老死尽。无苦寂灭道，无智亦无得。以无所得故，菩提萨埵。依般若波罗蜜多故，心无挂碍；无挂碍故，无有恐怖；远离颠

批注

倒梦想，究竟涅槃，三世诸佛，依般若波罗蜜多故，得阿耨多罗三藐三菩提。故知般若波罗蜜多，是大神咒，是大明咒，是无上咒，是无等等咒，能除一切苦，真实不虚。故说般若波罗蜜多咒，即说咒曰：'揭谛！揭谛！波罗揭谛！波罗僧揭谛！菩提萨婆诃！'"

此时唐朝法师本有根源，耳闻一遍《多心经》，即能记忆，至今传世。此乃修真之总经，作佛之会门也。

那禅师传了经文，踏云光，要上乌巢而去；被三藏又扯住奉告，定要问个西去的路程端的。那禅师笑云：

"道路不难行，试听我吩咐：千山千水深，多瘴多魔处。若遇接天崖，放心休恐怖。行来摩耳岩，侧着脚踪步。仔细黑松林，妖狐多截路。精灵满国城，魔主盈山住。老虎坐琴堂，苍狼为主簿。狮象尽称王，虎豹皆作御。野猪挑担子，水怪前头遇。多年老石猴，那里怀嗔怒。你问那相识，他知西去路。"

行者闻言，冷笑道："我们去，不必问他，问我便了。"三藏还不解其意，那禅师化作金光，径上乌巢而去。长老往上拜谢。行者心中大怒，举铁棒望上乱捣，只见莲花生万朵，祥雾护千层。行者纵有搅海翻江力，莫想挽着乌巢一缕藤。三藏见了，扯住行者道："悟空，这样一个菩萨，你捣他窝巢怎的？"行者道："他骂了我兄弟两个一场去了。"三藏道："他讲的西天路径，何尝骂你？"行者道："你那里晓得？他说'野猪挑担子'，是骂的八戒；'多年老石猴'是骂的老孙。你怎么解得此意？"八戒道："师兄息怒。这禅师也晓得过去未来之事，但看他'水怪前头遇'这句话，不知验否。饶他去罢。"行者见莲花祥雾，近那巢边，只得请师父上马，下山往西而去。那一去：管教清福人间少，致使灾魔山里多。毕竟不知前程端的如何，且听下回分解。

名家鉴赏台

1. 西游点心

小艾同学读完《西游记》第十九回后，就说："原来猪八戒原名叫作猪刚鬣，这下我算读仔细啦！暑假看电视剧《西游记》的时候，我最喜欢猪八戒啦！"

答：小艾同学很喜欢猪八戒这个角色！八戒在取经路上，给无聊的取经路带来了无数插科打诨和搞笑幽默的段子。

是不是越读《西游记》，越觉得有趣呢！

2. 名家说话

总批：

游戏之中，暗传密谛。学者着意《心经》，方不枉读《西游》一记，孤负了作者婆心。不然宝山空手，亦付之无可奈何而已。凡读书，俱要如此。岂特《西游》一记已也！

——李卓吾

《多心经》二百七十字，无非是做人要通晓明白道德情操的关键。

乌巢禅师的出现绝非偶然，此处是作者的独特匠心，是师徒一行四人取经途中的神来之笔。

"心经"一词用得好，人生不过就是一场心灵的取经之路罢了。

绝妙好辞笺

1. 原作指摘

那怪道："是你也不知我的手段！上前来站稳着，我说与你听：

我自小生来心性拙，贪闲爱懒无休歇。

不曾养性与修真，混沌迷心熬日月。

忽然闲里遇真仙，就把寒温坐下说。

劝我回心莫堕凡，伤生造下无边孽。

有朝大限命终时，八难三途悔不喋。

听言意转要修行，闻语心回求妙诀。

有缘立地拜为师，指示天关并地阙。

得传九转大还丹，工夫昼夜无时辍。

上至顶门泥丸宫，下至脚板涌泉穴。

周流肾水入华池，丹田补得温温热。

婴儿姹女配阴阳，铅汞相投分日月。

离龙坎虎用调和，灵龟吸尽金乌血。

三花聚顶得归根，五气朝元通透彻。

功圆行满却飞升，天仙对对来迎接。

朗然足下彩云生，身轻体健朝金阙。

玉皇设宴会群仙，各分品级排班列。

敕封元帅管天河，总督水兵称宪节。

2. 演练改写

请把"猪八戒在孙悟空面前显摆自己的来历"改写成一段现代文文字：（要求通俗易懂）

西游竞技场

1. 本回批注实例

① 行者笑道："贤弟，你既入了沙门，做了和尚，从今后，再莫题起

那'拙荆'的话说。世间只有个火居道士，那里有个火居的和尚？"

火居和尚遍地皆是。

——李卓吾

② 三藏道："他是我的大徒弟孙悟空。"禅师陪笑道："欠礼，欠礼。"

至语无双，妙笔入化，细味方知其中奥妙也。

——张书绅

③ "野猪挑担子，水怪前头遇。多年老石猴，那里怀嗔怒。你问那相识，他知西去路。"

将山洞魔乡已一一明示，却又云他知神龙出没，其妙无比。

——张书绅

2.本回批注演练（可在原文处靠右夹批，也可以在下面演练批注）

实践活动园

1.西游人物素

在下面描画出《西游记》第十九回中猪八戒的形象。

2.八戒要告别

请用文字描述八戒离开高老庄加入取经团队时的心理活动。聪明的你如果能编成一个现代版的对话就更好了!

3. 人物微点评

① 微点评列举：

只因王母会蟠桃，开宴瑶池邀众客。
那时酒醉意昏沉，东倒西歪乱撒泼。
逞雄撞入广寒宫，风流仙子来相接。
见他容貌挟人魂，旧日凡心难得灭。
全无上下失尊卑，扯住嫦娥要陪歇。
再三再四不依从，东躲西藏心不悦。
色胆如天叫似雷，险些震倒天关阙。
纠察灵官奏玉皇，那日吾当命运拙。
广寒围困不通风，进退无门难得脱。
却被诸神拿住我，酒在心头还不怯。
押赴灵霄见玉皇，依律问成该处决。
多亏太白李金星，出班俯囟亲言说。
改刑重责二千锤，肉绽皮开骨将折。
放生遭贬出天关，福陵山下图家业。
我因有罪错投胎，俗名唤做猪刚鬣。

② 请你细读对本回目中的猪八戒形象的描写，用三言两语来评点他这个人物：

第二十三回

三藏不忘本　四圣试禅心

诗曰：

　　奉法西来道路赊，秋风渐渐落霜花。

　　乖猿牢锁绳休解，劣马勤兜鞭莫加。

　　木母金公原自合，黄婆赤子本无差。

　　咬开铁弹真消息，般若波罗到彼家。

这回书，盖言取经之道，不离了一身务本之道也。却说他师徒四众，了悟真如，顿开尘锁，自跳出性海流沙，浑无挂碍，径投大路西来。历遍了青山绿水，看不尽野草闲花。真个也光阴迅速，又值九秋。但见了些：

　　枫叶满山红，黄花耐晚风。

　　老蝉吟渐懒，愁蟋思无穷。

　　荷破青绔扇，橙香金弹丛。

　　可怜数行雁，点点远排空。

正走处，不觉天晚。三藏道："徒弟，如今天色又晚，却往那里安歇？"行者道："师父说话差了。出家人餐风宿水，卧月眠霜，随处是家。又问那里安歇，何也？"猪八戒道："哥啊，你只知道你走路轻省，那里管别人累坠？自过了流沙河，这一向爬山过岭，身挑着重担，老大难挨

批注

也！须是寻个人家，一则化些茶饭，二则养养精神，才是个道理。"行者道："呆子，你这般言语，似有报怨之心。还像在高老庄，倚懒不求福的自在，恐不能也。既是秉正沙门，须是要吃辛受苦，才做得徒弟哩。"八戒道："哥哥，你看这担行李多重？"行者道："兄弟，自从有了你与沙僧，我又不曾挑着，那知多重？"八戒道："哥啊，你看看数儿么：

　　四片黄藤篾，长短八条绳。又要防阴雨，毡包三四层。匾担还愁滑，两头钉上钉。铜镶铁打九环杖，篾丝藤缠大斗篷。

似这般许多行李，难为老猪一个逐日家担着走，偏你跟师父做徒弟，拿我做长工！"行者笑道："呆子，你和谁说哩？"八戒道："哥哥，与你说哩。"行者道："错和我说了。老孙只管师父好歹，你与沙僧，专管行李、马匹。但若怠慢了些儿，孤拐上先是一顿粗棍！"八戒道："哥啊，不要说打，打就是以力欺人。我晓得你的尊性高傲，你是定不肯挑；但师父骑的马，那般高大肥盛，只驮着老和尚一个，教他带几件儿，也是弟兄之情。"

行者道："你说他是马哩！他不是凡马，本是西海龙王敖闰之子，唤名龙马三太子。只因纵火烧了殿上明珠，被他父亲告了忤逆，身犯天条，多亏观音菩萨救了他的性命；他在那鹰愁陡涧，久等师父，又幸得菩萨亲临，却将他退鳞去角，摘了项下珠，才变做这匹马，愿驮师父往西天拜佛。这个都是各人的功果，你莫攀他。"那沙僧闻言道："哥哥，真个是龙么？"行者道："是龙。"八戒道："哥啊，我闻得古人云：'龙能喷云暖雾，播土扬沙：有巴山掮岭的手段，有翻江搅海的神通。'怎么他今日这等慢慢而走？"行者道："你要他快走，我教他快走个儿你看。"好大圣，把金箍棒揝一揝，万道彩云生。那马看见拿棒，恐怕打来，慌得四只蹄疾如飞电，飕的跑将去了。那师父手软勒不住，尽他劣性，奔上山崖，才大达迆步走。师父喘息始定，抬头远见一簇松阴，内有几间房舍，着实轩昂，但见：

> 门垂翠柏，宅近青山。几株松冉冉，数茎竹斑斑。篱边野菊凝霜艳，桥畔幽兰映水丹。粉泥墙壁，砖砌围圜。高堂多壮丽，大厦甚清安。牛羊不见无鸡犬，想是秋收农事闲。

那师父正按辔徐观，又见悟空兄弟方到。悟净道："师父不曾跌下马来么？"长老骂道："悟空这泼猴，他把马儿惊了，早是我还骑得住哩！"行者陪笑道："师父莫骂我，都是猪八戒说马行迟，故此着他快些。"那呆子因赶马，走急了些儿，喘气嘘嘘，口里唧唧哝哝的闹道："罢了！罢了！见自肚别腰松，担子沉重，挑不上来，又弄我奔奔波波的赶马！"长老道："徒弟啊，你且看那壁厢，有一座庄院，我们却好借宿去也。"行者闻言，急抬头举目而看，果见那半空中庆云笼罩，瑞霭遮盈。情知定是佛仙点化，他却不敢泄漏天机，只道："好！好！好！我们借宿去来。"

长老连忙下马。见一座门楼，乃是垂莲象鼻，画栋雕梁。沙僧歇了担子。八戒牵了马匹道："这个人家，是过当的富实之家。"行者就要进去。三藏道："不可，你我出家人，各自避些嫌疑，切莫擅入。且自等他有人出来，以礼求宿，方可。"八戒拴了马，斜倚墙根之下。三藏坐在石鼓上。行者、沙僧坐在台基边。久无人出，行者性急，跳起身入门里看处：原来有向南的三间大厅，帘栊高控。屏

> 批注

门上，挂一轴寿山福海的横披画；两边金漆柱上，贴着一幅大红纸的春联，上写着：

丝飘弱柳平桥晚，雪点香梅小院春。

正中间，设一张退光黑漆的香几，几上放一个古铜兽炉。上有六张交椅。两山头挂着四季吊屏。

行者正然偷看处，忽听得后门内有脚步之声，走出一个半老不老的妇人来，娇声问道："是甚么人，擅入我寡妇之门？"慌得个大圣喏喏连声道："小僧是东土大唐来的，奉旨向西方拜佛求经。一行四众，路过宝方，天色已晚，特奔老菩萨檀府，告借一宵。"那妇人笑语相迎道："长老，那三位在那里？请来。"行者高声叫道："师父，请进来耶。"三藏才与八戒、沙僧牵马挑担而入。只见那妇人出厅迎接。八戒饧眼偷看，你道他怎生打扮：

穿一件织金官绿纻丝袄，上罩着浅红比甲；系一条结彩鹅黄锦绣裙，下映着高底花鞋。时样鬏髻皂纱漫，相衬着二色盘龙发；宫样牙梳朱翠晃，斜簪着两股赤金钗。云鬓半苍飞凤翅，耳环双坠宝珠排；脂粉不施犹自美，风流还似少年才。

那妇人见了他三众，更加欣喜，以礼邀入厅房。一一相见礼毕，请各叙坐看茶。那屏风后，忽有一个丫髻垂丝的女童，托着黄金盘、白玉盏，香茶喷暖气，异果散幽香。那人绰彩袖，春笋纤长；擎玉盏，传茶上奉；对他们一一拜了。茶毕，又吩咐办斋。三藏启手道："老菩萨，高姓？贵地是甚地名？"妇人道："此间乃西牛贺洲之地。小妇人娘家姓贾，夫家姓莫。幼年不幸，公姑早亡，与丈夫守承祖业。有家资万贯，良田千顷。夫妻们命里无子，止生了三个女孩儿。前年大不幸，又丧了丈夫。小妇居孀，今岁服满。空遗下田产家业，再无个眷族亲人，只是我娘女们承领。欲嫁他人，又难舍家业。适承长老下降，想是师徒四众。小妇娘女四人，意欲坐山招夫，四位恰好。不知尊意肯否如何。"三藏闻言，推聋妆哑，瞑目宁心，寂然不答。

那妇人道："舍下有水田三百余顷，旱田三百余顷，山场果木三百余顷；黄水牛有一千余只，骡马成群，猪羊无数；东南西北，庄堡草场，共有六七十处；家下有八九年用不着的米谷，十来年穿不着的绫罗；一生有使不着的金银；胜强似那锦帐藏春，说甚么金钗两行；你师徒们若肯回心转意，招赘在寒家，自自在在，享用荣华，却不强如往西劳碌？"那三藏也只是如痴如蠢，默默无言。

那妇人道："我是丁亥年三月初三日酉时生。故夫比我年大三岁，我今年四十五岁。大女儿名真真，今年二十岁；次女名爱爱，今年十八岁；三小女名怜怜，今年十六岁，俱不曾许配人家。虽是小妇人丑陋，却幸小女俱有几分颜色，女工针指，无所不会。因是先夫无子，即把他们当儿子看养，小时也曾教他读些儒书，也都晓得些吟诗作对。虽然居住山庄，也不是那十分粗俗之类，料想也配得过列位长老，若肯放开怀抱，长发留头，与舍下做个家长，穿绫着锦，胜强如那瓦钵缁衣，雪鞋云笠！"

三藏坐在上面，好便似雷惊的孩子，雨淋的虾蟆；只是呆呆挣挣，翻白眼儿打仰。那八戒闻得这般富贵，这般美色，他却心痒难挠；坐在那椅子上，一似针戳屁股，左扭右扭的，忍耐不住。走上前，扯了师父一把道："师父！这娘子告诵你话，你怎么佯佯不睬？好道也做个理会是。"那师父猛抬头，咄的一声，喝退了八戒道："你这个孽畜！

我们是个出家人，岂以富贵动心，美色留意，成得个甚么道理！"

那妇人笑道："可怜！可怜！出家人有何好处？"三藏道："女菩萨，你在家人，却有何好处？"那妇人道："长老请坐，等我把在家人好处说与你听。怎见得？有诗为证。诗曰：

　　春裁方胜着新罗，夏换轻纱赏绿荷；
　　秋有新蒭香糯酒，冬来暖阁醉颜酡。
　　四时受用般般有，八节珍羞件件多；
　　衬锦铺绫花烛夜，强如行脚礼弥陀。"

三藏道："女菩萨，你在家人享荣华，受富贵，有可穿，有可吃，儿女团圆，果然是好；但不知我出家的人，也有一段好处。怎见得？有诗为证。诗曰：

　　出家立志本非常，推倒从前恩爱堂。
　　外物不生闲口舌，身中自有好阴阳。
　　功完行满朝金阙，见性明心返故乡。
　　胜似在家贪血食，老来坠落臭皮囊。"

那妇人闻言，大怒道："这泼和尚无礼！我若不看你东土远来，就该叱出。我倒是个真心实意，要把家缘招赘汝等，你倒反将言语伤我。你就是受了戒，发了愿，永不还俗，好道你手下人，我家也招得一个。你怎么这般执法？"三藏见他发怒，只得耎耎谦谦，叫道："悟空，你在这里罢。"行者道："我从小儿不晓得干那般事，教八戒在这里罢。"八戒道："哥啊，不要栽人么。——大家从长计较。"三藏道："你两个不肯，便教悟净在这里罢。"沙僧道："你看师父说的话。弟子蒙菩萨劝化，受了戒行，等候师父；自蒙师父收了我，又承教诲；跟着师父还不上两月,更不曾进得半分功果,怎敢图此富贵!宁死也要往西天去,决不干此欺心之事。"那妇人见他们推辞不肯,急抽身转进屏风,扑的把腰门关上。师徒们撇在外面,茶饭全无,再没人出。八戒心中焦燥,埋怨唐僧道:"师父忒不会干事,把话通说杀了。你好道还活着些脚儿,只含糊答应,哄他些斋饭吃了,今晚落得一宵快活;明日肯与不肯,在乎你我了。似这般关门不出,我们这清灰冷灶,一夜怎过!"

悟净道:"二哥,你在他家做个女婿罢。"八戒道:"兄弟,不要栽人。——从长计较。"行者道:"计较甚的?你要肯,便就教师父与那妇人做个亲家,你就做个倒踏门的女婿。他家这等有财有宝,一定倒陪妆奁,整治个会亲的筵席。我们也落些受用。你在此间还俗,却不是两全其美?"八戒道:"话便也是这等说,却只是我脱俗又还俗,停妻再娶了。"

沙僧道:"二哥原来是有嫂子的?"行者道:"你还不知他哩,他本是乌斯藏高老庄高太公的女婿。因被老孙降了,他也曾受菩萨戒行,没及奈何,被我捉他来做个和尚,所以弃了前妻,投师父往西拜佛。他想是离别的久了,又想起那个勾当。却才听见这个勾当,断然又有此心。呆子,你与这家子做了女婿罢。只是多拜老孙几拜,我不检举你就罢了。"那呆子道:"胡说!胡说!大家都有此心,独拿老猪出丑。常言道:'和尚是色中饿鬼。'那个不要如此?都这们扭扭捏捏的拿班儿,把好事都弄得裂了。这如今茶水不得见面,灯火也无人管,虽熬了这一夜,但那匹马明日又要驮人,又要走路,再若饿上这一夜,只好剥皮罢了。你们坐着,等老猪去放放马来。"那

批注

呆子虎急急的，解了缰绳，拉出马去。行者道："沙僧，你且陪师父坐这里，等老孙跟他去，看他往那里放马。"三藏道："悟空，你看便去看他，但只不可只管嘲他了。"行者道："我晓得。"这大圣走出厅房，摇身一变，变作个红蜻蜓儿，飞出前门，赶上八戒。

那呆子拉着马，有草处且不教吃草，嗒嗒嗤嗤的，赶着马，转到后门首去。只见那妇人，带了三个女子，在后门外闲立着。看菊花儿耍子。他娘女们看见八戒来时，三个女儿闪将进去。那妇人伫立门首道："小长老那里去？"这呆子丢了缰绳，上前唱个喏，道声"娘！我来放马的。"那妇人道："你师父忒弄精细，在我家招了女婿，却不强似做挂搭僧，往西跄路？"八戒笑道："他们是奉了唐王的旨意，不敢有违君命，不肯干这件事。刚才都在前厅上栽我，我又有些奈上祝下的，只恐娘嫌我嘴长耳大。"那妇人道："我也不嫌，只是家下无个家长，招一个倒也罢了；但恐小女儿有些儿嫌丑。"八戒道："娘，你上复令爱，不要这等拣汉。想我那唐僧，人才虽俊，其实不中用。我丑自丑，有几句口号儿。"妇人道："你怎的说么？"八戒道："我

虽然人物丑，勤紧有些功。若言千顷地，不用使牛耕。只消一顿钯，布种及时生。没雨能求雨，无风会唤风。房舍若嫌矮，起上二三层。地下不扫扫一扫，阴沟不通通一通。家长里短诸般事，踢天弄井我皆能。"

那妇人道："既然干得家事，你再去与你师父商量商量看，不尴尬，便招你罢。"八戒道："不用商量：他又不是我的生身父母，干与不干，都在于我。"妇人道："也罢，

152

第二十二回　三藏不忘本　四圣试禅心

也罢，等我与小女说。"看他闪进去，扑的掩上后门。八戒也不放马，将马拉向前来。怎知孙大圣已一一尽知，他转翅飞来，现了本相，先见唐僧道："师父，悟能牵马来了。"长老道："马若不牵，恐怕撒欢走了。"行者笑将起来，把那妇人与八戒说的勾当，从头说了一遍，三藏也似信不信的。

少时间，见呆子拉将马来拴下。长老道："你马放了？"八戒道："无甚好草，没处放马。"行者道："没处放马，可有处牵马么？"呆子闻得此言，情知走了消息，也就垂头扭颈，努嘴皱眉，半晌不言。又听得呀的一声，腰门开了，有两对红灯，一副提壶，香云霭霭，环珮叮叮，那妇人带着三个女儿，走将出来，叫真真、爱爱、怜怜，拜见那取经的人物。那女子排立厅中，朝上礼拜。果然也生得标致，但见他：

　　一个个蛾眉横翠，粉面生春。妖娆倾国色，窈窕动人心。花钿显现多娇态，绣带飘飘迥绝尘。半含笑处樱桃绽，缓步行时兰麝喷。满头珠翠，颤巍巍无数宝钗簪；遍体幽香，娇滴滴有花金缕细。说甚么楚娃美貌，西子娇容？真个是九天仙女从天降，月里嫦娥出广寒！

那三藏合掌低头，孙大圣佯佯不睬，这沙僧转背回身。你看那猪八戒，眼不转睛，淫心紊乱，色胆纵横，扭捏出悄语，低声道："有劳仙子下降。娘，请姐姐们去耶。"那三个女子，转入屏风，将一对纱灯留下。妇人道："四位长老，可肯留心，着那个配我小女么？"悟净道："我们已商议了，着那个姓猪的招赘门下。"八戒道："兄弟，不要栽我，还从众计较。"行者道："还计较甚么？你已是在后

批注

153

批注

门首说合的停停当当，'娘'都叫了，又有甚么计较？师父做个男亲家，这婆儿做个女亲家，等老孙做个保亲，沙僧做个媒人。也不必看通书，今朝是个天恩上吉日，你来拜了师父，进去做了女婿罢。"八戒道："弄不成！弄不成！那里好干这个勾当！"

行者道："呆子，不要者嚣，你那口里'娘'也不知叫了多少，又是甚么弄不成？快快的应成，带携我们吃些喜酒，也是好处。"他一只手揪着八戒，一只手扯住妇人道："亲家母，带你女婿进去。"那呆子脚儿趄趄的，要往那里走，那妇人即唤童子："展抹桌椅，铺排晚斋，管待三位亲家。我领姑夫房里去也。"一壁厢又吩咐庖丁排筵设宴，明晨会亲。那几个童子，又领命讫。他三众吃了斋，急急铺铺，都在客座里安歇不题。

却说那八戒跟着丈母，行入里面，一层层也不知多少房舍，磕磕撞撞，尽都是门槛绊脚。呆子道："娘，慢些儿走，我这里边路生，你带我带儿。"那妇人道："这都是仓房、库房、碾房各房，还不曾到那厨房边哩。"八戒道："好大人家！"磕磕撞撞，转湾抹角，又走了半会，才是内堂房屋。那妇人道："女婿，你师兄说今朝是天恩上吉日，就教你招进来了；却只是仓卒间，不曾请得个阴阳，拜堂撒帐，你可朝上拜八拜儿罢。"八戒道："娘，娘说得是，你请上坐，等我也拜几拜，就当拜堂，就当谢亲，两当一儿，却不省事？"他丈母笑道："也罢，也罢，果然是个省事干家的女婿。我坐着，你拜么。"

咦！满堂中银烛辉煌，这呆子朝上礼拜，拜毕。道："娘，你把那个姐姐配我哩？"他丈母道："正是这些儿疑难：我要把大女儿配你，恐二女怪；要把二女配你，恐三女怪；欲将三女配你，又恐大女怪；所以终疑未定。"八戒道："娘，既怕相争，都与我罢；省得闹闹吵吵，乱了家法。"他丈母道："岂有此理！你一人就占我三个女儿不成！"八戒道："你看娘说的话。那个没有三房四妾？就再多几个，你女婿也笑纳了。我幼年间，也曾学得个熬战之法，管情一个个伏侍得他欢喜。"那妇人道："不好！不好！我这里有一方手帕，你顶在头上，遮了脸，撞个天婚，教我女儿从你跟前走过，你伸开手扯倒那个就把那个配了你罢。"呆子依言，接了手帕，顶在头上。有诗为证。诗曰：

　　痴愚不识本原由，色剑伤身暗自休。
　　从来信有周公礼，今日新郎顶盖头。

那呆子顶裹停当。道："娘，请姐姐们出来么。"他丈母叫："真真、爱爱、怜怜，都来撞天婚，配与你女婿。"只听得环珮响亮，兰麝馨香，似有仙子来往，那呆子真个伸手去捞人。两边乱扑，左也撞不着，右也撞不着。来来往往，不知有多少女子行动，只是莫想捞着一个。东扑抱着柱科，西扑摸着板壁。两头跑晕了，立站不稳，只是打跌。前来蹭着门扇，后去汤着砖墙。磕磕撞撞，跌得嘴肿头青。坐在地下，喘气呼呼的道："娘啊，你女儿这等乖滑得紧，捞不着一个，奈何！奈何！"

那妇人与他揭了盖头道："女婿，不是我女儿乖滑，他们大家谦让，不肯招你。"八戒道："娘啊，既是他们不肯招我啊，你招了我罢。"那妇人道："好女婿呀！这等没大没小的，连丈母也都要了！我这三个女儿，心性最巧。他一人结了一个珍珠篏锦汗衫儿。你若穿得那个的，就教那个招你罢。"八戒道："好！好！好！把三件儿都拿来我穿

批注

了看；若都穿得，就教都招了罢。"那妇人转进房里，止取出一件来，递与八戒。那呆子脱下青锦布直裰，取过衫儿，就穿在身上；还未曾系上带子，扑的一跌，跌倒在地。原来是几条绳紧紧绷住。那呆子疼痛难禁。这些人早已不见了。

却说三藏、行者、沙僧一觉睡醒，不觉的东方发白。忽睁睛抬头观看。那里得那大厦高堂，也不是雕梁画栋，一个个都睡在松柏林中。慌得那长老忙呼行者，沙僧道："哥哥，罢了！罢了！我们遇着鬼了！"孙大圣心中明白，微微的笑道："怎么说？"长老道："你看我们睡在那里耶！"行者道："这松林下落得快活，但不知那呆子在那里受罪哩。"长老道："那个受罪？"行者笑道："昨日这家子娘女们，不知是那里菩萨，在此显化我等，想是半夜里去了，只苦了猪八戒受罪。"三藏闻言，合掌顶礼。又只见那后边古柏树上，飘飘荡荡的，挂着一张简帖儿。沙僧急去取来与师父看时，却是八句颂子云：

"黎山老母不思凡，南海菩萨请下山。

普贤文殊皆是客，化成美女在林间。

圣僧有德还无俗，八戒无禅更有凡。

从此静心须改过，若生怠慢路途难！"

那长老、行者、沙僧正然唱念此颂，只听得林深处高声叫道："师父啊，绷杀我了！救我一救！下次再不敢了！"三藏道："悟空，那叫唤的可是悟能么？"沙僧道："正是。"行者道："兄弟，莫睬他，我们去罢。"三藏道："那呆子虽是心性愚顽，却只是一味憨直，倒也有些膂力，挑得行李；还看当日菩萨之念，救他随我们去罢。料他以后，再不敢了。"那沙和尚却卷起铺盖，收拾了担子；孙大圣解缰牵马，引唐僧入林寻看。咦！这正是：从正修持须谨慎，扫除爱欲自归真。毕竟不知那呆子凶吉如何，且听下回分解。

名家鉴赏台

1. 西游点心

小艾同学读完《西游记》第二十三回，说：这回的故事就像是一场菩萨对取经团队进行的测试。结果只有猪八戒是本性不改啊，沙僧最坚定，悟空最智慧，唐僧不忘本……

答：其实，喊着"娘"的猪八戒，虽然在行动上加入了这场正义而伟大的西天远征路，但是他的禅心并不坚定，在他心中，或许一顿馒头或扁食都比崇高的英雄主义和救苦救难来得实际。

2. 名家说话

总批：

今人那一个不被真真、爱爱、怜怜弄坏了，不要独笑老猪也。人但笑老猪三个女儿娶不成，反被他绷了一夜，不知若娶成了，其绷不知又当何如。人试思之，世上有一个不在绷里者否？

又批：

描画八戒贪色处，妙绝。只三个"不要栽我，还从众计较"，便画出无限不可画处。

——李卓吾

这一回写得甚是妙！"呆子"猪八戒猪身凡胎，不识佛祖的手段，被绑了一夜。细细想来，人生被酒色财气所困的何止一夜！是一生，也是无数人的困境。

绝妙好辞笺

1. 原作指摘

"好！好！好！把三件儿都拿来我穿了看；若都穿得，就教都招了罢。"那妇人转进房里，止取出一件来，递与八戒。那呆子脱下青锦布直裰，取过衫儿，就穿在身上；还未曾系上带子，扑的一跤，跌倒在地。原来是几条绳紧紧绷住。那呆子疼痛难禁。这些人早已不见了。

2. 演练改写

请把"猪八戒被珍珠汗衫绷住的过程"改写成一段现代文文字：（可增加心理活动描写）

西游竞技场

1. 本回批注实例

① 这呆子丢了缰绳，上前唱个喏，道声"娘！我来放马的。"

数声娘叫得甚是亲热。

——李卓吾

② 行者道："你还不知他哩，他本是乌斯藏高老庄高太公的女婿。因被老孙降了，他也曾受菩萨戒行，没及奈何，被我捉他来做个和尚，所以弃了前妻，投师父往西拜佛。"

可见弃妻出家原非其本心。

——张书绅

③ 三藏道："那呆子虽是心性愚顽，却只是一味憨直，倒也有些膂力，挑得行李；还看当日菩萨之念，救他随我们去罢。料他以后，再不敢了。"

再不敢心驰意放，贪欢好色，以忘其本。一笔煞住。

——张书绅

2. 本回批注演练（可在原文处靠右夹批，也可以在下面演练批注）

实践活动园

1. 西游人物画

在下面将《西游记》第二十三回出现的沙和尚的形象描画出来。（可以发挥想象，凸显沙和尚的忠厚）

2. 沙僧很坚决

请用文字描写沙僧加入取经团队后的举动。

3. 人物微点评

① 微点评列举：

沙僧道："你看师父说的话。弟子蒙菩萨劝化，受了戒行，等候师父；自蒙师父收了我，又承教诲；跟着师父还不上两月，更不曾进得半分功果，怎敢图此富贵！宁死也要往西天去，决不干此欺心之事。"

② 请你细读本回目中对沙和尚形象的描写，用三言两语评点他这个人物：

第二十四回

万寿山大仙留故友　五庄观行者窃人参

却说那三人穿林入里，只见那呆子绷在树上，声声叫喊，痛苦难禁。行者上前笑道："好女婿呀！这早晚还不起来谢亲，又不到师父处报喜，还在这里卖解儿耍子哩！——咄！你娘呢？你老婆呢？好个绷巴吊拷的女婿呀！"那呆子见他来抢白着羞，咬着牙，忍着疼，不敢叫喊。沙僧见了，老大不忍，放下行李，上前解了绳索救下。呆子对他们只是磕头礼拜，其实羞耻难当。有《西江月》为证：

　　色乃伤身之剑，贪之必定遭殃。佳人二八好容妆，更比夜叉凶壮。只有一个原本，再无微利添囊。好将资本谨收藏，坚守休教放荡。

那八戒撮土焚香，望空礼拜。行者道："你可认得那些菩萨么？"八戒道："我已此晕倒昏迷，眼花撩乱，那认得是谁？"行者把那简帖儿递与八戒。八戒见了是颂子，更加惭愧。沙僧笑道："二哥有这般好处哩，感得四位菩萨来与你做亲！"八戒道："兄弟再莫题起，不当人子了！从今后，再也不敢妄为。——就是累折骨头，也只是摩肩压担，随师父西域去也。"三藏道："既如此说才是。"

批注

　　行者遂领师父上了大路。在路餐风宿水，行罢多时，忽见有高山挡路。三藏勒马停鞭道："徒弟，前面一山，必须仔细，恐有妖魔作耗，侵害吾党。"行者道："马前但有我等三人，怕甚妖魔？"因此，长老安心前进。只见那座山，真是好山：

　　　　高山峻极，大势峥嵘。根接昆仑脉，顶摩霄汉中。白鹤每来栖桧柏，玄猿时复挂藤萝。日映晴林，迭迭千条红雾绕；风生阴壑，飘飘万道彩云飞。幽鸟乱啼青竹里，锦鸡齐斗野花间。只见那千年峰、五福峰、芙蓉峰，巍巍凛凛放毫光；万岁石、虎牙石、三尖石，突突磷磷生瑞气。崖前草秀，岭上梅香。荆棘密森森，芝兰清淡淡。深林鹰凤聚千禽，古洞麒麟辖万兽。涧水有情，曲曲弯弯多绕顾；峰峦不断，重重迭迭自周回。又见那绿的槐，斑的竹，青的松，依依千载斗秾华；白的李，红的桃，翠的柳，灼灼三春争艳丽。龙吟虎啸，鹤舞猿啼。麋鹿从花出，青鸾对日鸣。乃是仙山真福地，蓬莱阆苑只如然。又见些花开花谢山头景，云去云来岭上峰。

　　三藏在马上欢喜道："徒弟，我一向西来，经历许多山水，都是那嵯峨险峻之处，更不似此山好景，果然的幽趣非常。若是相近雷音不远路，我们好整肃端严见世尊。"行者笑道："早哩！早哩！正好不得到哩！"沙僧道："师兄，我们到雷音有多少远？"行者道："十万八千里。十停中还不曾走了一停哩。"八戒道："哥啊，要走几年才得到？"行者道："这些路，若论二位贤弟，便十来日也可到；若论我走，一日也好走五十遭，还见日色；若论师父走，莫想！莫想！"唐僧道："悟空，你说得几时方可到?"行者道:"你自小时走到老,老了再小,老小千番也还难;只要你见性志诚,念念回首处,即是灵山。"沙僧道:"师兄,此间虽不是雷音,观此景致,必有个好人居止。"行者道:"此言却当。这里决无邪祟,一定是个圣僧、仙辈之乡。我们游玩慢行。"不题。

却说这座山名唤万寿山;山中有一座观,名唤五庄观,观里有一尊仙,道号镇元子,混名与世同君。那观里出一般异宝,乃是混沌初分,鸿蒙始判,天地未开之际,产成这颗灵根。盖天下四大部洲,惟西牛贺洲五庄观出此,唤名"草还丹",又名"人参果"。三千年一开花,三千年一结果,再三千年才得熟,短头一万年方得吃。似这万年,只结得三十个果子。果子的模样,就如三朝未满的小孩相似,四肢俱全,五官咸备。人若有缘,得那果子闻了一闻,就活三百六十岁;吃一个,就活四万七千年。

当日镇元大仙得元始天尊的简帖,邀他到上清天上弥罗宫中听讲"混元道果"。大仙门下出的散仙,也不计其数,见如今还有四十八个徒弟,都是得道的全真。当日带领四十六个上界去听讲,留下两个绝小的看家:一个唤做清风,一个唤做明月。清风只有一千三百二十岁,明月才交一千二百岁。镇元子吩咐二童道:"不可违了大天尊的简帖,要往弥罗宫听讲,你两个在家仔细。不日有一个故人从此经过,却莫怠慢了他。可将我人参果打两个与他吃,权表旧日之情。"二童道:"师父的故人是谁?望说与弟子,好接待。"大仙道:"他是东土大唐驾下的圣僧,道号三藏,今往西天拜佛求经的和尚。"二童笑道:"孔子云:'道不同,不相为谋。'我等是太乙玄门,怎么与那和尚做甚相识!"大仙道:"你那里得知。那和尚乃金蝉子转生,西方圣老如来佛第二个徒弟。五百年前，我与他在'兰盆会'上相识。他曾亲手传茶，佛子敬我，故此是为故人也。"

二仙童闻言，谨遵师命。那大仙临行，又叮咛嘱咐道："我那果子有数，只许与他两个，不得多费。"清风道："开园时，大众共吃了两个，还有二十八个在树，不敢多费。"大仙道："唐三藏虽是故人，须要防备他手下人罗唣，不可惊动他知。"二童领命讫，那大仙承众徒弟飞升，径朝天界。

却说唐僧四众，在山游玩，忽抬头，见那松篁一簇，楼阁数层。唐僧道："悟空，你看那里是甚么去处？"行者看了道："那所在，不是观宇，定是寺院。我们走动些，到那厢方知端的。"不一时，来于门首观看，见那：

松坡冷淡，竹径清幽。往来白鹤送浮云，上下猿猴时献果。那门前池宽树影长，石裂苔花破。宫殿森罗紫极高，楼台缥缈丹霞堕。真个是福地灵区，蓬莱云洞。清虚人事少，寂静道心生。青鸟每传王母信，紫鸾常寄老君经。看不尽那巍巍道德之风，果然漠漠神仙之宅。

三藏离鞍下马。又见那山门左边有一通碑，碑上有十个大字，乃是"万寿山福地，五庄观洞天。"长老道："徒弟，真个是一座观宇。"沙僧道："师父，观此景鲜明，观里必有好人居住。我们进去看看，若行满东回，此间也是一景。"行者道："说得好。"遂都一齐进去。又见那二门上有一对春联：

长生不老神仙府，与天同寿道人家。

行者笑道："这道士说大话唬人。我老孙五百年前大闹天宫时，在那太上老君门首，也不曾见有此话说。"八戒道:"且莫管他,进去进去,或者这道士有些德行,未可知也。"

及至二层门里,只见那里面急急忙忙,走出两个小童儿来。看他怎生打扮:

> 骨清神爽容颜丽,顶结丫髻短发鬅。
> 道服自然襟绕雾,羽衣偏是袖飘风。
> 环绦紧束龙头结,芒履轻缠蚕口绒。
> 丰采异常非俗辈,正是那清风明月二仙童。

那童子控背躬身,出来迎接道:"老师父,失迎,请坐。"长老欢喜,遂与二童子上了正殿观看。原来是向南的五间大殿,都是上明下暗的雕花格子。那仙童推开格子,请唐僧入殿,只见那壁中间挂着五彩装成的"天地"二大字,设一张朱红雕漆的香几,几上有一副黄金炉瓶,炉边有方便整香。

唐僧上前,以左手拈香注炉,三匝礼拜。拜毕,回头道:"仙童,你五庄观真是西方仙界,何不供养三清、四帝、罗天诸宰,只将'天地'二字侍奉香火?"童子笑道:"不瞒老师说。这两个字,上头的,礼上还当;下边的,还受不得我们的香火。是家师父谄佞出来的。"三藏道:"何为谄佞?"童子道:"三清是家师的朋友,四帝是家师的故人;九曜是家师的晚辈,元辰是家师的下宾。"

那行者闻言,就笑得打跌。八戒道:"哥啊,你笑怎的?"行者道:"只讲老孙会捣鬼,原来这道童会捆风!"三藏道:"令师何在?"童子道:"家师元始天尊降简请到上清天弥罗宫听讲'混元道果'去了,不在家。"

行者闻言,忍不住喝了一声道:"这个臊道童!人也不认得,你在那个面前捣鬼,扯甚么空心架子!那弥罗宫

批注

有谁是太乙天仙？请你这泼牛蹄子去讲甚么！"三藏见他发怒，恐怕那童子回言，斗起祸来。便道："悟空，且休争竞。我们既进来就出去，显得没了方情。常言道：'鹭鸶不吃鹭鸶肉。'他师既是不在，搅扰他做甚？你去山门前放马，沙僧看守行李，教八戒解包袱。取些米粮，借他锅灶，做顿饭吃，待临行，送他几文柴钱，便罢了。各依执事，让我在此歇息歇息，饭毕就行。"他三人果各依执事而去。

那明月、清风，暗自夸称不尽道："好和尚！真个是西方爱圣临凡，真元不昧。师父命我们接待唐僧，将人参果与他吃，以表故旧之情；又教防着他手下人罗唣。果然那三个嘴脸凶顽，性情粗糙；幸得就把他们调开了；若在边前，却不与他人参果见面。"清风道："兄弟，还不知那和尚可是师父的故人，问他一问看，莫要错了。"二童子又上前道："启问老师可是大唐往西天取经的唐三藏？"长老回礼道："贫僧就是，仙童为何知我贱名？"童子道："我师临行，曾吩咐教弟子远接。不期车驾来促，有失迎迓。老师请坐，待弟子办茶来奉。"三藏道："不敢。"那明月急转本房，取一杯香茶，献与长老。茶毕，清风道："兄弟，不可违了师命，我和你去取果子来。"

二童别了三藏，同到房中，一个拿了金击子，一个拿了丹盘，又多将丝帕垫着盘底，径到人参园内。那清风爬上树去，使金击子敲果；明月在树下，以丹盘等接。须臾，敲下两个果来，接在盘中，径至前殿奉献道："唐师父，我五庄观土僻山荒，无物可奉，土仪素果二枚，权为解渴。"那长老见了，战战兢兢，远离三尺道："善哉！善哉！今岁倒也年丰时稔，怎么这观里作荒吃人？这个是三朝未满的孩童，如何与我解渴？"清风暗道："这和尚在那口舌场中，是非海里，弄得眼肉胎凡，不识我仙家异宝。"明月上前道："老师，此物叫做'人参果'，吃一个儿不妨。"三藏道："胡说！胡说！他那父母怀胎，不知受了多少苦楚，方生下。未及三日，怎么就把他拿来当果子？"清风道："实是树上结的。"长老道："乱谈！乱谈！树上又会结出人来？拿过去，不当人子！"

那两个童儿，见千推万阻不吃，只得拿着盘子，转回本房。那果子却也跷蹊，久放不得；若放多时，即僵了，不中吃。二人到于房中，一家一个，坐在床边上，只情吃起。

噫！原来有这般事哩！他那道房，与那厨房紧紧的间壁。这边悄悄的言语，那边即便听见。八戒正在厨房里做饭，先前听见说取金击子，拿丹盘，他已在心；又听见他说唐僧不认得是人参果，即拿在房里自吃，口里忍不住流涎道："怎得一个儿尝新！"自家身子又狼犺，不能彀得动，只等行者来，与他计较。他在那锅门前，更无心烧火，不时的伸头探脑，出来观看。不多时，见行者牵将马来，拴在槐树上，径往后走。那呆子用手乱招道："这里来！这里来！"行者转身，到于厨声门首道："呆子，你嚷甚的？想是饭不彀吃。且让老和尚吃饱，我们前边大人家，再化吃去罢。"八戒道："你进来，不是饭少。这观里有一件宝贝，你可晓得？"行者道："甚么宝贝？"八戒笑道："说与你，你不曾见；拿与你，你不认得。"行者道："这呆子笑话我老孙。老孙五百年前，因访仙道时，也曾云游在海角天涯。那般儿不曾见？"八戒道："哥啊，人参果你曾见么？"行者惊道："这个真不曾见。但只常闻得人说，人参果乃是草还丹，人吃了极能延寿。如今那里有得？"八戒道："他这里有。那童子拿两个与师父吃，那老和尚不认得，道是三朝未满的孩儿，不曾敢吃。那童子老大悭懒，师父既不吃，便该让我们，他就瞒着我们，才自在这隔壁房里，一家一个，喞啅喞啅的吃了出去，就急得我口里水泱。——怎么得一个儿尝新？我想你有些溜撒，去他那园子里偷几个来尝尝，如何？"行者道："这个容易。老孙去，手到擒来。"急抽身，往前就走。八戒一把扯住道："哥啊，我听得他在这房里说，要拿甚么金击子去打哩。须是干得停当，不可走露风声。"行者道："我晓得，我晓得。"

那大圣使一个隐身法，闪进道房看时，原来那两个道童，吃了果子，上殿与唐僧说话，不在房里。行者四下里观看，看有甚么金击子，但只见窗棂上挂着一条赤金：有二尺长短，有指头粗细；底下是一个蒜疙疸的头子；上边有眼，系着一根绿绒绳儿。他道："想必就是此物叫做金击子。"他却取下来，出了道房，径入后边去，推开两扇门，抬头观看，——呀！却是一座花园！但见：

朱栏宝槛，曲砌峰山。奇花与丽日争妍，翠竹共青天斗碧。流杯亭外，一弯绿柳似拖烟；赏月台前，数簇乔松如泼靛。红拂拂，锦巢榴；绿依依，绣墩草。青茸茸，碧砂兰；攸荡荡，临溪水。丹桂映金井梧桐，锦槐傍朱栏玉砌。有或红或白千叶桃，有或香或黄九秋菊。荼蘼架，映着牡丹亭；木槿台，相连芍药圃。看不尽傲霜君子竹，欺雪大夫松。更有那鹤庄鹿宅，方沼圆池；泉流碎玉，地萼堆金；朔风触绽梅花白，春来点破海棠红。——诚所谓人间第一仙景，

第二十四回　万寿山大仙留故友　五庄观行者窃人参

西方魁首花丛。

那行者观看不尽，又见一层门，推开看处，却是一座菜园：

　　布种四时蔬菜，菠芹蓬荙姜苔。
　　笋䕅瓜瓠茭白，葱蒜芫荽韭薤。
　　窝蕖童蒿苦荬，葫芦茄子须栽。
　　蔓菁萝卜羊头埋，红苋青菘紫芥。

行者笑道："他也是个自种自吃的道士。"走过菜园，又见一层门。推开看处，呀！只见那正中间有根大树，真个是青枝馥郁，绿叶阴森；那叶儿却似芭蕉模样，直上去有千尺余高，根下有七八丈围圆。那行者倚在树下往上一看，只见向南的枝上，露出一个人参果，真个像孩儿一般。原来尾间上是个扢蒂，看他丁在枝头，手脚乱动，点头幌脑，风过处似乎有声。行者欢喜不尽，暗自夸称道："好东西呀！果然罕见！果然罕见！"他倚着树，飕的一声，撺将上去。

那猴子原来第一会爬树偷果子。他把金击子敲了一下，那果子扑的落将下来。他也随跳下来跟寻，寂然不见；四下里草中找寻，更无踪影。行者道："跷蹊！跷蹊！想是有脚的会走；就走也跳不出墙去。我知道了，想是花园中土地不许老孙偷他果子，他收了去也。"他就捻着诀，念一口"唵"字咒，拘得那花园土地前来，对行者施礼道："大圣，呼唤小神，有何吩咐？"行者道："你不知老孙是盖天下有名的贼头。我当年偷蟠桃、盗御酒、窃灵丹，也不曾有人敢与我分用；怎么今日偷他一个果子，你就抽了我的头分去了！这果子是树上结的，空中过鸟也该有分，老孙就吃他一个，有何大害？怎么刚打下来，你就

批注

169

📝 批注

捞了去？"土地道："大圣，错怪了小神也。这宝贝乃是地仙之物，小神是个鬼仙，怎么敢拿去？就是闻也无福闻闻。"行者道："你既不曾拿去，如何打下来就不见了？"土地道："大圣只知这宝贝延寿，更不知他的出处哩。"

行者道："有甚出处？"土地道："这宝贝，三千年一开花，三千年一结果，再三千年方得成熟。短头一万年，只结得三十个。有缘的，闻一闻，就活三百六十岁；吃一个，就活四万七千年。却是只与五行相畏。"行者道："怎么与五行相畏？"土地道："这果子遇金而落，遇木而枯，遇水而化，遇火而焦，遇土而入。敲时必用金器，方得下来。打下来，却将盘儿用丝帕衬垫方可；若受些木器，就枯了，就吃也不得延寿。吃他须用磁器，清水化开食用，遇火即焦而无用。遇土而入者，大圣方才打落地上，他即钻下土去了。这个土有四万七千年，就是钢钻钻他也钻不动些须，比生铁也还硬三四分。人若吃了，所以长生。大圣不信时，可把这地下打打儿看。"行者即掣金箍棒，筑了一下，响一声迸起棒来，土上更无痕迹。行者道："果然！果然！我这棍，打石头如粉碎，撞生铁也有痕，怎么这一下打不伤些儿？这等说，我却错怪了你了，你回去罢。"那土地即回本庙去讫。

大圣却有算计：爬上树，一只手使击子，一只手将锦布直裰的襟儿扯起来做个兜子等住，他却串枝分叶，敲了三个果，兜在襟中。跳下树，一直前来，径到厨房里去。那八戒笑道："哥哥，可有么？"行者道："这不是？老孙的手到擒来。这个果子，也莫背了沙僧，可叫他一声。"八戒即招手叫道："悟净，你来。"那沙僧撇下行李，跑进厨房道："哥哥，叫我怎的？"行者放开衣兜道："兄弟，你看这

第二十四回 万寿山大仙留故友 五庄观行者窃人参

个是甚的东西?"沙僧见了道:"是人参果。"行者道:"好啊!你倒认得,你曾在那里吃过的?"沙僧道:"小弟虽不曾吃,但旧时做卷帘大将,扶侍鸾舆赴蟠桃宴,尝见海外诸仙将此果与王母上寿。见便曾见,却未曾吃。哥哥,可与我些儿尝尝?"行者道:"不消讲,兄弟们一家一个。"

他三人将三个果各各受用。那八戒食肠大,口又大,一则是听见童子吃时,便觉馋虫拱动,却才见了果子,拿过来,张开口,毂辘的囫囵吞咽下肚,却白着眼胡赖,向行者、沙僧道:"你两个吃的是甚么?"沙僧道:"人参果。"八戒道:"甚么味道?"行者道:"悟净,不要睬他!你倒先吃了,又来问谁?"八戒道:"哥哥,吃的忙了些,不像你们细嚼细咽,尝出些滋味。我也不知有核无核,就吞下去了。哥啊,为人为彻;已经调动我这馋虫,再去弄个儿来,老猪细细的吃吃。"行者道:"兄弟,你好不知止足!这个东西,比不得那米食面食,撞着尽饱。像这一万年只结得三十个,我们吃他这一个,也是大有缘法,不等小可。罢罢罢!彀了!"他欠起身来,把一个金击子,瞒窗眼儿,丢进他道房里,竟不睬他。

那呆子只管絮絮叨叨的唧哝。不期那两个道童复进房来取茶去献,只听得八戒还嚷甚么"人参果吃得不快活,再得一个儿吃吃才好。"清风听见,心疑道:"明月,你听那长嘴和尚讲'人参果还要个吃吃'。师父别时叮咛,教防他手下人罗唣,莫敢是他偷了我们宝贝么?"明月回头道:"哥耶,不好了!不好了!金击子如何落在地下!我们去园里看看来!"他两个急急忙忙的走去,只见花园开了。清风道:"这门是我关的,如何开了?"又急转过花园,只见菜园门也开了。忙入人参园里,倚在树下,望

> 批注

171

批注

上查数；颠倒来往，只得二十二个。明月道："你可会算帐？"清风道："我会，你说将来。"明月道："果子原是三十个。师父开园，分吃了两个，还有二十八个；适才打两个与唐僧吃，还有二十六个；如今止剩得二十二个，却不少了四个？不消讲，不消讲，定是那伙恶人偷了，我们只骂唐僧去来。"

两个出了园门，径来殿上，指着唐僧，秃前秃后，秽语污言，不绝口的乱骂；贼头鼠脑，臭短臊长，没好气的胡嚷。唐僧听不过道："仙童啊，你闹的是甚么？消停些儿；有话慢说不妨，不要胡说散道的。"清风说："你的耳聋？我是蛮话，你不省得？你偷吃了人参果，怎么不容我说？"唐僧道："人参果怎么模样？"明月道："才拿来与你吃，你说像孩童的不是？"唐僧道："阿弥陀佛！那东西一见，我就心惊胆战，还敢偷他吃哩！就是害了馋痞，也不敢干这贼事。不要错怪了人。"清风道："你虽不曾吃，还有手下人要偷吃的哩。"三藏道："这等也说得是，你且莫嚷，等我问他们看。果若是偷了，教他赔你。"明月道："赔呀！就有钱那里去买？"三藏道："纵有钱没处买呵，常言道：'仁义值千金。'教他陪你个礼，便罢了。——也还不知是他不是他哩。"明月道："怎的不是他？他那里分不均，还在那里嚷哩。"三藏叫声："徒弟，且都来。"沙僧听见道："不好了！决撒了！老师父叫我们，小道童胡厮骂，不是旧话儿走了风，却是甚的？"行者道："活羞杀人！这个不过是饮食之类！若说出来，就是我们偷嘴了，只是莫认。"八戒道："正是，正是，昧了罢。"他三人只得出了厨房，走上殿去。咦！毕竟不知怎么与他抵赖，且听下回分解。

第二十四回 万寿山大仙留故友 五庄观行者窃人参

名家鉴赏台

1. 西游点心

读完《西游记》第二十四回后，小艾同学提问："这回故事里的镇元大仙又是何方神圣？"

答：镇元大仙道号是镇元子，镇元子就是镇守人参果园的人的意思。据说人参果树三千年一开花，三千年一结果，再三千年才成熟，每一万年才成熟三十颗人参果。人参果是天地的灵根，有缘的人闻一下就可以活到三百六十岁，吃一颗人参果就可以活到四万七千岁。

镇元大仙是一位与天地比肩的神仙，法力高强，在《西游记》中镇元大仙曾与孙悟空交手，一柄玉麈抵得了孙悟空的千钧金箍棒，没几个回合就用袖里乾坤将孙悟空师徒四人轻松抓住，神通广大的孙悟空在镇元大仙的法力面前甚至是连逃跑都做不到。

镇元大仙是一个胸襟开阔、重信重义的人，对于孙悟空代替自己师父受过的行为大加赞赏，并且在孙悟空请来观音菩萨救活人参果树之后遵守诺言以地仙之祖的身份不计前嫌与孙悟空结为兄弟，从这里我们可以看到镇元大仙的气度非凡。

2. 名家说话

总批：

名曰人参果，真千古之奇名；又曰草还丹，实人间之佳品。食之可以长生，真令人想杀而不能得。八戒食之，偏云无味，大是奇事。

非无味也，囫囵食之，此其所以无味也欤。三千年开花，三千年结果，三千年然后成熟，正见所之极有先后次序，学者必须循序渐进，功到自然果熟。

——张书绅

这个世界当然是没有如此神奇的人参果的，但是作为中药材的人参是有的，可以入药；人参果究其实质是人生之果，也就是人一生成长的

结果，更是人生一辈子求真求证的循环往复之过程。

此中寓意，亦佛亦道。有不可尽言之感！

绝妙好辞笺

1. 原作指摘

却说唐僧四众，在山游玩，忽抬头，见那松篁一簇，楼阁数层。唐僧道："悟空，你看那里是甚么去处？"行者看了道："那所在，不是观宇，定是寺院。我们走动些，到那厢方知端的。"不一时，来于门首观看，见那：

松坡冷淡，竹径清幽。往来白鹤送浮云，上下猿猴时献果。那门前池宽树影长，石裂苔花破。宫殿森罗紫极高，楼台缥缈丹霞堕。真个是福地灵区，蓬莱云洞。清虚人事少，寂静道心生。青鸟每传王母信，紫鸾常寄老君经。看不尽那巍巍道德之风，果然漠漠神仙之宅。

三藏离鞍下马。又见那山门左边有一通碑，碑上有十个大字，乃是"万寿山福地，五庄观洞天。"长老道："徒弟，真个是一座观宇。"沙僧道："师父，观此景鲜明，观里必有好人居住。我们进去看看，若行满东回，此间也是一景。"行者道："说得好。"遂都一齐进去。又见那二门上有一对春联：

长生不老神仙府，与天同寿道人家。

行者笑道："这道士说大话唬人。我老孙五百年前大闹天宫时，在那太上老君门首，也不曾见有此话说。"八戒道："且莫管他，进去进去，或者这道士有些道行，未可知也。"

2. 演练改写

请认真阅读"原作指摘"中的文字，摘录一副极有特色之门联，写出门联要表达的意思：

西游竞技场

1. 本回批注实例

① 他欠起身来，把一个金击子，瞒窗眼儿，丢进他道房里，竟不睬他。

那呆子只管絮絮叨叨的唧哝。

一伙顽皮，趣甚，妙甚。

——李卓吾

② 不期那两个道童复进房来取茶去献，只听得八戒还嚷甚么"人参果吃得不快活，再得一个儿吃吃才好。"

文生情，情生文，草蛇灰线，无不精妙。

——张书绅

③ 两个出了园门，径来殿上，指着唐僧，秃前秃后，秽语污言，不绝口的乱骂；贼头鼠脑，臭短臊长，没好气的胡嚷。

竟葱的道骂，更奇。

——张书绅

2. 本回批注演练（可在原文处靠右夹批，也可以在下面演练批注）

实践活动园

1. 西游人物绘

在下面给《西游记》第二十四回中的清风、明月二仙童画像。

2. 悟空很调皮

请描写悟空偷取金击子，爬树取人参果的举动，看看和大圣蟠桃园摘桃的情景有何异同。

3. 人物微点评

① 微点评列举：

及至二层门里，只见那里面急急忙忙，走出两个小童儿来。看他怎生打扮：

　　　　骨清神爽容颜丽，顶结丫髻短发鬇。
　　　　道服自然襟绕雾，羽衣偏是袖飘风。
　　　　环绦紧束龙头结，芒履轻缠蚕口绒。
　　　　丰采异常非俗辈，正是那清风明月二仙童。

② 请你细读本回目中对清风、明月二仙童形象的描写，用三言两语来评点这两个人物：

第二十七回

尸魔三戏唐三藏　圣僧恨逐美猴王

却说三藏师徒，次日天明，收拾前进。那镇元子与行者结为兄弟，两人情投意合，决不肯放；又安排管待，一连住了五六日。那长老自服了草还丹，真似脱胎换骨，神爽体健。他取经心重，那里肯淹留，无已，遂行。

师徒别了上路，早见一座高山。三藏道："徒弟，前面有山险峻，恐马不能前，大家须仔细仔细。"行者道："师父放心，我等自然理会。"好猴王，他在那马前，横担着棒，剖开山路，上了高崖，看不尽：

　　峰岩重叠，涧壑湾环。虎狼成阵走，麂鹿作群行。无数獐犯钻簇簇，满山狐兔聚丛丛。千尺大蟒，万丈长蛇。大蟒喷愁雾，长蛇吐怪风。道旁荆棘牵漫，岭上松楠秀丽。薜萝满目，芳草连天。影落沧溟北，云开斗柄南。万古常含元气老，千峰巍列日光寒。

那长老马上心惊，孙大圣布施手段，舞着铁棒，哮吼一声，唬得那狼虫颠窜，虎豹奔逃。师徒们入此山，正行到嵯峨之处，三藏道："悟空，我这一日，肚中饥了，你去那里化些斋吃。"行者陪笑道："师父好不聪明。这等半山之中，前不巴村，后不着店，有钱也没买处，教往那里寻

批注

斋?"三藏心中不快,口里骂道:"你这猴子!想你在两界山,被如来压在石匣之内,口能言,足不能行;也亏我救你性命,摩顶受戒,做了我的徒弟。怎么不肯努力,常怀懒惰之心!"行者道:"弟子亦颇殷勤,何尝懒惰?"三藏道:"你既殷勤,何不化斋我吃?我肚饥怎行?况此地山岚瘴气,怎么得上雷音?"行者道:"师父休怪,少要言语。我知你尊性高傲,十分违慢了你,便要念那话儿咒。你下马稳坐,等我寻那里有人家处化斋去。"

行者将身一纵,跳上云端里,手搭凉篷,睁眼观看。可怜西方路甚是寂寞,更无庄堡人家;正是多逢树木,少见人烟去处。看多时,只见正南上有一座高山。那山向阳处,有一片鲜红的点子。行者按下云头道:"师父,有吃的了。"那长老问甚东西。行者道:"这里没人家化饭,那南山有一片红的,想必是熟透了的山桃,我去摘几个来你充饥。"三藏喜道:"出家人若有桃子吃,就为上分了!快去。"行者取了钵盂,纵起祥光,你看他觔斗幌幌,冷气飕飕,须臾间,奔南山摘桃不题。

却说常言有云:"山高必有怪,岭峻却生精。"果然这山上有一个妖精。孙大圣去时,惊动那怪。他在云端里,踏着阴风,看见长老坐在地下,就不胜欢喜道:"造化!造化!几年家人都讲东土的唐和尚取'大乘',他本是金蝉子化身,十世修行的原体。有人吃他一块肉,长寿长生。真个今日到了。"那妖精上前就要拿他,只见长老左右手下有两员大将护持,不敢拢身。他说两员大将是谁?说是八戒、沙僧。八戒、沙僧,虽没甚么大本事,然八戒是天蓬元帅,沙僧是卷帘大将。他的威气尚不曾泄,故不敢拢身。妖精说:"等我且戏他戏,看怎么说。"

第二十七回　尸魔三戏唐三藏　圣僧恨逐美猴王

好妖精，停下阴风，在那山凹里，摇身一变，变做个月貌花容的女儿，说不尽那眉清目秀，齿白唇红，左手提着一个青砂罐儿，右手提着一个绿磁瓶儿，从西向东，径奔唐僧：

　　圣僧歇马在山岩，忽见裙钗女近前。
　　翠袖轻摇笼玉笋，湘裙斜拽显金莲。
　　汗流粉面花含露，尘拂蛾眉柳带烟。
　　仔细定睛观看处，看看行至到身边。

三藏见了，叫："八戒，沙僧，悟空才说这里旷野无人，你看那里不走出一个人来了？"八戒道："师父，你与沙僧坐着，等老猪去看看来。"那呆子放下钉钯，整整直裰，摆摆摇摇，充作个斯文气象，一直的觌面相迎。真个是远看未实，近看分明，那女子生得：

　　冰肌藏玉骨，衫领露酥胸。柳眉积翠黛，杏眼闪银星。月样容仪俏，天然性格清。体似燕藏柳，声如莺啭林。半放海棠笼晓日，才开芍药弄春晴。

那八戒见他生得俊俏，呆子就动了凡心，忍不住胡言乱语，叫道："女菩萨，往那里去？手里提着是甚么东西？"——分明是个妖怪，他却不能认得。——那女子连声答应道："长老，我这青罐里是香米饭，绿瓶里是炒面筋。特来此处无他故，因还誓愿要斋僧。"八戒闻言，满心欢喜。急抽身，就跑了个猪颠风，报与三藏道："师父！'吉人自有天报！'师父饿了，教师兄去化斋，那猴子不知那里摘桃儿耍子去了。桃子吃多了，也有些嘈人，又有些下坠。你看那不是个斋僧的来了？"唐僧不信道："你这个夯货胡缠！我们走了这向，好人也不曾遇着一个，斋僧的从何而来！"八戒道："师父，这不到了？"

批注

批注

三藏一见，连忙跳起身来，合掌当胸道："女菩萨，你府上在何处住？是甚人家？有甚愿心，来此斋僧？"——分明是个妖精，那长老也不认得。——那妖精见唐僧问他来历，他立地就起个虚情，花言巧语，来赚哄道："师父，此山叫做蛇回兽怕的白虎岭。正西下面是我家。我父母在堂，看经好善，广斋方上远近僧人；只因无子，求福作福；生了奴奴，欲扳门第，配嫁他人，又恐老来无倚，只得将奴招了一个女婿，养老送终。"三藏闻言道："女菩萨，你语言差了。圣经云：'父母在，不远游；游必有方。'你既有父母在堂，又与你招了女婿，——有愿心，教你男子还，便也罢，怎么自家在山行走？又没个侍儿随从。这个是不遵妇道了。"那女子笑吟吟，忙陪俏语道："师父，我丈夫在山北凹里，带几个客子锄田。这是奴奴煮的午饭，送与那些人吃的。只为五黄六月，无人使唤，父母又年老，所以亲身来送。忽遇三位远来，却思父母好善，故将此饭斋僧。如不弃嫌，愿表芹献。"三藏道："善哉！善哉！我有徒弟摘果子去了，就来，我不敢吃；假如我和尚吃了你饭，你丈夫晓得，骂你，却不罪坐贫僧也？"那女子见唐僧不肯吃，却又满面春生道："师父啊，我父母斋僧，还是小可；我丈夫更是个善人，一生好的是修桥补路，爱老怜贫。但听见说这饭送与师父吃了，他与我夫妻情上，比寻常更是不同。"三藏也只是不吃。旁边却恼坏了八戒。那呆子努着嘴，口里埋怨道："天下和尚也无数，不曾象我这个老和尚罢软！现成的饭，三分儿，倒不吃，只等那猴子来，做四分才吃！"他不容分说，一嘴把个罐子拱倒，就要动口。

只见那行者自南山顶上，摘了几个桃子，托着钵盂，

第二十七回　尸魔三戏唐三藏　圣僧恨逐美猴王

一筋斗，点将回来；睁火眼金睛观看，认得那女子是个妖精，放下钵盂，掣铁棒，当头就打。唬得个长老用手扯住道："悟空！你走将来打谁？"行者道："师父，你面前这个女子，莫当做个好人；他是个妖精，要来骗你哩。"三藏道："你这猴头，当时倒也有些眼力，今日如何乱道！这女菩萨有此善心，将这饭要斋我等，你怎么说他是个妖精？"行者笑道："师父，你那里认得。老孙在水帘洞里做妖魔时，若想人肉吃，便是这等：或变金银，或变庄台，或变醉人，或变女色。有那等痴心的，爱上我，我就迷他到洞里，尽意随心，或蒸或煮受用；吃不了，还要晒干了防天阴哩！师父，我若来迟，你定入他套子，遭他毒手！"那唐僧那里肯信，只说是个好人。行者道："师父，我知道你了。你见他那等容貌，必然动了凡心。若果有此意，叫八戒伐几棵树来，沙僧寻些草来，我做木匠，就在这里搭个窝铺，你与他圆房成事，我们大家散了，却不是件事业？何必又跋涉，取甚经去！"那长老原是个软善的人，那里吃得他这句言语，羞得个光头彻耳通红。

三藏正在此羞惭，行者又发起性来，掣铁棒，望妖精劈脸一下。那怪物有些手段，使个"解尸法"，见行者棍子来时，他却抖擞精神，预先走了，把一个假尸首打死在地下。唬得个长老战战兢兢，口中作念道："这猴着然无礼！屡劝不从，无故伤人性命！"行者道："师父莫怪，你且来看看这罐子里是甚东西。"沙僧搀着长老，近前看时，那里是甚香米饭，却是一罐子拖尾巴的长蛆；也不是面筋，却是几个青蛙、癞虾蟆，满地乱跳。长老才有三分儿信了，怎禁猪八戒气不忿，在旁漏八分儿唆嘴道："师父，说起这个女子，他是此间农妇，因为送饭下田，路遇我等，却怎么栽他是个妖怪？哥哥的棍重，走将来试手打他一下，不期就打杀了；怕你念甚么《紧箍儿咒》，故意的使个障眼法儿，变做这等样东西，演幌你眼，使不念咒哩。"

三藏自此一言，就是晦气到了：果然信那呆子撺唆，手中捻诀，口里念咒。行者就叫："头疼！头疼！莫念！莫念！有话便说。"唐僧道："有甚话说！出家人时时常要方便，念念不离善心，扫地恐伤蝼蚁命，爱惜飞蛾纱罩灯。你怎么步步行凶！打死这个无故平人，取将经来何用？你回去罢！"行者道："师父，你教我回那里去？"唐僧道："我不要你做徒弟。"行者道："你不要我做徒弟，只怕你西天路去不成。"唐僧道："我命在天，该那个妖精蒸了吃，就是煮了，也算不过。终不然，你救得我的大限？你快回去！"行者道："师父，我回去便也罢了，只是不曾报得你的恩哩。"唐僧道："我与你有甚恩？"那大圣闻言，连忙跪下叩头道："老孙因大闹天宫，致下了伤身之难，被我佛压在两界山；幸观音菩萨与我受了戒行，幸师父救脱吾身；若不与你同上西天，显得我'知恩不报非君子，万古千秋作骂名。'"原来这唐僧是个慈悯的圣僧。他见行者哀告，却也回心转意道："既如此说，且饶你这一次。再休无礼。如若仍前作恶，这咒语颠倒就念二十遍！"行者道："三十遍也由你，只是我不打人了。"却才伏侍唐僧上马，又将摘来桃子奉上。唐僧在马上也吃了几个，权且充饥。

却说那妖精，脱命升空。原来行者那一棒不曾打杀妖精，妖精出神去了。他在那云端里，咬牙切齿，暗恨行者道："几年只闻得讲他手段，今日果然话不虚传。那唐僧已此不认得我，将要吃饭。若低头闻一闻儿，我就一把捞住，却不是我的人了。不期被他走来，弄破我这勾当，又

第二十七回　尸魔三戏唐三藏　圣僧恨逐美猴王

几乎被他打了一棒。若饶了这个和尚，诚然是劳而无功也，我还下去戏他一戏。"

好妖精，按落阴云，在那前山坡下，摇身一变，变作个老妇人，年满八旬，手拄着一根弯头竹杖，一步一声的哭着走来。八戒见了，大惊道："师父！不好了！那妈妈儿来寻人了！"唐僧道："寻甚人？"八戒道："师兄打杀的，定是他女儿。这个定是他娘寻将来了。"行者道："兄弟莫要胡说！那女子十八岁，这老妇有八十岁，怎么六十多岁还生产？断乎是个假的，等老孙去看来。"好行者，拽开步，走近前观看，那怪物：

假变一婆婆，两鬓如冰雪。走路慢腾腾，行步虚怯怯。弱体瘦伶仃，脸如枯菜叶。颧骨望上翘，嘴唇往下别。老年不比少年时，满脸都是荷叶摺。

行者认得他是妖精，更不理论，举棒照头便打。那怪见棍子起时，依然抖擞，又出化了元神，脱真儿去了；把个假尸首又打死在山路之下。唐僧一见，惊下马来，睡在路旁，更无二话，只是把《紧箍儿咒》颠倒足足念了二十遍。可怜把个行者头，勒得似个亚腰儿葫芦，十分疼痛难忍，滚将来哀告道："师父莫念了！有甚话说了罢！"唐僧道："有甚话说！出家人耳听善言，不堕地狱。我这般劝化你，你怎么只是行凶？把平人打死一个，又打死一个，此是何说？"行者道："他是妖精。"唐僧道："这个猴子胡说！就有这许多妖怪！你是个无心向善之辈，有意作恶之人，你去罢！"行者道："师父又教我去，回去便也回去了，只是一件不相应。"唐僧道："你有甚不相应处？"八戒道："师父，他要和你分行李哩。跟着你做了这几年和尚，不成空着手回去？你把那包袱里的甚么旧褊衫，破帽

批注

批注

子，分两件与他罢。"

行者闻言，气得暴跳道："我把你这个尖嘴的夯货！老孙一向秉教沙门，更无一毫嫉妒之意，贪恋之心，怎么要分甚么行李？"唐僧道："你既不嫉妒贪恋，如何不去？"行者道："实不瞒师父说。老孙五百年前，居花果山水帘洞大展英雄之际，收降七十二洞邪魔，手下有四万七千群怪，头戴的是紫金冠，身穿的是赭黄袍，腰系的是蓝田带，足踏的是步云履，手执的是如意金箍棒，着实也曾为人。自从涅槃罪度，削发秉正沙门，跟你做了徒弟，把这个'金箍儿'勒在我头上，若回去，却也难见故乡人。师父果若不要我，把那个《松箍儿咒》念一念，退下这个箍子，交付与你，套在别人头上，我就快活相应了。也是跟你一场。莫不成这些人意儿也没有了？"唐僧大惊道："悟空，我当时只是菩萨暗受一卷《紧箍儿咒》，却没有甚么《松箍儿咒》。"行者道："若无《松箍儿咒》，你还带我去走走罢。"长老又没奈何道："你且起来，我再饶你这一次，却不可再行凶了。"行者道："再不敢了。再不敢了。"又伏侍师父上马，剖路前进。

却说那妖精，原来行者第二棍也不曾打杀他。那怪物在半空中，夸奖不尽道："好个猴王，着然有眼！我那般变了去，他也还认得我。这些和尚，他去得快，若过此山，西下四十里，就不伏我所管了。若是被别处妖魔捞了去，好道就笑破他人口，使碎自家心。我还下去戏他一戏。"好妖怪，按耸阴风，在山坡下摇身一变，变成一个老公公，真个是：

白发如彭祖，苍髯赛寿星。

耳中鸣玉磬，眼里幌金星。

手拄龙头拐，身穿鹤氅轻。

数珠掐在手,口诵南无经。

唐僧在马上见了,心中欢喜道:"阿弥陀佛!西方真是福地!那公公路也走不上来,逼法的还念经哩。"八戒道:"师父,你且莫要夸奖。那个是祸的根哩。"唐僧道:"怎么是祸根?"八戒道:"行者打杀他的女儿,又打杀他的婆子,这个正是他的老儿寻将来了。我们若撞在他的怀里呵,师父,你便偿命,该个死罪;把老猪为从,问个充军;沙僧喝令,问个摆站;那行者使个遁法走了,却不苦了我们三个顶缸?"

行者听见道:"这个呆根,这等胡说,可不唬了师父?等老孙再去看看。"他把棍藏在身边,走上前,迎着怪物,叫声:"老官儿,往那里去?怎么又走路,又念经?"那妖精错认了定盘星,把孙大圣也当做个等闲的,遂答道:"长老啊,我老汉祖居此地,一生好善斋僧,看经念佛。命里无儿,止生得一个小女,招了个女婿,今早送饭下田,想是遭逢虎口。老妻先来找寻,也不见回去。全然不知下落,老汉特来寻看。果然是伤残他命,也没奈何,将他骸骨收拾回去,安葬茔中。"行者笑道:"我是个做婴虎的祖宗,你怎么袖子里笼了个鬼儿来哄我?你瞒了诸人,瞒不过我!我认得你是个妖精!"那妖精唬得顿口无言。行者掣出棒来,自忖思道:"若要不打他,显得他倒弄个风儿;若要打他,又怕师父念那话儿咒语。"又思量道:"不打杀他,他一时间抄空儿把师父捞了去,却不又费心劳力去救他?……还打的是!就一棍子打杀他,师父念起那咒,常言道:'虎毒不吃儿。'凭着我巧言花语,嘴伶舌便,哄他一哄,好道也罢了。"好大圣,念动咒语,叫当坊土地、本处山神道:"这妖精三番来戏弄我师父,这一番却要打杀他。你与我在半空中作证，不许走了。"众神听令，谁敢不从，都在云端里照应。那大圣棍起处，打倒妖魔，才断绝了灵光。

那唐僧在马上，又唬得战战兢兢，口不能言。八戒在旁边又笑道："好行者！风发了！只行了半日路，倒打死三个人！"唐僧正要念咒，行者急到马前，叫道："师父，莫念！莫念！你且来看看他的模样。"却是一堆粉骷髅在那里。唐僧大惊道："悟空，这个人才死了，怎么就化作一堆骷髅？"行者道："他是个潜灵作怪的僵尸，在此迷人败本；被我打杀，他就现了本相。他那脊梁上有一行字，叫做'白骨夫人'。"唐僧闻说，倒也信了；怎禁那八戒旁边唆嘴道："师父，他的手重棍凶，把人打死，只怕你念那话儿，故意变化这个模样，掩你的眼目哩！"唐僧果然耳软，又信了他，随复念起。行者禁不得疼痛，跪于路旁，只叫："莫念！莫念！有话快说了罢！"唐僧道："猴头！还有甚说话！出家人行善，如春园之草，不见其长，日有所增；行恶之人，如磨刀之石，不见其损，日有所亏。你在这荒郊野外，一连打死三人，还是无人检举，没有对头；倘到城市之中，人烟凑集之所，你拿了那哭丧棒，一时不知好歹，乱打起人来，撞出大祸，教我怎的脱身？你回去罢！"行者道："师父错怪了我也。这厮分明是个妖魔，他实有心害你。我倒打死他，替你除了害，你却不认得，反信了那呆子谗言冷语，屡次逐我。常言道：'事不过三。'我若不去，真是个下流无耻之徒。我去！我去！——去便去了，只是你手下无人。"唐僧发怒道："这泼猴越发无礼！看起来，只你是人，那悟能、悟净，就不是人？"

那大圣一闻得说他两个是人，止不住伤情凄惨，对

第二十七回　尸魔三戏唐三藏　圣僧恨逐美猴王

唐僧道声"苦啊！你那时节，出了长安，有刘伯钦送你上路；到两界山，救我出来，投拜你为师，我曾穿古洞，入深林，擒魔捉怪，收八戒，得沙僧，吃尽千辛万苦；今日昧着惺惺使糊涂，只教我回去：这才是'鸟尽弓藏，兔死狗烹！'——罢！罢！罢！但只是多了那《紧箍儿咒》。"唐僧道："我再不念了。"行者道："这个难说：若到那毒魔苦难处不得脱身，八戒、沙僧救不得你，那时节，想起我来，忍不住又念诵起来，就是十万里路，我的头也是疼的；假如再来见你，不如不作此意。"

唐僧见他言言语语，越添恼怒，滚鞍下马来，叫沙僧包袱内取出纸笔，即于涧下取水，石上磨墨，写了一纸贬书，递于行者道："猴头！执此为照，再不要你做徒弟了！如再与你相见，我就堕了阿鼻地狱！"行者连忙接了贬书道："师父，不消发誓，老孙去罢。"他将书摺了，留在袖中，却又软款唐僧道："师父，我也是跟你一场，又蒙菩萨指教；今日半途而废，不曾成得功果，你请坐，受我一拜，我也去得放心。"唐僧转回身不睬，口里唧唧哝哝的道："我是个好和尚，不受你歹人的礼！"大圣见他不睬，又使个身外法，把脑后毫毛拔了三根，吹口仙气，叫"变！"即变了三个行者，连本身四个，四面围住师父下拜。那长老左右躲不脱，好道也受了一拜。

大圣跳起来，把身一抖，收上毫毛，却又吩咐沙僧道："贤弟，你是个好人，却只要留心防着八戒诂言诂语，途中更要仔细。倘一时有妖精拿住师父，你就说老孙是他大徒弟：西方毛怪，闻我的手段，不敢伤我师父。"唐僧道："我是个好和尚，不题你这歹人的名字。你回去罢。"那大圣见长老三番两复，不肯转意回心，没奈何才去。你看他：

> 噙泪叩头辞长老，含悲留意嘱沙僧。
> 一头拭迸坡前草，两脚蹬翻地上藤。
> 上天下地如轮转，跨海飞山第一能。
> 顷刻之间不见影，霎时疾返旧途程。

你看他忍气别了师父，纵筋斗云，径回花果山水帘洞去了。独自个凄凄惨惨，忽闻得水声聒耳。大圣在那半空里看时，原来是东洋大海潮发的声响。一见了，又想起唐僧，止不住腮边泪坠，停云住步，良久方去。毕竟不知此去反复何如，且听下回分解。

名家鉴赏台

1. 西游点心

读完《西游记》第二十七回，小艾同学问道："这回故事里的白骨精是怎样的妖怪呢？"

答：白骨精是《西游记》中唐僧在西天取经途中遇见的众多美女妖精之一，她作为妖精属于"尸魔"，原著中孙悟空揭示她的本相是一只"僵尸"。白骨精最早出现于古典名著《西游记》中，她是一个多年成精的妖魔，擅长变化，狡猾又通晓人类的弱点。

同时，她也是师徒四人在西行路上唯一打死的妖怪。她倒是真正想吃了唐僧肉，并借此摆脱魔道的，可惜被悟空接连识破，最终被打死。

2. 名家说话

总批：

谁家没有个白骨夫人，安得行者一棒打杀？

世上以功为罪，以德为仇，比比而是；不但行者一个受屈，三藏一人糊涂已也。可为三叹！

——李卓吾

唐僧的不辨是非；行者的疾恶如仇；八戒的小人本色等人格特征无不酣畅淋漓地表现出来了。所以，民间对这个桥段津津乐道就不足为奇了。

绝妙好辞笺

1. 原作指摘

唐僧道："猴头！还有甚说话！出家人行善，如春园之草，不见其长，日有所增；行恶之人，如磨刀之石，不见其损，日有所亏。你在这荒郊野外，一连打死三人，还是无人检举，没有对头；倘到城市之中，人烟凑集之所，你拿了那哭丧棒，一时不知好歹，乱打起人来，撞出大祸，教我怎的脱身？你回去罢！"

2. 演练改写

请认真阅读"原作指摘"，写出这段话要表达的意思：

西游竞技场

1. 本回批注实例

① 三藏喜道："出家人若有桃子吃，就为上分了！快去。"

曹操是望梅止渴，三藏却指桃充饥，俱是千古绝调。

——张书绅

② 冰肌藏玉骨，衫领露酥胸。柳眉积翠黛，杏眼闪银星。月样容仪俏，天然性格清。体似燕藏柳，声如莺啭林。半放海棠笼晓日，才开芍药弄春晴。

先将"色"字写得勾魂摄魄，以为放逐猴王立案。尝云"写云正是写月"。

——张书绅

③八戒在旁边又笑道:"好行者!风发了!只行了半日路,倒打死三个人!"

长老欲恩情美满,八戒却在呆里撒奸,舌剑之可畏如此。

——张书绅

④唐僧道:"我是个好和尚,不题你这歹人的名字。你回去罢。"那大圣见长老三番两复,不肯转意回心,没奈何才去。

真正恶语伤人六月寒。只因世上美人面,改尽人间君子心。

——张书绅

2. 本回批注演练(可在原文处靠右夹批,也可以在下面演练批注)

实践活动园

1. 西游人物煮

请在下面将《西游记》第二十七回出现的白骨精形象描画出来。

2. 悟空很悲壮

行者连忙接了贬书道:"师父,不消发誓,老孙去罢。"他将书摺了,留在袖中,却又软款唐僧道:"师父,我也是跟你一场,又蒙菩萨指教;

今日半途而废，不曾成得功果，你请坐，受我一拜，我也去得放心。"唐僧转回身不睬，口里唧唧哝哝的道："我是个好和尚，不受你歹人的礼！"大圣见他不睬，又使个身外法，把脑后毫毛拔了三根，吹口仙气，叫"变！"即变了三个行者，连本身四个，四面围住师父下拜。那长老左右躲不脱，好道也受了一拜。

这里的动作描写体现行者的智慧和对师父的敬爱。

联系选文，请用现代文描写悟空被逐，拜别唐僧的情景。注意写好动作描写。

3. 人物微点评

① 微点评列举：

> 圣僧歇马在山岩，忽见裙钗女近前。
> 翠袖轻摇笼玉笋，湘裙斜拽显金莲。
> 汗流粉面花含露，尘拂蛾眉柳带烟。
> 仔细定睛观看处，看看行至到身边。

② 请你细读本回目中对白骨精形象的描写，用三言两语来评点这个人物：

第三十回

邪魔侵正法　意马忆心猿

📖 批注

却说那怪把沙僧捆住，也不来杀他，也不曾打他，骂也不曾骂他一句。绰起钢刀，心中暗想道："唐僧乃上邦人物，必知礼义；终不然我饶了他性命，又着他徒弟拿我不成？——噫！这多是我浑家有甚么书信到他那国里，走了风讯！等我去问他一问。"那怪陡起凶性，要杀公主。

却说那公主不知，梳妆方毕，移步前来。只见那怪怒目攒眉，咬牙切齿。那公主还陪笑脸迎道："郎君有何事这等烦恼？"那怪咄的一声骂道："你这狗心贱妇，全没人伦！我当初带你到此，更无半点儿说话。你穿的锦，戴的金，缺少东西我去寻。四时受用，每日情深。你怎么只想你父母，更无一点夫妇心？"那公主闻说，吓得跪倒在地。道："郎君啊，你怎么今日说起这分离的话？"那怪道："不知是我分离，是你分离哩！我把那唐僧拿来，算计要他受用，你怎么不先告过我，就放了他？原来是你暗地里修了书信，教他替你传寄；不然，怎么这两个和尚又来打上我门，教还你回去？这不是你干的事？"公主道："郎君，你差怪我了，我何尝有甚书去？"老怪道："你还强嘴哩！现拿住一个对头在此，却不是证见？"公主道："是谁?"老妖道:"是唐僧第二个徒弟沙和尚。"——原来人到了死处,谁肯认死,只得与他放赖。公主道:"郎君且息怒,我和你去问他一声。果然有书,就打死了,我也甘心;假若无书,却不枉杀了奴奴也?"那怪闻言,不容分说,轮开一只簸箕大小的蓝靛手,抓住那金枝玉叶的发万根,把公主揪上前,摔在地下,执着钢刀,却来审沙僧;咄的一声道:"沙和尚!你两个辄敢擅打上我们门来,可是这女子有书到他那国,国王教你们来的?"

沙僧已捆在那里,见妖精凶恶之甚,把公主掼倒在地,持刀要杀。他心中暗想道:"分明是他有书去。——救了我师父。此是莫大之恩。我若一口说出,他就把公主杀了,此却不是恩将仇报?罢!罢!罢!想老沙跟我师父一场,也没寸功报效;今日已此被缚,就将此性命与师父报了恩罢。"遂喝道:"那妖怪不要无礼!他有甚么书来,你这等枉他,要害他性命!我们来此问你要公主,有个缘故。只因你把我师父捉在洞中,我师父曾看见公主的模样动静。及至宝象国,倒换关文,那皇帝将公主画影图形,前后访问。因将公主的形影,问我师父沿途可曾看见,我师父遂将公主说起,他故知是他儿女,赐了我等御酒,教我们来拿你,要他公主还宫。此情是实,何尝有甚书信?你要杀就杀了我老沙,不可枉害平人,大亏天理!"

那妖见沙僧说得雄壮,遂丢了刀,双手抱起公主道:"是我一时粗卤,多有冲撞,莫怪莫怪。"遂与他挽了青丝,扶上宝髻,软款温柔,怡颜悦色,撮哄着他进去了。又请上坐陪礼,那公主是妇人家水性,见他错敬,遂回心转意道:"郎君啊,你若念夫妇的恩爱,可把那沙僧的绳子略放松些儿。"老妖闻言,即命小的们把沙僧解了绳子,

批注

锁在那里。沙僧见解缚锁住，立起来，心中暗喜道："古人云：'与人方便，自己方便。'我若不方便了他，他怎肯教把我松放松放？"

那老妖又教安排酒席，与公主陪礼压惊。吃酒到半酣，老妖忽的又换了一件鲜明的衣服，取了一口宝刀，佩在腰里。转过手，摸着公主道："浑家，你且在家吃酒，看着两个孩儿，不要放了沙和尚。趁那唐僧在那国里，我也赶早儿去认认亲也。"公主道："你认甚亲？"老妖道："认你父王。我是他驸马，他是我丈人，怎么不去认认？"公主道："你去不得。"老妖道："怎么去不得？"公主道："我父王不是马挣力战的江山，他本是祖宗遗留的社稷。自幼儿是太子登基，城门也不曾远出，没有见你这等凶汉。你这嘴脸相貌，生得这等丑陋，若见了他，恐怕吓了他，反为不美；却不如不去认的还好。"老妖道："既如此说，我变个俊的儿去便罢。"公主道："你试变来我看看。"

好怪物，他在那酒席间，摇身一变，就变做一个俊俏之人。真个生得：

> 形容典雅，体段峥嵘。言语多官样，行藏正妙龄。才如子建成诗易，貌似潘安掷果轻。头上戴一顶鹊尾冠，乌云敛伏；身上穿一件玉罗褶，广袖飘迎。足下乌靴花摺，腰间鸾带光明。丰神真是奇男子，笔墨轩昂美俊英。

公主见了，十分欢喜。那妖笑道："浑家，可是变得好么？"公主道："变得好！变得好！你这一进朝啊，我父王是亲不灭，一定着文武多官留你饮宴。倘吃酒中间，千千仔细，万万个小心，却莫要现出原嘴脸来，露出马脚，走了风讯，就不斯文了。"老妖道："不消吩咐，自有道理。"

第三十回 邪魔侵正法 意马忆心猿

你看他纵云头,早到了宝象国。按落云光,行至朝门之外。对阁门大使道:"三驸马特来见驾,乞为转奏转奏。"那黄门奏事官来至白玉阶前,奏道:"万岁,有三驸马来见驾,现在朝门外听宣。"那国王正与唐僧叙话,忽听得三驸马,便问多官道:"寡人只有两个驸马,怎么又有个三驸马?"多官道:"三驸马,必定是妖怪来了。"国王道:"可好宣他进来?"那长老心惊道:"陛下,妖精啊,不精者不灵。他能知过去未来,他能腾云驾雾,宣他也进来,不宣他也进来,倒不如宣他进来,还省些口面。"

国王准奏,叫宣,把怪宣至金阶,他一般的也舞蹈山呼的行礼。多官见他生得俊丽,也不敢认他是妖精,他都是些肉眼凡胎,却当做好人。那国王见他耸壑昂霄,以为济世之梁栋。便问他:"驸马,你家在那里居住?是何方人氏?几时得我公主配合?怎么今日才来认亲?"那老妖叩头道:"主公,臣是城东碗子山波月庄人家。"国王道:"你那山离此处多远?"老妖道:"不远,只有三百里。"国王道:"三百里路,我公主如何得到那里,与你匹配?"那妖精巧语花言,虚情假意的答道:"主公,微臣自幼儿好习弓马,采猎为生。那十三年前,带领家童数十,放鹰逐犬,忽见一只斑斓猛虎,身驮着一个女子,往山坡下走。是微臣兜弓一箭,射倒猛虎,将女子带上本庄,把温水温汤灌醒,救了他性命。因问他是那里人家,他更不曾题'公主'二字。早说是万岁的三公主,怎敢欺心,擅自配合?当得进上金殿,大小讨一个官职荣身。只因他说是民家之女,才被微臣留在庄所。女貌郎才,两相情愿,故配合至此多年。当时配合之后,欲将那虎宰了,邀请诸亲,却是公主娘娘教且莫杀。其不杀之故,有几句言词,道得甚好，说道：

> 托天托地成夫妇，无媒无证配婚姻。
> 前世赤绳曾系足，今将老虎做媒人。

臣因此言，故将虎解了索子，饶了他性命。那虎带着箭伤，跑蹄剪尾而去。不知他得了性命，在那山中，修了这几年，炼体成精，专一迷人害人。臣闻得昔年也有几次取经的，都说是大唐来的唐僧；想是这虎害了唐僧，得了他文引，变作那取经的模样，今在朝中哄骗主公。主公啊，那绣墩上坐的，正是那十三年前驮公主的猛虎，不是真正取经之人！"

你看那水性的君王，愚迷肉眼，不识妖精，转把他一片虚词，当了真实。道："贤驸马，你怎的认得这和尚是驮公主的老虎？"那妖道："主公，臣在山中，吃的是老虎，穿的也是老虎，与他同眠同起，怎么不认得？"国王道："你既认得，可教他现出本相来看。"怪物道："借半盏净水，臣就教他现了本相。"国王命官取水，递与驸马。那怪接水在手，纵起身来，走上前，使个"黑眼定身法"。念了咒语，将一口水望唐僧喷去，叫声"变！"那长老的真身，隐在殿上，真个变作一只斑斓猛虎。此时君臣同眼观看，那只虎生得：

> 白额圆头，花身电目。四只蹄，挺直峥嵘；二十爪，钩弯锋利。锯牙包口，尖耳连眉。狞狞壮若大猫形，猛烈雄如黄犊样。刚须直直插银条，刺舌骈骈喷恶气。果然是只猛斑斓，阵阵威风吹宝殿。

国王一见，魄散魂飞。唬得那多官尽皆躲避。有几个大胆的武将，领着将军、校尉一拥上前，使各项兵器乱砍。这一番，不是唐僧该有命不死，就是二十个僧人，也

第三十回 邪魔侵正法 意马忆心猿

打为肉酱。此时幸有丁甲、揭谛、功曹、护教诸神，暗在半空中护佑，所以那些人，兵器皆不能打伤。众臣嚷到天晚，才把那虎活活的捉了，用铁绳锁了，放在铁笼里；收于朝房之内。

那国王却传旨，教光禄寺大排筵宴，谢驸马救拔之恩。不然，险被那和尚害了。当晚众臣朝散，那妖魔进了银安殿。又选十八个宫娥彩女，吹弹歌舞，劝妖魔饮酒作乐。那怪物独坐上席，左右排列的，都是那艳质娇姿。你看他受用。饮酒至二更时分，醉将上来，忍不住胡为。跳起身大笑一声，现了本相。陡发凶心，伸开簸箕大手，把一个弹琵琶的女子，抓将过来，挖咋的把头咬了一口。吓得那十七个宫娥，没命的前后乱跑乱藏。你看那：

> 宫娥悚惧，彩女忙惊。宫娥悚惧，一似雨打芙蓉笼夜雨；彩女忙惊，就如风吹芍药舞春风。摔碎琵琶顾命，跌伤琴瑟逃生。出门那分南北，离殿不管西东。磕损玉面，撞破娇容。人人逃命走，各各奔残生。

那些人出去，又不敢吆喝，夜深了，又不敢惊驾。都躲在那短墙檐下，战战兢兢不题。

却说那怪物坐在上面，自斟自酌。喝一盏，扳过人来，血淋淋的啃上两口。他在里面受用，外面人尽传道："唐僧是个虎精！"乱传乱嚷，嚷到金亭馆驿。此时驿里无人，止有白马在槽上吃草吃料。他本是西海小龙王，因犯天条，锯角退鳞，变白马，驮唐僧往西方取经，忽闻人讲唐僧是个虎精，他也心中暗想道："我师父分明是个好人，必然被怪把他变做虎精，害了师父。怎的好！怎的好？大师兄去得久了；八戒、沙僧，又无音信！"他只捱

197

> 批注

到二更时分，万籁无声，却才跳将起来道："我今若不救唐僧，这功果休矣！休矣！"他忍不住，顿绝缰绳，抖松鞍辔，急纵身，忙显化，依然化作龙。驾起乌云，直上九霄空里观看。有诗为证。诗曰：

　　三藏西来拜世尊，途中偏有恶妖氛。
　　今宵化虎灾难脱，白马垂缰救主人。

小龙王在半空里，只见银安殿内，灯烛辉煌。原来那八个满堂红上，点着八根蜡烛。低下云头，仔细看处，那妖魔独自个在上面，逼法的饮酒吃人肉哩。小龙笑道："这厮不济！走了马脚，识破风讯，蹦匾秤铊了。吃人可是个长进的！却不知我师父下落何如，倒遇着这个泼怪。且等我去戏他一戏。若得手，拿住妖精再救师父不迟。"

好龙王，他就摇身一变，也变做个宫娥。真个身体轻盈，仪容娇媚。忙移步走入里面，对妖魔道声万福："驸马啊，你莫伤我性命，我来替你把盏。"那妖道："斟酒来。"小龙接过壶来，将酒斟在他盏中，酒比钟高出三五分来，更不漫出。这是小龙使的"逼水法"。那怪见了不识，心中喜道："你有这般手段！"小龙道："还斟得有几分高哩。"那怪道："再斟上！再斟上！"他举着壶，只情斟，那酒只情高，就如十三层宝塔一般，尖尖满满，更不漫出些须。那怪物伸过嘴来，吃了一钟；扳着死人，吃了一口。道："会唱么？"小龙道："也略晓得些儿。"依腔韵唱了一个小曲，又奉了一钟。那怪道："你会舞么？"小龙道："也略晓得些儿；但只是素手，舞得不好看。"那怪揭起衣服，解下腰间所佩宝剑，掣出鞘来，递与小龙。小龙接了刀，就留心，在那酒席前，上三下四，左五右六，丢开了花刀法。

第三十回 邪魔侵正法 意马忆心猿

那怪看得眼咤，小龙丢了花字，望妖精劈一刀来。好怪物，侧身躲过，慌了手脚，举起一根满堂红，架住宝刀。那满堂红原是熟铁打造的，连柄有八九十斤。两个出了银安殿，小龙现了本相，却驾起云头，与那妖魔在那半空中相杀。这一场，黑地里好杀！怎见得：

> 那一个是碗子山生成的怪物，这一个是西洋海罚下的真龙。一个放毫光，如喷白电；一个生锐气，如迸红云。一个好似白牙老象走人间，一个就如金爪狸猫飞下界。一个是擎天玉柱，一个是架海金梁。银龙飞舞，黄鬼翻腾。左右宝刀无怠慢，往来不歇满堂红。

他两个在云端里，战毂八九回合，小龙的手软筋麻，老魔的身强力壮。小龙抵敌不住，飞起刀去，砍那妖怪，妖怪有接刀之法，一只手接了宝刀，一只手抛下满堂红便打，小龙措手不及，被他把后腿上着了一下。急慌慌按落云头，多亏了御水河救了性命。小龙一头钻下水去，那妖魔赶来寻他不见，执了宝刀，拿了满堂红，回上银安殿，照旧吃酒睡觉不题。

却说那小龙潜于水底，半个时辰听不见声息，方才咬着牙，忍着腿疼跳将起去，踏着乌云，径转馆驿。还变作依旧马匹，伏于槽下。可怜浑身是水，腿有伤痕。那时节：

> 意马心猿都失散，金公木母尽凋零。
> 黄婆伤损通分别，道义消疏怎得成！

且不言三藏逢灾，小龙败战。却说那猪八戒，从离了沙僧，一头藏在草科里，拱了一个猪浑塘。这一觉，直睡到半夜时候才醒。醒来时，又不知是甚么去处，摸摸眼，

批注

定了神思，侧耳才听，噫！正是那山深无犬吠，野旷少鸡鸣。他见那星移斗转，约莫有三更时分，心中想道："我要回救沙僧，诚然是'单丝不线，孤掌难鸣。'……罢！罢！罢！我且进城去见了师父，奏准当今，再选些骁勇人马，助着老猪明日来救沙僧罢。"

那呆子急纵云头，径回城里。半霎时，到了馆驿。此时人静月明。两廊下寻不见师父。只见白马睡在那厢，浑身水湿，后腿有盘子大小一点青痕。八戒失惊道："双晦气了！这亡人又不曾走路，怎么身上有汗，腿有青痕？想是歹人打劫师父，把马打坏了。"那白马认得是八戒，忽然口吐人言，叫声"师兄！"这呆子吓了一跌。扒起来，往外要走，被那马探探身，一口咬住皂衣，道："哥啊，你莫怕我。"八戒战兢兢的道："兄弟，你怎么今日说起话来了？你但说话，必有大不祥之事。"小龙道："你知师父有难么？"八戒道："我不知。"小龙道："你是不知！你与沙僧在皇帝面前弄了本事，思量拿倒妖魔，请功求赏，不想妖魔本领大，你们手段不济，禁他不过。好道着一个回来，说个信息是，却更不闻音。那妖精变做一个俊俏文人，撞入朝中，与皇帝认了亲眷。把我师父变作一个斑斓猛虎，见被众臣捉住，锁在朝房铁笼里面。我听得这般苦恼，心如刀割。你两日又不在不知，恐一时伤了性命。只得化龙身去救，不期到朝里，又寻不见师父。及到银安殿外，遇见妖精，我又变做个宫娥模样，哄那怪物。那怪叫我舞刀他看，遂尔留心，砍他一刀，早被他闪过，双手举个满堂红，把我战败。我又飞刀砍去，他又把刀接了，摔下满堂红，把我后腿上着了一下；故此钻在御水河，逃得性命。腿上青是他满堂红打的。"

八戒闻言道:"真个有这样事?"小龙道:"莫成我哄你了!"八戒道:"怎的好!怎的好!你可挣得动么?"小龙道:"我挣得动便怎的?"八戒道:"你挣得动,便挣下海去罢。把行李等老猪挑去高老庄上,回炉做女婿去呀。"小龙闻说,一口咬住他直裰子,那里肯放。止不住眼中滴泪道:"师兄啊!你千万休生懒惰!"八戒道:"不懒惰便怎么?沙兄弟已被他拿住,我是战不过他,不趁此散火,还等甚么?"

小龙沉吟半晌,又滴泪道:"师兄啊,莫说散火的话。若要救得师父,你只去请个人来。"八戒道:"教我请谁么?"小龙道:"你趁早儿驾云回上花果山,请大师兄孙行者来。他还有降妖的大法力,管寻救了师父,也与你我报得这败阵之仇。"八戒道:"兄弟,另请一个儿便罢了。那猴子与我有些不睦。前者在白虎岭上,打杀了那白骨夫人,他怪我撺掇师父念《紧箍儿咒》。我也只当耍子,不想那老和尚当真的念起来,就把他赶逐回去。他不知怎么样的恼我。他也决不肯来。倘或言语上,略不相对,他那哭丧棒又重,假若不知高低,捞上几下,我怎的活得成么?"小龙道:"他决不打你。他是个有仁有义的猴王。你见了他,且莫说师父有难,只说:'师父想你哩。'把他哄将来,到此处,见这样个情节,他必然不忿,断乎要与那妖精比并,管情拿得那妖精,救得我师父。"八戒道:"也罢,也罢。你倒这等尽心,我若不去,显得我不尽心了。我这一去,果然行者肯来,我就与他一路来了;他若不来,你却也不要望我,我也不来了。"小龙道:"你去,你去;管情他来也。"

真个呆子收拾了钉钯,整束了直裰,跳将起去,踏

批注

　　着云，径往东来。这一回，也是唐僧有命。那呆子正遇顺风，撑起两个耳朵，好便似风篷一般，早过了东洋大海，按落云头。不觉的太阳星上，他却入山寻路。

　　正行之际，忽闻得有人言语。八戒仔细看时，看来是行者在山凹里，聚集群妖。他坐在一块石头崖上，面前有一千二百多猴子，分序排班，口称"万岁！大圣爷爷！"八戒道："且是好受用！且是好受用！怪道他不肯做和尚，只要来家哩！原来有这些好处，许大的家业，又有这多的小猴伏侍！若是老猪有这一座山场，也不做甚么和尚了。如今既到这里，却怎么好？必定要见他一见是。"那呆子有些怕他，又不敢明明的见他；却往草崖边，溜阿溜的，溜在那一千二三百猴子当中挤着，也跟那些猴子磕头。

　　不知孙大圣坐得高，眼又乖滑，看得他明白。便问："那班部中乱拜的是个夷人，是那里来的？拿上来！"说不了，那些小猴一窝蜂把个八戒推将上来，按倒在地。行者道："你是那里来的夷人？"八戒低着头道："不敢，承问了；不是夷人，是熟人，熟人。"行者道："我这大圣部下的群猴，都是一般模样。你这嘴脸生得各样，相貌有些雷堆，定是别处来的妖魔。既是别处来的，若要投我部下，先来递个脚色手本，报了名字，我好留你在这随班点扎。若不留你，你敢在这里乱拜！"八戒低着头，拱着嘴道："不羞！就拿出这副嘴脸来了！我和你兄弟也做了几年，又推认不得，说是甚么夷人！"行者笑道："抬起头来我看。"那呆子把嘴往上一伸道："你看么！你认不得我，好道认得嘴耶！"行者忍不住笑道："猪八戒。"他听见一声叫，就一毂辘跳将起来道："正是！正是！我是猪八戒！"他又思量道："认得就好说话了。"

第三十一回 邪魔侵正法 意马忆心猿

行者道:"你不跟唐僧取经去,却来这里怎的?想是你冲撞了师父,师父也贬你回来了?有甚贬书,拿来我看。"八戒道:"不曾冲撞他,他也没甚么贬书,也不曾赶我。"行者道:"既无贬书,又不曾赶你,你来我这里怎的?"八戒道:"师父想你,着我来请你的。"行者道:"他也不请我,他也不想我。他那日对天发誓,亲笔写了贬书,怎么又肯想我,又肯着你远来请我?我断然也是不好去的。"八戒就地扯个谎,忙道:"委实想你!委是想你!"行者道:"他怎的想我来?"八戒道:"师父在马上正行,叫声'徒弟',我不曾听见,沙僧又推耳聋;师父就想起你来,说我们不济,说你还是个聪明伶俐之人,常时声叫声应,问一答十。因这般想你,专专教我来请你的。万望你去走走,一则不孤他仰望之心,二来也不负我远来之意。"行者闻言,跳下崖来,用手挽住八戒道:"贤弟,累你远来,且和我耍耍儿去。"八戒道:"哥啊,这个所在路远,恐师父盼望去迟,我不耍子了。"行者道:"你也是到此一场,看看我的山景何如。"那呆子不敢苦辞,只得随他走走。

二人携手相搀,概众小妖随后,上那花果山极巅之处。好山!自是那大圣回家,这几日,收拾得复旧如新。但见那:

青如削翠,高似摩云。周围有虎踞龙蟠,四面多猿啼鹤唳。朝出云封山顶,暮观日挂林间。流水潺潺鸣玉佩,涧泉滴滴奏瑶琴。山前有崖峰峭壁,山后有花木秾华。上连玉女洗头盆,下接天河分派水。乾坤结秀赛蓬莱,清浊育成真洞府。丹青妙笔画时难,仙子天机描不就。玲珑怪石石玲珑,玲珑结彩岭头峰。日影动千条紫艳,瑞气摇万道红霞。洞天福地人间

批注

有,遍山新树与新花。

八戒观之不尽,满心欢喜道:"哥啊,好去处!果然是天下第一名山!"行者道:"贤弟,可过得日子么?"八戒笑道:"你看师兄说的话。宝山乃洞天福地之处,怎么说度日之言也?"二人谈笑多时,下了山。只见路旁有几个小猴,捧着紫巍巍的葡萄,香喷喷的梨枣,黄森森的枇杷,红艳艳的杨梅,跪在路旁,叫道:"大圣爷爷,请进早膳。"行者笑道:"我猪弟食肠大,却不是以果子作膳的。——也罢,也罢,莫嫌菲薄,将就吃个儿当点心罢。"八戒道:"我虽食肠大,却也随乡入乡是。拿来,拿来,我也吃几个儿尝新。"

二人吃了果子,渐渐日高。那呆子恐怕误了救唐僧,只管催促道:"哥哥,师父在那里盼望我和你哩。望你和我早早儿去罢。"行者道:"贤弟,请你往水帘洞里去耍耍。"八戒坚辞道:"多感老兄盛意。奈何师父久等,不劳进洞罢。"行者道:"既如此,不敢久留,请就此处奉别。"八戒道:"哥哥,你不去了?"行者道:"我往哪里去?我这里,天不收,地不管,自由自在,不耍子儿,做甚么和尚?我是不去,你自去罢。但上复唐僧:既赶退了,再莫想我。"呆子闻言,不敢苦逼,只恐逼发他性子,一时打上两棍。无奈,只得唶唶告辞,找路而去。

行者见他去了,即差两个溜撒的小猴,跟着八戒,听他说些甚么。真个那呆子下了山,不上三四里路,回头指着行者,口里骂道:"这个猴子,不做和尚,倒做妖怪!这个猢狲,我好意来请他,他却不去!——你不去便罢!"走几步,又骂几声。那两个小猴,急跑回来报道:"大圣爷爷,那猪八戒不大老实,他走走儿,骂几声。"行者大怒,叫："拿将来！"那众猴满地飞来赶上，把个八戒，扛翻倒了，抓鬃扯耳，拉尾揪毛，捉将回去。毕竟不知怎么处治，性命死活若何，且听下回分解。

名家鉴赏台

1. 西游点心

读完《西游记》第三十回，小艾同学问道："这回故事里的黄袍老怪本事可是不小，它又是什么来历呢？"

答：其实，黄袍怪居住在碗子山波月洞，原是天上二十八宿的奎星，也就是奎木狼。他因在天界时与披香殿侍香的玉女有情，"恐点污了天宫胜境"，思凡下界占山为怪，不负前期，摄来托生为宝象国公主百花羞的玉女，与其做了十三年的夫妻，并生下一儿一女。唐僧师徒去西天取经，路过碗子山，因孙悟空在前路被唐僧赶走，八戒与沙僧两人合力仍难敌黄袍怪，师徒三人被捉进波月洞。唐僧被百花羞公主暗地放走，却在宝象国被黄袍怪变成猛虎。八戒寻回孙悟空，打跑了黄袍怪。玉帝令四天师查勘，方知是奎星下凡，遂命二十七宿星员收他上界，贬其去兜率宫为太上老君烧火；有功复职，无功便罪加一等。

后在西天取经路上，奎木狼官复原职，与孙悟空不计前嫌，大战小雷音寺、四星捉犀牛怪。

2. 名家说话

总批：

唐僧化虎，白马变龙，都是文心极灵妙，文笔极奇幻处。做举子业的秀才，如何有此？有此，亦为龙虎矣。

或戏曰："变老虎，是和尚家衣钵，有甚奇处？"为之绝倒。

——李卓吾

这一回，作者着重描写了沙僧和白龙马。在黄袍怪对质沙僧的部分，沙僧的表现可圈可点。老实人"撒谎"的本事也不差。这个"谎"凸显沙僧的君子侠义行为，令人钦佩。

至于小白龙变宫娥行刺黄袍怪这一情节就更是让人感叹小白龙的机智勇敢！

绝妙好辞笺

1. 原作指摘

遂喝道："那妖怪不要无礼！他有甚么书来，你这等枉他，要害他性命！我们来此问你要公主，有个缘故。只因你把我师父捉在洞中，我师父曾看见公主的模样动静。及至宝象国，倒换关文，那皇帝将公主画影图形，前后访问。因将公主的形影，问我师父沿途可曾看见，我师父遂将公主说起，他故知是他儿女，赐了我等御酒，教我们来拿你，要他公主还宫。此情是实，何尝有甚书信？你要杀就杀了我老沙，不可枉害平人，大亏天理！"

2. 演练改写

请认真阅读"原作指摘"，写出沙僧的心理活动：

西游竞技场

1. 本回批注实例

① 其不杀之故，有几句言词，道得甚好，说道：

　　托天托地成夫妇，无媒无证配婚姻。

　　前世赤绳曾系足，今将老虎做媒人。

笔幻如此，奇矣。

——李卓吾

② 主公啊，那绣墩上坐的，正是那十三年前驮公主的猛虎，不是真正取经之人！

老妖也是一个老虎。

——李卓吾

2. 本回批注演练（可在原文处靠右夹批，也可以在下面演练批注）

实践活动园

1. 西游人物画

在下面给《西游记》第三十回中的白龙马画像。

2. 白龙很忠义

两个出了银安殿，小龙现了本相，却驾起云头，与那妖魔在那半空中相杀。这一场，黑地里好杀！怎见得：

那一个是碗子山生成的怪物，这一个是西洋海罚下的真龙。一个放毫光，如喷白电；一个生锐气，如迸红云。一个好似白牙老象走人间，一个就如金爪狸猫飞下界。一个是擎天玉柱，一个是架海金梁。银龙飞舞，黄鬼翻腾。左右宝刀无怠慢，往来不歇满堂红。

联系选文，请换一种方式来描写白龙和黄袍怪厮杀的场景。

3. 人物微点评

① 微点评列举：

好怪物，他在那酒席间，摇身一变，就变做一个俊俏之人。真个生得：

形容典雅，体段峥嵘。言语多官样，行藏正妙龄。才如子建成诗易，貌似潘安掷果轻。头上戴一顶鹊尾冠，乌云敛伏；身上穿一件玉罗褶，广袖飘迎。足下乌靴花摺，腰间鸾带光明。丰神真是奇男子，笔鏊轩昂美俊英。

② 请你细读本回目中对黄袍怪形象的描写，用三言两语来评点他这个人物：

第四十回

婴儿戏化禅心乱　猿马刀归木母空

却说那孙大圣，兄弟三人，按下云头，径至朝内。只见那君臣储后，几班儿拜接谢恩。行者将菩萨降魔收怪的那一节，陈诉与他君臣听了，一个个顶礼不尽。正都在贺喜之间，又听得黄门官来奏："主公，外面又有四个和尚来也。"八戒慌了道："哥哥，莫是妖精弄法，假捏文殊菩萨，哄了我等，却又变作和尚，来与我们斗智哩？"行者道："岂有此理！"即命宣进来看。

众文武传令，着他进来。行者看时，原来是那宝林寺僧人，捧着那冲天冠、碧玉带、赭黄袍、无忧履进得来也。行者大喜道："来得好！来得好！"且教道人过来，摘下包巾，戴上冲天冠；脱了布衣，穿上赭黄袍；解了绦子，系上碧玉带；褪了僧鞋，登上无忧履；教太子拿出白玉珪来，与他执在手里，早请上殿称孤。正是自古道："朝廷不可一日无君。"那皇帝那里肯坐，哭啼啼，跪在阶心道："我已死三年，今蒙师父救我回生，怎么又敢妄自称尊；请那一位师父为君，我情愿领妻子城外为民足矣。"那三藏那里肯受，一心只是要拜佛求经。又请行者，行者笑道："不瞒列位说。老孙若肯做皇帝，天下万国九州皇

批注

批注

帝，都做遍了。只是我们做惯了和尚，是这般懒散。若做了皇帝，就要留头长发，黄昏不睡，五鼓不眠；听有边报，心神不安；见有灾荒，忧愁无奈。我们怎么弄得惯？你还做你的皇帝，我还做我的和尚，修功行去也。"那国王苦让不过，只得上了宝殿，南面称孤，大赦天下，封赠了宝林寺僧人回去。却才开东阁，筵宴唐僧。一壁厢传旨宣召丹青，写下唐师徒四位喜容，供养在金銮殿上。

那师徒们安了邦国，不肯久停，欲辞王驾投西。那皇帝与三宫妃后、太子诸臣，将镇国的宝贝，金银缎帛，献与师父酬恩。那三藏分毫不受，只是倒换关文，催悟空等背马早行。那国王甚不过意，摆整朝銮驾请唐僧上坐，着两班文武引导，他与三宫妃后并太子一家儿，捧毂推轮，送出城廓，却才下龙辇，与众相别。国王道："师父啊，到西天经回之日，是必还到寡人界内一顾。"三藏道："弟子领命。"那皇帝阁泪汪汪，遂与众臣回去了。

那唐僧一行四僧，上了羊肠大路，一心里专拜灵山。正值秋尽冬初时节，但见：

霜凋红叶林林瘦，雨熟黄粱处处盈。
日暖岭梅开晓色，风摇山竹动寒声。

师徒们离了乌鸡国，夜住晓行，将半月有余。忽又见一座高山，真个是摩天碍日。三藏马上心惊，急兜缰忙呼行者。行者道："师父有何吩咐？"三藏道："你看前面又有大山峻岭，须要仔细堤防，恐一时又有邪物来侵我也。"行者笑道："只管走路，莫再多心。老孙自有防护。"那长老只得宽怀，加鞭策马，奔至山岩，果然也十分险峻。但见得：

高不高，顶上接青霄；深不深，涧中如地府。山前常见骨都都白云，扢腾腾黑雾。红梅翠竹，绿柏青

210

第四十回　婴儿戏化禅心乱　猿马刀归木母空

松。山后有千万丈挟魂灵台，台后有古古怪怪藏魔洞。洞中有叮叮当当滴水泉，泉下更有弯弯曲曲流水涧。又见那跳天搠地献果猿，丫丫叉叉带角鹿，呢呢痴痴看人獐。至晚巴山寻穴虎，待晓翻波出水龙。登得洞门唿喇的响，惊得飞禽扑鲁的起，看那林中走兽鞠律律的行。见此一伙禽和兽，吓得人心挖磴磴惊。堂倒洞堂堂倒洞，洞当当倒洞当仙。青石染成千块玉，碧纱笼罩万堆烟。

　　师徒们正当悚惧，又只见那山凹里有一朵红云，直冒到九霄空内，结聚了一团火气。行者大惊，走近前，把唐僧挡着脚，推下马来，叫："兄弟们，不要走了，妖怪来矣。"慌得个八戒急掣钉钯，沙僧忙轮宝杖，把唐僧围护在当中。

　　话分两头。却说红光里，真是个妖精。他数年前，闻得人讲："东土唐僧往西天取经，乃是金蝉长老转生，十世修行的好人。有人吃他一块肉，延生长寿，与天地同休。"他朝朝在山间等候，不期今日到了。他在那半空里，正然观看，只见三个徒弟，把唐僧围护在马上，各各准备。这精灵夸赞不尽道："好和尚！我才看着一个白面胖和尚骑了马，真是那唐朝圣僧，却怎么被三个丑和尚护持住了！一个个伸拳敛袖，各执兵器，似乎要与人打的一般。——噫！不知是那个有眼力的，想应认得我了。似此模样，莫想得那唐僧的肉吃。"沉吟半晌，以心问心的自家商量道："若要倚势而擒，莫能得近；或者以善迷他，却到得手。但哄得他心迷惑，待我在善内生机，断然拿了。且下去戏他一戏。"

　　好妖怪，即散红光，按云头落下。去那山坡里，摇身一变，变作七岁顽童，赤条条的，身上无衣，将麻绳捆了手足，高吊在那松树梢头，口口声声，只叫"救人！救人！"

却说那孙大圣忽抬头再看处，只见那红云散尽，火气全无。便叫："师父，请上马走路。"唐僧道："你说妖怪来了，怎么又敢走路？"行者道："我才然间，见一朵红云从地而起，到空中结做一团火气，断然是妖精。这一会红云散了，想是个过路的妖精，不敢伤人。我们去耶！"八戒笑道："师兄说话最巧，妖精又有个甚么过路的？"行者道："你那里知道。若是那山那洞的魔王设宴，邀请那诸山各洞之精赴会，却就有东南西北四路的精灵都来赴会；故此他只有心赴会，无意伤人。此乃过路之妖精也。"

三藏闻言，也似信不信的，只得攀鞍在马，顺路奔山前进。正行时，只听得叫声"救人！"长老大惊道："徒弟呀，这半山中，是那里甚么人叫？"行者上前道："师父只管走路，莫缠甚么'人轿'、'骡轿'、'明轿'、'睡轿'。这所在，就有轿，也没个人抬你。"唐僧道："不是扛抬之轿，乃是叫唤之叫。"行者笑道："我晓得，莫管闲事，且走路。"

三藏依言，策马又进。行不上一里之遥，又听得叫声"救人！"长老道："徒弟，这个叫声，不是鬼魅妖邪；若是鬼魅妖邪，但有出声，无有回声。你听他叫一声，又叫一声，想必是个有难之人。我们可去救他一救。"行者道："师父，今日且把这慈悲心略收起收起，待过了此山，再发慈悲罢。这去处凶多吉少。你知道那倚草附木之说，是物可以成精。诸般还可，只有一般蟒蛇，但修得年远日深，成了精魅，善能知人小名儿。他若在草科里，或山凹中，叫人一声，人不答应还可；若答应一声，他就把人元神绰去，当夜跟来，断然伤人性命。且走！且走！古人云：'脱得去，谢神明。'切不可听他。"

第四十回　婴儿戏化禅心乱　猿马刀归木母空

　　长老只得依他，又加鞭催马而去。行者心中暗想："这泼怪不知在那里，只管叫阿叫的；等我老孙送他一个'卯酉星法'，教他两不见面。"好大圣，叫沙和尚前来："拢着马，慢慢走着，让老孙解解手。"你看他让唐僧先行几步，却念个咒语，使个移山缩地之法，把金箍棒往后一指，他师徒过此峰头，往前走了，却把那怪物撇下。他再拽开步，赶上唐僧，一路奔山。只见那三藏又听得那山背后叫声"救人！"长老道："徒弟呀，那有难的人，大没缘法，不曾得遇着我们。我们走过他了；你听他在山后叫哩。"八戒道："在便还在山前，只是如今风转了也。"行者道："管他甚么转风不转风，且走路。"因此，遂都无言语，恨不得一步跧过此山，不题话下。

　　却说那妖精在山坡里，连叫了三四声，更无人到。他心中思量道："我等唐僧在此，望见他离不上三里，却怎么这半晌还不到？……想是抄下路去了。"他抖一抖身躯，脱了绳索，又纵红光，上空再看。不觉孙大圣仰面回观，识得是妖怪，又把唐僧撮着脚推下马来道："兄弟们，仔细！仔细！那妖精又来也！"慌得那八戒、沙僧各持兵刀，将唐僧又围护在中间。

　　那精灵见了，在半空中称羡不已道："好和尚！我才见那白面和尚坐在马上，却怎么又被他三人藏了？这一去见面方知。先把那有眼力的弄倒了，方才捉得唐僧。不然啊，徒费心机难获物，枉劳情兴总成空。"却又按下云头，恰似前番变化，高吊在松树山头等候。这番却不上半里之地。

　　却说那孙大圣抬头再看，只见那红云又散，复请师父上马前行。三藏道："你说妖精又来，如何又请走路？"行者道："这还是个过路的妖精，不敢惹我们。"长老又怀怒

213

道："这个泼猴，十分弄我！正当有妖魔处，却说无事；似这般清平之所，却又恐吓我，不时的嚷道有甚妖精。虚多实少，不管轻重，将我挣着脚，摔下马来，如今却解说甚么过路的妖精。假若跌伤了我，却也过意不去！这等，这等！……"行者道："师父莫怪。若是跌伤了你的手足，却还好医治；若是被妖精捞了去，却何处跟寻？"三藏大怒，哏哏的，要念《紧箍儿咒》，却是沙僧苦劝，只得上马又行。

还未曾坐得稳，只听又叫"师父救人啊！"长老抬头看时，原来是个小孩童，赤条条的，吊在那树上，兜住缰，便骂行者道："这泼猴多大惫懒！全无有一些儿善良之意，心心只是要撒泼行凶哩！我那般说叫唤的是个人声，他就千言万语只嚷是妖怪！你看那树上吊的不是个人么？"大圣见师父怪下来了，却又觌面看见模样，一则做不得手脚，二来又怕念《紧箍儿咒》，低着头，再也不敢回言。让唐僧到了树下。那长老将鞭梢指着问道："你是那家孩儿？因有甚事，吊在此间？说与我，好救你。"——噫！分明他是个精灵，变化得这等，那师父却是个肉眼凡胎，不能相识。

那妖魔见他下问，越弄虚头，眼中噙泪，叫道："师父呀，山西去有一条枯松涧。涧那边有一庄村。我是那里人家。我祖公公姓红，只因广积金银，家私巨万，混名唤做红百万。年老归世已久，家产遗与我父。近来人事奢侈，家私渐废，改名唤做红十万，专一结交四路豪杰，将金银借放，希图利息。怎知那无籍之人，设骗了去啊，本利无归。我父发了洪誓，分文不借。那借金银人，身贫无计，结成凶党，明火执杖，白日杀上我门，将我财帛尽情劫掳，把我父亲杀了；见我母亲有些颜色，拐将去做甚么压

第四十回　婴儿戏化禅心乱　猿马刀归木母空

寨夫人。那时节，我母亲舍不得我，把我抱在怀里，哭哀哀，战兢兢，跟随贼寇；不期到此山中，又要杀我，多亏我母亲哀告，免教我刀下身亡，却将绳子吊我在树上，只教冻饿而死。那些贼将我母亲不知掠往那里去了。我在此已吊三日三夜，更没一个人来行走。不知那世里修积，今生得遇老师父，若肯舍大慈悲，救我一命回家，就典身卖命，也酬谢师恩。致使黄沙盖面，更不敢忘也。"

　　三藏闻言，认了真实，就教八戒解放绳索，救他下来。那呆子也不识人，便要上前动手。行者在旁，忍不住喝了一声道："那泼物！有认得你的在这里哩！莫要只管架空捣鬼，说谎哄人！你既家私被劫，父被贼伤，母被人掳，救你去交与谁人？你将何物与我作谢？这谎脱节了耶！"那怪闻言，心中害怕，就知大圣是个能人，暗将他放在心上；却又战战兢兢，滴泪而言曰："师父，虽然我父母空亡，家财尽绝，还有些田产未动，亲戚皆存。"行者道："你有甚么亲戚？"妖怪道："我外公家在山南，姑娘住居岭北。涧头李四，是我姨夫；林内红三，是我族伯。还有堂叔、堂兄都住在本庄左右。老师父若肯救我，到了庄上，见了诸亲，将老师父拯救之恩，一一对众言说，典卖些田产，重重酬谢也。"

　　八戒听说，扛住行者道："哥哥，这等一个小孩子家，你只管盘诘他怎的！他说得是，强盗只打劫他些浮财，莫成连房屋田产也劫得去？若与他亲戚们说了，我们纵有广大食肠，也吃不了他十亩田价。救他下来罢。"呆子只是想着吃食，那里管甚么好歹，使戒刀挑断绳索，放下怪来。那怪对唐僧马下，泪汪汪只情磕头。长老心慈，便叫："孩儿，你上马来，我带你去。"那怪道："师父啊，我

    ✋批注

215

批注

手脚都吊麻了，腰胯疼痛，一则是乡下人家，不惯骑马。"唐僧叫八戒驮着，那妖怪抹了一眼道："师父，我的皮肤都冻熟了，不敢要这位师父驮。他的嘴长耳大，脑后鬃硬，掮得我慌。"唐僧道："教沙和尚驮着。"那怪也抹了一眼道："师父，那些贼来打劫我家时，一个个都搽了花脸，带假胡子，拿刀弄杖的。我被他唬怕了，见这位晦气脸的师父，一发没了魂了，也不敢要他驮。"唐僧教孙行者驮着。行者呵呵笑道："我驮！我驮！"

那怪物暗自欢喜。顺顺当当的要行者驮他。行者把他扯在路旁边，试了一试，只好有三斤十来两重。行者笑道："你这个泼怪物，今日该死了；怎么在老孙面前捣鬼！我认得你是个'那话儿'呵。"妖怪道："师父，我是好人家儿女，不幸遭此大难，我怎么是个甚么'那话儿'？"行者道："你既是好人家儿女，怎么这等骨头轻？"妖怪道："我骨格儿小。"行者道："你今年几岁了？"那怪道："我七岁了。"行者笑道："一岁长一斤，也该七斤，你怎么不满四斤重么？"那怪道："我小时失乳。"行者说："也罢，我驮着你；若要尿尿把把，须和我说。"三藏才与八戒、沙僧前走，行者背着孩儿随后，一行径投西去。有诗为证。诗曰：

　　道德高隆魔障高，禅机本静静生妖。
　　心君正直行中道，木母痴顽蹦外趋。
　　意马不言怀爱欲，黄婆无语自忧焦。
　　客邪得志空欢喜，毕竟还从正处消。

孙大圣驮着妖魔，心中埋怨唐僧，不知艰苦，"行此险峻山场，空身也难走，却教老孙驮人。这厮莫说他是妖怪，就是好人，他没了父母，不知将他驮与何人，倒不如掼杀他罢。"那怪物却早知觉了。便就使个神通，往四下

第四十回　婴儿戏化禅心乱　猿马刀归木母空

里吸了四口气，吹在行者背上，便觉重有千斤。行者笑道："我儿啊，你弄重身法压我老爷哩！"那怪闻言，恐怕大圣伤他，却就解尸，出了元神，跳将起去，伫立在九霄空里。这行者背上越重了。猴王发怒，抓过他来，往那路旁边赖石头上滑辣的一掼，将尸骸掼得像个肉饼一般。还恐他又无礼，索性将四肢扯下，丢在路两边，俱粉碎了。

那物在空中，明明看着，忍不住心头火起道："这猴和尚，十分忿懒！就作我是个妖魔，要害你师父，却还不曾见怎么下手哩，你怎么就把我这等伤损！早是我有算计，出神走了。不然，是无故伤生也。若不趁此时拿了唐僧，再让一番，越教他停留长智。"好怪物，就在半空里弄了一阵旋风，呼的一声响喨，走石扬沙，诚然凶狠。好风：

淘淘怒卷水云腥，黑气腾腾闭日明。

岭树连根通拔尽，野梅带干悉皆平。

黄沙迷目人难走，怪石伤残路怎平。

滚滚团团平地暗，遍山禽兽发哮声。

刮得那三藏马上难存，八戒不敢仰视，沙僧低头掩面。孙大圣情知是怪物弄风，急纵步来赶时，那怪已骋风头，将唐僧摄去了，无踪无影，不知摄向何方，无处跟寻。

一时间，风声暂息，日色光明。行者上前观看，只见白龙马战兢兢发喊声嘶；行李担，丢在路下；八戒伏于崖下呻吟，沙僧蹲在坡前叫唤。行者喊："八戒！"那呆子听见是行者的声音，却抬头看时，狂风已静。爬起来，扯住行者道："哥哥，好大风啊！"沙僧却也上前道："哥哥，这是一阵旋风。"又问："师父在那里？"八戒道："风来得紧，我们都藏头遮眼，各自躲风，师父也伏在马上的。"行者道："如今却往那里去了？"沙僧道："是个灯草做的，想被一风卷去也。"

行者道:"兄弟们,我等自此就该散了!"八戒道:"正是,趁早散了,各寻头路,多少是好。那西天路无穷无尽,几时能到得!"沙僧闻言,打了一个失惊,浑身麻木道:"师兄,你都说的是那里话。我等因为前生有罪,感蒙观世音菩萨劝化,与我们摩顶受戒,改换法名,皈依佛果,情愿保护唐僧上西方拜佛求经,将功折罪。今日到此,一旦俱休,说出这等各寻头路的话来,可不违了菩萨的善果,坏了自己的德行,惹人耻笑,说我们有始无终也!"行者道:"兄弟,你说的也是。奈何师父不听人说。我老孙火眼金睛,认得好歹。才然这风,是那树上吊的孩儿弄的。我认得他是个妖精,你们不识,那师父也不识,认作是好人家儿女,教我驮着他走。是老孙算计要摆布他,他就弄个重身法压我。是我把他掼得粉碎,他想是又使解尸之法,弄阵旋风,把我师父摄去也。因此上怪他每每不听我说。故我意懒心灰,说各人散了。既是贤弟有此诚意,教老孙进退两难。——八戒,你端的要怎的处?"八戒道:"我才自失口乱说了几句,其实也不该散。哥哥,没及奈何,还信沙弟之言,去寻那妖怪救师父去。"行者却回嗔作喜道:"兄弟们,还要来结同心,收拾了行李、马匹,上山找寻怪物,搭救师父去。"

三个人附葛扳藤,寻坡转涧,行经有五七十里,却也没个音信。那山上飞禽走兽全无,老柏乔松常见。孙大圣着实心焦,将身一纵,跳上那巅险峰头,喝一声叫"变!"变作三头六臂,似那大闹天宫的本像。将金箍棒,幌一幌,变作三根金箍棒,劈哩扑辣的,往东打一路,往西打一路,两边不住的乱打。八戒见了道:"沙和尚,不好

第四十回　婴儿戏化禅心乱　猿马刀归木母空

了。师兄是寻不着师父，恼出气心风来了。"

那行者打了一会，打出一伙穷神来。都披一片，挂一片，裩无裆，裤无口的，跪在山前，叫："大圣，山神、土地来见。"行者道："怎么就有许多山神、土地？"众神叩头道："上告大圣，此山唤做'六百里钻头号山'。我等是十里一山神，十里一土地，共该三十名山神，三十名土地。昨日已此闻大圣来了，只因一时会不齐，故此接迟，致令大圣发怒。万望恕罪。"行者道："我且饶你罪名。我问你：这山上有多少妖精？"众神道："爷爷呀，只有得一个妖精，把我们头也摩光了；弄得我们少香没纸，血食全无，一个个衣不充身，食不充口，还吃得有多少妖精哩！"行者道："这妖精在山前住，是山后住？"众神道："他也不在山前山后。这山中有一条涧，叫做枯松涧，涧边有一座洞，叫做火云洞。那洞里有一个魔王，神通广大，常常的把我们山神、土地拿了去，烧火顶门，黑夜与他提铃喝号。小妖儿又讨甚么常例钱。"行者道："汝等乃是阴鬼之仙，有何钱钞？"众神道："正是没钱与他，只得捉几个山獐野鹿，早晚间打点群精；若是没物相送，就要来拆庙宇，剥衣裳，搅得我等不得安生！万望大圣与我等剿除此怪，拯救山上生灵。"行者道："你等既受他节制，常在他洞下，可知他是那里妖精，叫做甚么名字？"众神道："说起他来，或者大圣也知道。他是牛魔王的儿子，罗刹女养的。他曾在火焰山修行了三百年，炼成'三昧真火'，却也神通广大。牛魔王使他来镇守号山，乳名叫做红孩儿，号叫做圣婴大王。"

行者闻言，满心欢喜。喝退了土地、山神，却现了本像，跳下峰头，对八戒、沙僧道："兄弟们放心，再不须

批注

思念。师父决不伤生。妖精与老孙有亲。"八戒笑道："哥哥，莫要说谎。你在东胜神洲，他这里是西牛贺洲，路程遥远，隔着万水千山，海洋也有两道，怎的与你有亲？"行者道："刚才这伙人都是本境土地、山神。我问他妖怪的原因，他道是牛魔王的儿子，罗刹女养的，名字唤做红孩儿，号圣婴大王。想我老孙五百年前大闹天宫时，遍游天下名山，寻访大地豪杰，那牛魔王曾与老孙结七弟兄。一般五六个魔王，止有老孙生得小巧，故此把牛魔王称为大哥。这妖精是牛魔王的儿子，我与他父亲相识，若论将起来，还是他老叔哩。他怎敢害我师父？我们趁早去来。"沙和尚笑道："哥啊，常言道：'三年不上门，当亲也不亲'哩。你与他相别五六百年，又不曾往还杯酒，又没有个节礼相邀，他那里与你认甚么亲耶？"行者道："你怎么这等量人！常言道：'一叶浮萍归大海，为人何处不相逢！'纵然他不认亲，好道也不伤我师父。不望他相留酒席，必定也还我个囫囵唐僧。"三兄弟各办虔心，牵着白马，马上驮着行李，找大路一直前进。

　　无分昼夜，行了百十里远近，忽见一松林，林中有一条曲涧，涧下有碧澄澄的活水飞流，那涧梢头有一座石板桥，通着那厢洞府。行者道："兄弟，你看那壁厢有石崖磷磷，想必是妖精住处了。我等从众商议：那个管看守行李、马匹，那个肯跟我过去降妖。"八戒道："哥哥，老猪没甚坐性，我随你去罢。"行者道："好！好！"教沙僧："将马匹、行李俱潜在树林深处，小心守护，待我两个上门去寻师父耶。"那沙僧依命，八戒相随，与行者各持兵器前来。正是：未炼婴儿邪火胜，心猿木母共扶持。毕竟不知这一去吉凶何如，且听下回分解。

第四十回 婴儿戏化禅心乱 猿马刀归木母空

名家鉴赏台

1. 西游点心

读完《西游记》第四十回，小艾同学感叹道：这个红孩儿居然有三昧真火，他可是不简单哪！

答： 红孩儿是居住在号山枯松涧火云洞的妖怪，自称"圣婴大王"，在小说里是婴儿大小，是牛魔王和铁扇公主的儿子。在唐僧师徒四人取经途中将唐僧捉走，又和孙悟空大战，其三昧真火更是大败孙悟空，最后被观音菩萨以法力收服，成为菩萨身边的善财童子。

2. 名家说话

总批：

自古及今，无一人不受此孩儿之害。人试思之，此孩儿毕竟是何物？理会得着，方许他读《西游记》也。修行了三百年，还是一个孩儿。此子最藏年纪，极好去考童生，省得削须晒额。

——李卓吾

红孩儿这个妖怪，刻薄狠戾，阻挠取经，想吃唐僧肉不提，独霸一方，鱼肉土地山神的做法简直就是古代封建统治阶级统治盘剥百姓的真实再现。

同时，红孩儿的出现还为后续孙悟空三调芭蕉扇做了伏笔和铺垫。

绝妙好辞笺

1. 原作指摘

孙大圣驮着妖魔，心中埋怨唐僧，不知艰苦，"行此险峻山场，空身也难走，却教老孙驮人。这厮莫说他是妖怪，就是好人，他没了父母，不知将他驮与何人，倒不如掼杀他罢。"那怪物却早知觉了。便就使个神通，往四下里吸了四口气，吹在行者背上，便觉重有千斤。行者笑道：

"我儿啊,你弄重身法压我老爷哩!"那怪闻言,恐怕大圣伤他,却就解尸,出了元神,跳将起去,伫立在九霄空里。这行者背上越重了。猴王发怒,抓过他来,往那路旁边赖石头上滑辣的一掼,将尸骸掼得像个肉饼一般。还恐他又无礼,索性将四肢扯下,丢在路两边,俱粉碎了。

2. 演练改写

请认真阅读"原作指摘",描写孙悟空的心理活动:

西游竞技场

1. 本回批注实例

① 好怪物,就在半空里弄了一阵旋风,呼的一声响喨,走石扬沙,诚然凶狠。

这样小小年纪,已会弄风了。

——李卓吾

② "我祖公公姓红,只因广积金银,家私巨万,混名唤做红百万。年老归世已久,家产遗与我父。近来人事奢侈,家私渐废,改名唤做红十万。"

以十万百万而犹赤体,足见其为牛魔之子也。

——张书绅

③ 八戒道:"我才自失口乱说了几句,其实也不该散。"

随机应变,老呆绝妙。

——张书绅

④ 那行者打了一会,打出一伙穷神来,都披一片,挂一片,褪无

裆，裤无口的。

此是一伙穷鬼。

——张书绅

2. 本回批注演练（可在原文处靠右夹批，也可以在下面演练批注）

实践活动园

1. 西游人物煮

在下面给《西游记》第四十回中的红孩儿画像。

2. 圣婴很生气

好风：

淘淘怒卷水云腥，黑气腾腾闭日明。

岭树连根通拔尽，野梅带干悉皆平。

黄沙迷目人难走，怪石伤残路怎平。

滚滚团团平地暗，遍山禽兽发哮声。

刮得那三藏马上难存，八戒不敢仰视，沙僧低头掩面。孙大圣情知是怪物弄风，急纵步来赶时，那怪已骋风头，将唐僧摄去了，无踪无影，不知摄向何方，无处跟寻。

联系选文，请换一种方式来描写红孩儿起大风刮走唐僧的片段。

3. 人物微点评

① 微点评列举：

唐僧教孙行者驮着，行者呵呵笑道："我驮！我驮！"

那怪物暗自欢喜，顺顺当当的要行者驮他。行者把他扯在路旁边，试了一试，只好有三斤十来两重。行者笑道："你这个泼怪物，今日该死了；怎么在老孙面前捣鬼！我认得你是个'那话儿'呵。"妖怪道："师父，我是好人家儿女，不幸遭此大难，我怎么是个甚么'那话儿'？"行者道："你既是好人家儿女，怎么这等骨头轻？"妖怪道："我骨格儿小。"行者道："你今年几岁了？"那怪道："我七岁了。"行者笑道："一岁长一斤，也该七斤，你怎么不满四斤重么？"那怪道："我小时失乳。"行者说："也罢，我驮着你；若要尿尿把把，须和我说。"三藏才与八戒、沙僧前走，行者背着孩儿随后，一行径投西去。

② 请你细读本回目中对圣婴大王语言的描写，用三言两语来评点这个人物：

第四十六回

外道弄强欺正法　心猿显圣灭诸邪

话说那国王见孙行者有呼龙使圣之法，即将关文用了宝印，便要递与唐僧，放行西路。那三个道士，慌得拜倒在金銮殿上启奏。那皇帝即下龙位，御手忙搀道："国师今日行此大礼，何也？"道士说："陛下，我等至此，匡扶社稷，保国安民，苦历二十年来，今日这和尚弄法力，抓了丢去，败了我们声名，陛下以一场之雨，就恕杀人之罪，可不轻了我等也？望陛下且留住他的关文，让我兄弟与他再赌一赌，看是何如。"那国王着实昏乱，东说向东，西说向西，真个收了关文，道："国师，你怎么与他赌？"虎力大仙道："我与他赌坐禅。"国王道："国师差矣，那和尚乃禅教出身，必然先会禅机，才敢奉旨求经；你怎与他赌此？"大仙道："我这坐禅，比常不同：有一异名，教做'云梯显圣'。"国王道："何为'云梯显圣'？"大仙道："要一百张桌子，五十张作一禅台，一张一张迭将起去，不许手攀而上，亦不用梯凳而登，各驾一朵云头，上台坐下，约定几个时辰不动。"

国王见此有些难处，就便传旨问道："那和尚，我国师要与你赌'云梯显圣'坐禅，那个会么？"行者闻言，沉

批注

吟不答。八戒道:"哥哥,怎么不言语?"行者道:"兄弟,实不瞒你说。若是踢天弄井,搅海翻江,担山赶月,换斗移星,诸般巧事,我都干得;就是砍头剁脑,剖腹剜心,异样腾那,却也不怕;但说坐禅我就输了,我那里有这坐性?你就把我锁在铁柱子上,我也要上下爬蹭,莫想坐得住。"三藏忽的开言道:"我会坐禅。"行者欢喜道:"却好!却好!可坐得多少时?"三藏道:"我幼年遇方上禅僧讲道,那性命根本上,定性存神,在死生关里,也坐二三个年头。"行者道:"师父若坐二三年,我们就不取经罢;多也不上二三个时辰,就下来了。"三藏道:"徒弟呀,却是不能上去。"行者道:"你上前答应,我送你上去。"那长老果然合掌当胸道:"贫僧会坐禅。"国王教传旨,立禅台。国家有倒山之力,不消半个时辰,就设起两座台,在金銮殿左右。

那虎力大仙下殿,立于阶心,将身一纵,踏一朵席云,径上西边台上坐下。行者拔一根毫毛,变做假像,陪着八戒、沙僧,立于下面,他却作五色祥云,把唐僧摄起空中,径至东边台上坐下。他又敛祥光,变作一个蟭蟟虫,飞在八戒耳朵边道:"兄弟,仔细看着师父,再莫与老孙替身说话。"那呆子笑道:"理会得!理会得!"

却说那鹿力大仙在绣墩上坐看多时,他两个在高台上,不分胜负,这道士就助他师兄一功:将脑后短发,拔了一根,捻着一团,弹将上去,径至唐僧头上,变作一个大臭虫,咬住长老。那长老先前觉痒,然后觉疼。原来坐禅的不许动手,动手算输。一时间疼痛难禁,他缩着头,就着衣襟擦痒。八戒道:"不好了!师父羊儿风发了。"沙僧道:"不是,是头风发了。"行者听见道:"我师父乃志诚君子,他说会坐禅,断然会坐;说不会,只是不会。君子

第四十六回　外道弄强欺正法　心猿显圣灭诸邪

家，岂有谬乎？你两个休言，等我上去看看。"好行者，嘤的一声，飞在唐僧头上，只见有豆粒大小一个臭虫叮他师父。慌忙用手捻下，替师父挠挠摸摸。那长老不疼不痒，端坐上面。行者暗想道："和尚头光，虱子也安不得一个，如何有此臭虫？……想是那道士弄的玄虚，害我师父。——哈哈！枉自也不见输赢，等老孙去弄他一弄！"这行者飞将去，金殿兽头上落下，摇身一变，变作一条七寸长的蜈蚣，径来道士鼻凹里叮了一下。那道士坐不稳，一个筋斗，翻将下去，几乎丧了性命；幸亏大小官员人多救起。国王大惊，即着当驾太师领他往文华殿里梳洗去了。行者仍驾祥云，将师父驮下阶前，已是长老得胜。

那国王只教放行。鹿力大仙又奏道："陛下，我师兄原有暗风疾，因到了高处，冒了天风，旧疾举发，故令和尚得胜。且留下他，等我与他赌'隔板猜枚'。"国王道："怎么叫做'隔板猜枚'？"鹿力道："贫道有隔板知物之法，看那和尚可能彀。他若猜得过我，让他出去；猜不着，凭陛下问拟罪名，雪我昆仲之恨，不污了二十年保国之恩也。"

真个那国王十分昏乱，依此谗言。即传旨，将一朱红漆的柜子，命内官抬到宫殿。教娘娘放上件宝贝。须臾抬出，放在白玉阶前，教僧道："你两家各赌法力，猜那柜中是何宝贝。"三藏道："徒弟，柜中之物，如何得知？"行者敛祥光，还变作蟭蟟虫，钉在唐僧头上道："师父放心，等我去看看来。"好大圣，轻轻飞到柜上，爬在那柜脚之下，见有一条板缝儿。他钻将进去，见一个红漆丹盘，内放一套宫衣，乃是山河社稷袄，乾坤地理裙。用手拿起来，抖乱了，咬破舌尖上，一口血哨喷将去，叫声

227

"变"！即变作一件破烂流丢一口钟；临行又撒上一泡臊溺，却还从板缝里钻出来，飞在唐僧耳朵上道："师父，你只猜是破烂流丢一口钟。"三藏道："他教猜宝贝哩，流丢是件甚宝贝？"行者道："莫管他，只猜着便是。"

唐僧进前一步，正要猜，那鹿力大仙道："我先猜，那柜里是山河社稷袄，乾坤地理裙。"唐僧道："不是，不是，柜里是件破烂流丢一口钟。"国王道："这和尚无礼！敢笑我国中无宝，猜甚么流丢一口钟！"教："拿了！"那两班校尉，就要动手，慌得唐僧合掌高呼："陛下，且赦贫僧一时，待打开柜看。端的是宝，贫僧领罪；如不是宝，却不屈了贫僧也？"国王教打开看。当驾官即开了，捧出丹盘来看，果然是件破烂流丢一口钟。国王大怒道："是谁放上此物？"龙座后面，闪上三宫皇后道："我主，是梓童亲手放的山河社稷袄，乾坤地理裙，却不知怎么变成此物。"国王道："御妻请退，寡人知之。——宫中所用之物，无非是缎绢绫罗，那有此甚么流丢？"教："抬上柜来，等朕亲藏一宝贝，再试如何。"

那皇帝即转后宫，把御花园里仙桃树上结得一个大桃子——有碗来大小——摘下，放在柜内，又抬下叫猜。唐僧道："徒弟啊，又来猜了。"行者道："放心，等我再去看看。"又嘤的一声，飞将去，还从板缝儿钻进去；见是一个桃子，正合他意，即现了原身，坐在柜里，将桃子一顿口啃得干干净净，连两边腮凹儿都啃净了，将核儿安在里面。仍变蟭蟟虫，飞将出去，钉在唐僧耳朵上道："师父，只猜是个桃核子。"长老道："徒弟啊，休要弄我。先前不是口快，几乎拿去典刑。这番须猜宝贝方好。桃核子是甚宝贝？"行者道："休怕，只管赢他便了。"

第四十六回　外道弄强欺正法　心猿显圣灭诸邪

三藏正要开言，听得那羊力大仙道："贫道先猜，是一颗仙桃。"三藏猜道："不是桃，是个光桃核子。"那国王喝道："是朕放的仙桃，如何是核？三国师猜着了。"三藏道："陛下，打开来看就是。"当驾官又抬上去打开，捧出丹盘，果然是一个核子，皮肉俱无。国王见了，心惊道："国师，休与他赌斗了，让他去罢。寡人亲手藏的仙桃，如今只是一核子，是甚人吃了？想是有鬼神暗助他也。"八戒听说，与沙僧微微冷笑道："还不知他是会吃桃子的积年哩！"

正话间，只见那虎力大仙从文华殿梳洗了，走上殿前："陛下，这和尚有搬运抵物之术，抬上柜来，我破他术法，与他再猜。"国王道："国师还要猜甚？"虎力道："术法只抵得物件，却抵不得人身。将这道童藏在里面，管教他抵换不得。"这小童果藏在柜里，掩上柜盖，抬将下去，教："那和尚再猜，这三番是甚宝贝。"三藏道："又来了！"行者道："等我再去看看。"嘤的又飞去，钻入里面，见是一个小童儿。好大圣，他却有见识。果然是腾那天下少，似这伶俐世间稀！

他就摇身一变，变作个老道士一般容貌，进柜里叫声"徒弟。"童儿道："师父，你从那里来的？"行者道："我使遁法来的。"童儿道："你来有么教诲？"行者道："那和尚看见你进柜来了，他若猜个道童，却不又输了？是特来和你计较计较，剃了头，我们猜和尚罢。"童儿道："但凭师父处治，只要我们赢他便了。若是再输与他，不但低了声名，又恐朝廷不敬重了。"行者道："说得是。我儿过来。赢了他，我重重赏你。"将金箍棒就变作一把剃头刀，搂抱着那童儿，口里叫道："乖乖，忍着疼，莫放声，等我与你剃头。"须臾剃下发来，窝作一团，塞在那柜脚纥络里。收了刀儿，摸着他的光头道："我儿，头便像个和尚，只是衣裳不趁。脱下来，我与你变一变。"那道童穿的一领葱白色云头花绢绣锦沿边的鹤氅，真个脱下来，被行者吹一口仙气，叫"变！"即变做一件土黄色的直裰儿，与他穿了。却又拔下两根毫毛，变作一个木鱼儿，递在他手里道："徒弟，须听着。但叫道童，千万莫出去；若叫和尚，你就与我顶开柜盖，敲着木鱼，念一卷佛经钻出来，方得成功也。"童儿道："我只会念《三官经》《北斗经》《消灾经》，不会念佛家经。"行者道："你可会念佛？"童儿道："阿弥陀佛，那个不会念？"行者道："也罢，也罢，就念佛，省得我又教你。切记着，我去也。"还变蟭蟟虫，钻出去，飞在唐僧耳轮边道："师父，你只猜是个和尚。"三藏道："这番他准赢了。"行者道："你怎么定得？"三藏道："经上有云：'佛、法、僧三宝。'和尚却也是一宝。"

正说处，只见那虎力大仙道："陛下，第三番是个道童。"只管叫，他那里肯出来。三藏合掌道："是个和尚。"八戒尽力高叫道："柜里是个和尚！"那童儿忽的顶开柜盖，敲着木鱼，念着佛，钻出来。喜得那两班文武，齐声喝采。唬得那三个道士，拑口无言。国王道："这和尚是有鬼神辅佐！怎么道士入柜，就变做和尚？纵有待诏跟进去，也只剃得头便了，如何衣服也能趁体，口里又会念佛？——国师啊！让他去罢！"

虎力大仙道："陛下，左右是'棋逢对手，将遇良材。'贫道将钟南山幼时学的武艺，索性与他赌一赌。"国王道："有甚么武艺？"虎力道："弟兄三个，都有些神通。会砍下头来，又能安上；剖腹剜心，还再长完；滚油锅里，又

第四十六回　外道弄强欺正法　心猿显圣灭诸邪

能洗澡。"国王大惊道："此三事都是寻死之路！"虎力道："我等有此法力，才敢出此朗言，断要与他赌个才休。"那国王叫道："东土的和尚，我国师不肯放你，还要与你赌砍头剖腹，下滚油锅洗澡哩。"

行者正变作蟭蟟虫，往来报事。忽听此言，即收了毫毛，现出本相，哈哈大笑道："造化！造化！买卖上门了！"八戒道："这三件都是丧性命的事，怎么说买卖上门？"行者道："你还不知我的本事。"八戒道："哥哥，你只像这等变化腾那也彀了，怎么还有这等本事？"行者道："我啊：

　　砍下头来能说话，剁了臂膊打得人。

　　扎去腿脚会走路，剖腹还平妙绝伦。

　　就似人家包匾食，一捻一个就圆圈。

　　油锅洗澡更容易，只当温汤涤垢尘。"

八戒、沙僧闻言，呵呵大笑。行者上前道："陛下，小和尚会砍头。"国王道："你怎么会砍头？"行者道："我当年在寺里修行，曾遇着一个方上禅和子，教我一个砍头法，不知好也不好，如今且试试新。"国王笑道："那和尚年幼不知事。砍头那里好试新？头乃六阳之首，砍下即便死矣。"虎力道："陛下，正要他如此，方才出得我们之气。"那昏君信他言语，即传旨，教设杀场。

一声传旨，即有羽林军三千，摆列朝门之外。国王教："和尚先去砍头。"行者欣然应道："我先去！我先去！"拱着手，高呼道："国师，恕大胆，占先了。"拽回头，往外就走。唐僧一把扯住道："徒弟呀，仔细些。那里不是要处。"行者道："怕他怎的！撒了手，等我去来。"

那大圣径至杀场里面，被刽子手挝住了，捆做一团。

批注

231

批注

按在那土墩高处,只听喊一声"开刀!"飕的把个头砍将下来。又被刽子手一脚踢了去,好似滚西瓜一般,滚有三四十步远近。行者腔子中更不出血。只听得肚里叫声:"头来!"慌得鹿力大仙见有这般手段,即念咒语,教本坊土地神祇:"将人头扯住,待我赢了和尚,奏了国王,与你把小祠堂盖作大庙宇,泥塑像改作正金身。"原来那些土地神祇因他有五雷法,也服他使唤,暗中真个把行者头按住了。行者又叫声:"头来!"那头一似生根,莫想得动。行者心焦,捻着拳,挣了一挣,将捆的绳子就皆挣断,喝声:"长!"飕的腔子内长出一个头来。唬得那刽子手,个个心惊;羽林军,人人胆战。那监斩官急走入朝奏道:"万岁,那小和尚砍了头,又长出一颗来了。"八戒冷笑道:"沙僧,那知哥哥还有这般手段。"沙僧道:"他有七十二般变化,就有七十二个头哩。"

说不了,行者走来,叫声"师父。"三藏大喜道:"徒弟,辛苦么?"行者道:"不辛苦,倒好耍子。"八戒道:"哥哥,可用刀疮药么?"行者道:"你是摸摸看,可有刀痕?"那呆子伸手一摸,就笑得呆呆睁睁道:"妙哉!妙哉!却也长得完全,截疤儿也没些儿!"

兄弟们正都欢喜,又听得国王叫领关文:"赦你无罪!快去!快去!"行者道:"关文虽领,必须国师也赴曹砍砍头,也当试新去来。"国王道:"大国师,那和尚也不肯放你哩。你与他赌胜,且莫唬了寡人。"虎力也只得去,被几个刽子手,也捆翻在地,幌一幌,把头砍下,一脚也踢将去,滚了有三十余步,他腔子里也不出血,也叫一声:"头来!"行者即忙拔下一根毫毛,吹口仙气,叫"变!"变作一条黄犬,跑入场中,把那道士头一口衔来,径跑到

第四十六回　外道弄强欺正法　心猿显圣灭诸邪

御水河边丢下不题。

却说那道士连叫三声，人头不到，怎似行者的手段，长不出来，腔子中，骨都都红光迸出。可怜空有唤雨呼风法，怎比长生果正仙？须臾，倒在尘埃。众人观看，乃是一只无头的黄毛虎。

那监斩官又来奏："万岁，大国师砍下头来，不能长出，死在尘埃，是一只无头的黄毛虎。"国王闻奏，大惊失色，目不转睛，看那两个道士。鹿力起身道："我师兄已是命到禄绝了，如何是只黄虎！这都是那和尚惫懒，使的掩样法儿，将我师兄变作畜类！我今定不饶他，定要与他赌那剖腹剜心！"

国王听说，方才定性回神。又叫："那和尚，二国师还要与你赌哩。"行者道："小和尚久不吃烟火食，前日西来，忽遇斋公家劝饭，多吃了几个馍馍；这几日腹中作痛，想是生虫，正欲借陛下之刀，剖开肚皮，拿出脏腑，洗净脾胃，方好上西天见佛。"国王听说，教："拿他赴曹。"那许多人，搀的搀，扯的扯。行者展脱手道："不用人搀，自家走去。——但一件，不许缚手，我好用手洗刷脏腑。"国王传旨，教："莫绑他手。"

行者摇摇摆摆，径至杀场。将身靠着大桩，解开衣带，露出肚腹。那刽子手将一条绳套在他膊项上，一条绳札住他腿足，把一口牛耳短刀，幌一幌，着肚皮下一割，搠个窟窿。这行者双手爬开肚腹，拿出肠脏来，一条条理彀多时，依然安在里面。照旧盘曲，捻着肚皮，吹口仙气，叫"长！"依然长合。国王大惊，将他那关文捧在手中道："圣僧莫误西行，与你关文去罢。"行者笑道："关文小可，也请二国师剖剖剜剜，何如？"国王对鹿力说："这事不与寡人相干，是你要与他做对头的，请去，请去。"鹿力道："宽心，料我决不输与他。"

你看他也像孙大圣，摇摇摆摆，径入杀场，被刽子手套上绳，将牛耳短刀，唿喇的一声，割开肚腹，他也拿出肝肠，用手理弄。行者即拔一根毫毛，吹口仙气，叫"变！"即变作一只饿鹰，展开翅爪，飕的把他五脏心肝，尽情抓去，不知飞向何方受用。这道士弄做一个空腔破肚淋漓鬼，少脏无肠浪荡魂。那刽子手蹬倒大桩，拖尸来看，呀！原来是一只白毛角鹿！

慌得那监斩官又来奏道："二国师晦气，正剖腹时，被一只饿鹰将脏腑肝肠都刁去了，死在那里。原身是个白毛角鹿也。"国王害怕道："怎么是个角鹿？"那羊力大仙又奏道："我师兄既死，如何得现兽形？这都是那和尚弄术法坐害我等。等我与师兄报仇者。"国王道："你有甚么法力赢他？"羊力道："我与他赌下滚油锅洗澡。"国王便教取一口大锅，满着香油，教他两个赌去。行者道："多承下顾。小和尚一向不曾洗澡，这两日皮肤燥痒，好歹荡荡去。"

那当驾官果安下油锅，架起干柴，燃着烈火，将油烧滚，教和尚先下去。行者合掌道："不知文洗，武洗？"国王道："文洗如何？武洗如何？"行者道："文洗不脱衣服，似这般叉着手，下去打个滚，就起来，不许污坏了衣服，若有一点油腻算输。武洗要取一张衣架，一条手巾，脱了衣服，跳将下去，任意翻筋斗，竖蜻蜓，当耍子洗也。"国王对羊力说："你要与他文洗，武洗？"羊力道："文洗恐他衣服是药炼过的，隔油，武洗罢。"行者又上前道："恕大胆，屡次占先了。"你看他脱了布直裰，褪了虎皮裙，将身

第四十六回　外道弄强欺正法　心猿显圣灭诸邪

一纵，跳在锅内，翻波斗浪，就似负水一般顽耍。

八戒见了，咬着指头，对沙僧道："我们也错看了这猴子了！平时间剿言讪语，斗他耍子，怎知他有这般真实本事！"他两个唧唧哝哝，夸奖不尽。行者望见，心疑道："那呆子笑我哩！正是'巧者多劳拙者闲'。老孙这般舞弄，他倒自在。等我作成他捆一绳，看他可怕。"正洗浴，打个水花，淬在油锅底上，变作个枣核钉儿，再也不起来了。

那监斩官近前又奏："万岁，小和尚被滚油烹死了。"国王大喜，教捞上骨骸来看。刽子手将一把铁笊篱，在油锅里捞，原来那笊篱眼稀，行者变得钉小，往往来来，从眼孔漏下去了，那里捞得着！又奏道："和尚身微骨嫩，俱札化了。"

国王教："拿三个和尚下去！"两边校尉，见八戒面凶，先揪翻，把背心捆了。慌得三藏高叫："陛下，赦贫僧一时。我那个徒弟，自从归教，历历有功；今日冲撞国师，死在油锅之内，奈何先死者为神，——我贫僧怎敢贪生！正是天下官员也管着天下百姓。陛下若教臣死，臣岂敢不死。——只望宽恩，赐我半盏凉浆水饭，三张纸马，容到油锅边，烧此一陌纸，也表我师徒一念，那时再领罪也。"国王闻言道："也是，那中华人多有义气。"命取些浆饭、黄钱与他。果然取了，递与唐僧。

唐僧教沙和尚同去。行至阶下，有几个校尉，把八戒揪着耳朵，拉在锅边，三藏对锅祝曰："徒弟孙悟空！

　　自从受戒拜禅林，护我西来恩爱深。
　　指望同时成大道，何期今日你归阴！
　　生前只为求经意，死后还存念佛心。
　　万里英魂须等候，幽冥做鬼上雷音！"

批注

批注

八戒听见道:"师父,不是这般祝了。——沙和尚,你替我奠浆饭,等我祷。"那呆子捆在地下,气呼呼的道:

"闯祸的泼猴子,无知的弼马温!该死的泼猴子,油烹的弼马温!猴儿了帐,马温断根!"

孙行者在油锅底上,听得那呆子乱骂,忍不住现了本相。赤淋淋的,站在油锅底道:"馕糟的夯货!你骂那个哩!"唐僧见了道:"徒弟,唬杀我也!"沙僧道:"大哥干净推伴死惯了!"慌得那两班文武,上前来奏道:"万岁,那和尚不曾死,又打油锅里钻出来了。"监斩官恐怕虚诳朝廷,却又奏道:"死是死了,只是日期犯凶,小和尚来显魂哩。"

行者闻言大怒,跳出锅来,揩了油腻,穿上衣服,掣出棒,挝过监斩官,着头一下,打做了肉团,道:"我显甚么魂哩!"唬得多官连忙解了八戒,跪地哀告:"恕罪!恕罪!"国王走下龙座。行者上殿扯住道:"陛下不要走,且教你三国师也下下油锅去。"那皇帝战战兢兢道:"三国师,你救朕之命,快下锅去,莫教和尚打我。"

羊力下殿,照依行者脱了衣服,跳下油锅,也那般支吾洗浴。

行者放了国王,近油锅边,叫烧火的添柴,却伸手探了一把,——呀!——那滚油都冰冷,心中暗想道:"我洗时滚热,他洗时却冷。我晓得了,这不知是那个龙王,在此护持他哩。"急纵身跳在空中,念声"唵"字咒语,把那北海龙王唤来:"我把你这个带角的蚯蚓,有鳞的泥鳅!你怎么助道士冷龙护住锅底,教他显圣赢我!"唬得那龙王喏喏连声道:"敖顺不敢相助。大圣原来不知。这个孽畜,苦修行了一场,脱得本壳,却只是五雷法真受,其余都蹦了傍门，难归仙道。这个是他在小茅山学来的'大开剥'。那两个已是大圣破了他法，现了本相。这一个也是他自己炼的冷龙，只好哄瞒世俗之人耍子，怎瞒得大圣！小龙如今收了他冷龙，管教他骨碎皮焦，显什么手段。"行者道："趁早收了，免打！"那龙王化一阵旋风，到油锅边，将冷龙捉下海去不题。

行者下来，与三藏、八戒、沙僧立在殿前，见那道士在滚油锅里打挣，爬不出来。滑了一跌，霎时间骨脱皮焦肉烂。

监斩官又来奏道："万岁，三国师煠化了也。"那国王满眼垂泪，手扑着御案，放声大哭道：

"人身难得果然难，不遇真传莫炼丹。

空有驱神咒水术，却无延寿保生丸。

圆明混，怎涅槃？徒用心机命不安。

早觉这般轻折挫，何如秘食稳居山！"

这正是：点金炼汞成何济，唤雨呼风总是空！毕竟不知师徒们怎的维持，且听下回分解。

批注

名家鉴赏台

1. 西游点心

读完《西游记》第四十六回，小艾同学说道："车迟国的三个妖怪凭啥实力敢和孙行者叫板？"

答：《西游记》唐僧去往西天取经，一路上孙行者降妖除魔不少，但像车迟国三怪一样死得这样惨的并不多：虎力大仙身首异处，鹿力大仙剖心掏肚，羊力大仙油烹煎炸，只剩酥骨。说起来，这三位大力怪着实也有一些本事，虎力念动咒语，化动符贴便可惊动玉皇大帝，调动雨神为其下雨，对车迟国来说也有一些功劳，保了国家好几年风调雨顺，百姓安居乐业，被国王奉为国师，十分得意风光，不料遇上了孙行者，最后落得如此悲惨下场。其实，三怪并不以吃唐僧肉为目的，完全可避免这样的下场，只是他们不懂得为人处世之道，误判形势，最终惨死人间。

2. 名家说话

总批：

人决不可有胜负心。你看他三个道士，只为要赢，反换个输了。尝说棋以不着为高，兵以不战为胜。毕竟奕秋还是个第二手，孙武子还是个败军之将也。世亦有知此者乎？

前面黑风洞、黄袍郎、青狮子、红孩儿等项，都是金、木、水、火、土的别号。作者以之为魔，欲学者跳出五行也。此处虎力、鹿力、羊力三道士，亦是虎车、鹿车、羊车的隐名。作者之意，亦欲人不以三车为了义也。读《西游记》者，亦知之乎，否也？

——李卓吾

作者在情节安排中是极有思路的，一场拼生死的赌命戏码，被作者制造了一个又一个戏剧冲突。比如悟空和羊力大仙比滚油锅，行者把自己变成了一个枣核钉儿，淬在锅底，让大家以为他死了，唐僧来祭奠，八戒气呼呼；气得孙行者在油锅底上听得八戒乱骂，忍不住现了本相，赤淋淋的，站在油锅底道："馕糟的夯货！你骂那个哩！"瞬间，喜剧效果就出来了！

绝妙好辞笺

1. 原作指摘

唐僧教沙和尚同去。行至阶下，有几个校尉，把八戒揪着耳朵，拉在锅边，三藏对锅祝曰："徒弟孙悟空！

自从受戒拜禅林，护我西来恩爱深。

第四十六回 外道弄强欺正法 心猿显圣灭诸邪

  指望同时成大道，何期今日你归阴！

  生前只为求经意，死后还存念佛心。

  万里英魂须等候，幽冥做鬼上雷音！"

八戒听见道："师父，不是这般祝了。——沙和尚，你替我奠浆饭，等我祷。"那呆子捆在地下，气呼呼的道：

  "闯祸的泼猴子，无知的弼马温！该死的泼猴子，油烹的弼马温！猴儿了帐，马温断根！"

孙行者在油锅底上，听得那呆子乱骂，忍不住现了本相。赤淋淋的，站在油锅底道："饟糟的夯货！你骂那个哩！"唐僧见了道："徒弟，唬杀我也！"沙僧道："大哥干净推伴死惯了！"

2. 演练改写

请认真阅读"原作指摘"，写一段对师徒四人的精彩点评：

西游竞技场

1. 本回批注实例

① 行者道："那和尚看见你进柜来了，他若猜个道童，却不又输了？是特来和你计较计较，剃了头，我们猜和尚罢。"

  趣至此，妙至此，亦奇矣。

——李卓吾

② 童儿道："阿弥陀佛，那个不会念？"行者道："也罢，也罢，就念佛，省得我又教你。切记着，我去也。"

  看到此，哭人也笑，死人也活。

——李卓吾

③那童儿忽的顶开柜盖，敲着木鱼，念着佛，钻出来。喜得那两班文武，齐声喝采。唬得那三个道士，拑口无言。

到此，作者、读者俱结大欢喜缘矣。

——李卓吾

2. 本回批注演练（可在原文处靠右夹批，也可以在下面演练批注）

实践活动园

1. 西游人物秀

在下面给《西游记》第四十六回出现的羊力大仙画像。

2. 虎力很郁闷

虎力也只得去，被几个刽子手，也捆翻在地，幌一幌，把头砍下，一脚也踢将去，滚了有三十余步，他腔子里也不出血，也叫一声："头来！"行者即忙拔下一根毫毛，吹口仙气，叫"变！"变作一条黄犬，跑入场中，把那道士头一口衔来，径跑到御水河边丢下不题。

却说那道士连叫三声，人头不到，怎似行者的手段，长不出来，腔子中，骨都都红光迸出。可怜空有唤雨呼风法，怎比长生果正仙？须臾，倒在尘埃。众人观看，乃是一只无头的黄毛虎。

第四十六回　外道弄强欺正法　心猿显圣灭诸邪

联系选文，请换一种方式来描写虎力大仙与悟空赌斗丧命的片段。注意修辞手法的运用。

3. 人物微点评

① 微点评列举：

行者下来，与三藏、八戒、沙僧立在殿前，见那道士在滚油锅里打挣，爬不出来，滑了一跌，霎时间骨脱皮焦肉烂。

监斩官又来奏道："万岁，三国师煠化了也。"那国王满眼垂泪，手扑着御案，放声大哭道：

"人身难得果然难，不遇真传莫炼丹。

空有驱神咒水术，却无延寿保生丸。

圆明混，怎涅槃？徒用心机命不安。

早觉这般轻折挫，何如秘食稳居山！"

② 请细读对本回目中对三个大仙的描写，用三言两语来评点虎力、鹿力、羊力中的任何一位：

第五十八回

二心搅乱大乾坤　一体难修真寂灭

　　这行者与沙僧拜辞了菩萨，纵起两道祥光，离了南海。原来行者筋斗云快，沙和尚仙云觉迟，行者就要先行。沙僧扯住道："大哥不必这等藏头露尾，先去安根，待小弟与你一同走。"大圣本是良心，沙僧却有疑意。真个二人同驾云而去。不多时，果见花果山。按下云头，二人洞外细看，果见一个行者，高坐石台之上，与群猴饮酒作乐。模样与大圣无异：也是黄发金箍，金睛火眼；身穿也是锦布直裰，腰系虎皮裙；手中也拿一条儿金箍铁棒；足下也踏一双麂皮靴；也是这等毛脸雷公嘴，朔腮别土星，查耳额颅阔，獠牙向外生。

　　这大圣怒发，一撒手，撇了沙和尚，掣铁棒上前骂道："你是何等妖邪，敢变我的相貌，敢占我的儿孙，擅居吾仙洞，擅作这威福！"那行者见了，公然不答，也使铁棒来迎。二行者在一处，果是不分真假。好打呀：

　　两条棒，二猴精，这场相敌实非轻。都要护持唐御弟，各施功绩立英名。真猴实受沙门教，假怪虚称佛子情。盖为神通多变化，无真无假两相平。一个是混元一气齐天圣，一个是久炼千灵缩地精。这个是如意金箍棒，那个是随心铁杆兵。隔架遮拦无胜败，撑持抵敌没输赢。先前交手在洞外，少顷争持起半空。

他两个各踏云光，跳斗上九霄云内。沙僧在旁，不敢下手，见他们战此一场，诚然难认真假；欲待拔刀相助，又恐伤了真的。忍耐良久，且纵身跳下山崖，使降妖宝杖，打近水帘洞外，惊散群妖，掀翻石凳，把饮酒食肉的器皿，尽情打碎；寻他的青毡包袱，四下里全然不见。原来他水帘洞本是一股瀑布飞泉，遮挂洞门，远看似一条白布帘儿，近看乃是一股水脉，故曰水帘洞。沙僧不知进步来历，故此难寻。即便纵云，赶到九霄云里，轮着宝杖，又不好下手。大圣道："沙僧，你既助不得力，且回复师父，说我等这般这般，等老孙与此妖打上南海落伽山菩萨前辨个真假。"道罢，那行者也如此说。沙僧见两个相貌、声音，更无一毫差别，皂白难分，只得依言，拨转云头，回复唐僧不题。

你看那两个行者，且行且斗，直嚷到南海，径至落伽山，打打骂骂，喊声不绝。早惊动护法诸天，即报入潮音洞里道："菩萨，果然两个孙悟空打将来也。"那菩萨与木叉行者、善财童子、龙女降莲台出门喝道："那孽畜那里走！"这两个递相揪住道："菩萨，这厮果然像弟子模样。才自水帘洞打起，战斗多时，不分胜负。沙悟净肉眼愚蒙，不能分识，有力难助，是弟子教他回西路去回复师父，我与这厮打到宝山，借菩萨慧眼，与弟子认个真假，辨明邪正。"道罢，那行者也如此说一遍。众诸天与菩萨都看良久，莫想能认。菩萨道："且放了手，两边站下，等我再看。"果然撒手，两边站定。这边说："我是真的！"那边说："他是假的！"

批注

　　菩萨唤木叉与善财上前，悄悄吩咐："你一个帮住一个，等我暗念《紧箍儿咒》，看那个害疼的便是真，不疼的便是假。"他二人果各帮一个。菩萨暗念真言，两个一齐喊疼，都抱着头，地下打滚，只叫："莫念！莫念！"菩萨不念，他两个又一齐揪住，照旧嚷斗。菩萨无计奈何，即令诸天、木叉，上前助力。众神恐伤真的，亦不敢下手。菩萨叫声"孙悟空"，两个一齐答应。菩萨道："你当年官拜'弼马温'，大闹天宫时，神将皆认得你；你且上界去分辨回话。"这大圣谢恩，那行者也谢恩。

　　二人扯扯拉拉，口里不住的嚷斗，径至南天门外，慌得那广目天王帅马、赵、温、关四大天将，及把门大小众神，各使兵器挡住道："那里走！此间可是争斗之处？"大圣道："我因保护唐僧往西天取经，在路上打杀贼徒，那三藏赶我回去，我径到普陀崖见观音菩萨诉苦，不想这妖精，几时就变作我的模样，打倒唐僧，抢去包袱。有沙僧至花果山寻讨，只见这妖精占了我的巢穴。后到普陀崖告请菩萨，又见我侍立台下，沙僧诳说是我驾筋斗云，又先在菩萨处遮饰。菩萨却是个正明，不听沙僧之言，命我同他到花果山看验。原来这妖精果像老孙模样。才自水帘洞打到普陀山见菩萨，菩萨也难识认，故打至此间，烦诸天眼力，与我认个真假。"说罢，那行者也似这般这般……说了一遍。众天神看彀多时，也不能辨。他两个吆喝道："你们既不能认，让开路，等我们去见玉帝！"

　　众神搪抵不住，放开天门，直至灵霄宝殿。马元帅同张、葛、许、邱四天师奏道："下界有一般两个孙悟空，打进天门，口称见王。"说不了，两个直嚷将进来，唬得那玉帝即降立宝殿，问曰："你两个因甚事擅闹天宫，嚷至

第五十八回　二心搅乱大乾坤　一体难修真寂灭

朕前寻死！"大圣口称："万岁！万岁！臣今皈命，秉教沙门，再不敢欺心诳上；只因这个妖精变作臣的模样，……"如此如彼，把前情备陈了一遍。"……指望与臣辨个真假！"那行者也如此陈了一遍。玉帝即传旨宣托塔李天王，教："把'照妖镜'来照这厮谁真谁假，教他假灭真存。"天王即取镜照住，请玉帝同众神观看。镜中乃是两个孙悟空的影子；金箍衣服，毫发不差。玉帝亦辨不出，赶出殿外。

这大圣呵呵冷笑，那行者也哈哈欢喜，揪头抹颈，复打出天门，坠落西方路上道："我和你见师父去！我和你见师父去！"

却说那沙僧自花果山辞他两个，又行了三昼夜，回至本庄，把前事对唐僧说了一遍。唐僧自家悔恨道："当时只说是孙悟空打我一棍，抢去包袱，岂知却是妖精假变的行者！"沙僧又告道："这妖又假变一个长老，一匹白马；又有一个八戒挑着我们包袱，又有一个变作是我。我忍不住恼怒，一杖打死，原是一个猴精。因此惊散，又到菩萨处诉苦。菩萨着我与师兄又同去识认，那妖果与师兄一般模样。我难助力，故先来回复师父。"三藏闻言，大惊失色。八戒哈哈大笑道："好！好！好！应了这施主家婆婆之言了！他说有几起取经的，这却不又是一起？"

那家子老老小小的，都来问沙僧："你这几日往何处讨盘缠去的？"沙僧笑道："我往东胜神洲花果山寻大师兄取讨行李，又到南海普陀山拜见观音菩萨，却又到花果山，方才转回至此。"那老者又问："往返有多少路程？"沙僧道："约有二十余万里。"老者道："爷爷呀，似这几日，就走了这许多路，只除是驾云，方能彀得到！"八戒道："不

批注

245

是驾云，如何过海？"沙僧道："我们那算得走路，若是我大师兄，只消一二日，可往回也。"那家子听言，都说是神仙。八戒道："我们虽不是神仙，——神仙还是我们的晚辈哩！"

正说间，只听半空中喧哗人嚷。慌得都出来看，却是两个行者打将来。八戒见了，忍不住手痒道："等我去认认看。"好呆子，急纵身跳起，望空高叫道："师兄莫嚷，我老猪来也！"那两个一齐应道："兄弟，来打妖精！来打妖精！"那家子又惊又喜道："是几位腾云驾雾的罗汉歇在我家！就是发愿斋僧的，也斋不着这等好人！"更不计较茶饭，愈加供养。又说："这两个行者只怕斗出不好来，地覆天翻，作祸在那里！"三藏见那老者当面是喜，背后是忧，即开言道："老施主放心，莫生忧叹。贫僧收伏了徒弟，去恶归善，自然谢你。"那老者满口回答道："不敢！不敢！"沙僧道："施主休讲，师父可坐在这里，等我和二哥去，一家扯一个来到你面前，你就念念那话儿，看那个害疼的就是真的，不疼的就是假的。"三藏道："言之极当。"

沙僧果起在半空道："二位住了手，我同你到师父面前辨个真假去。"这大圣放了手，那行者也放了手。沙僧挽住一个，叫道："二哥，你也挽住一个。"果然挽住，落下云头，径至草舍门外。三藏见了，就念《紧箍儿咒》，二人一齐叫苦道："我们这等苦斗，你还咒我怎的？莫念！莫念！"那长老本心慈善，遂住了口不念，却也不认得真假。他两个挣脱手，依然又打。这大圣道："兄弟们，保着师父，等我与他打到阎王前折辨去也！"那行者也如此说。二人抓抓挝挝，须臾，又不见了。

八戒道："沙僧，你既到水帘洞，看见'假八戒'挑着行李，怎么不抢将来？"沙僧道："那妖精见我使宝杖打他'假沙僧'，他就乱围上来要拿，是我顾性命走了。及告菩萨，与行者复至洞口，他两个打在空中，是我去掀翻他的石凳，打散他的小妖，只见一股瀑布泉水流，竟不知洞门开在何处，寻不着行李，所以空手回复师命也。"八戒道："你原来不晓得。我前年请他去时，先在洞门外相见；后被我说泛了他，他就跳下，去洞里换衣来时，我看见他将身往水里一钻。那一股瀑布水流，就是洞门。想必那怪将我们包袱收在那里面也。"三藏道："你既知此门，你可趁他都不在家，可先到他洞里取出包袱，我们往西天去罢。他就来，我也不用他了。"八戒道："我去。"沙僧说："二哥，他那洞前有千数小猴，你一人恐弄他不过，反为不美。"八戒笑道："不怕！不怕！"急出门，纵着云雾，径上花果山寻取行李不题。

却说那两个行者又打嚷到阴山背后，唬得那满山鬼战战兢兢，藏藏躲躲。有先跑的，撞入阴司门里，报上森罗宝殿道："大王，背阴山上，有两个齐天大圣打得来也！"慌得那第一殿秦广王传报与二殿楚江王、三殿宋帝王、四殿卞城王，五殿阎罗王、六殿平等王、七殿泰山王、八殿都市王、九殿忤官王、十殿转轮王。一殿转一殿，霎时间，十王会齐，又着人飞报与地藏王。——尽在森罗殿上，点聚阴兵，等擒真假。只听得那强风滚滚，惨雾漫漫，二行者一翻一滚的，打至森罗殿下。

阴君近前挡住道："大圣有何事，闹我幽冥？"这大圣道："我因保唐僧西天取经，路过西梁国，至一山，有强贼截劫我师，是老孙打死几个，师父怪我，把我逐回。我随

> 批注

> 批注

到南海菩萨处诉告，不知那妖精怎么就绰着口气，假变作我的模样，在半路上打倒师父，抢夺了行李。师弟沙僧，向我本山取讨包袱，这妖假立师名，要往西天取经。沙僧跑遁至南海见菩萨，我正在侧。他备说原因，菩萨又命我同他至花果山观看，果被这厮占了我巢穴。我与他争辨到菩萨处，其实相貌、言语等俱一般，菩萨也难辨真假。又与这厮打上天堂，众神亦果难辨，因见我师。我师念《紧箍咒》试验，与我一般疼痛。故此闹至幽冥，望阴君与我查看生死簿，见'假行者'是何出身，快早追他魂魄，免教二心沌乱。"那怪亦如此说一遍。阴君闻言，即唤管簿判官一一从头查勘，更无个"假行者"之名。再看毛虫文簿，那猴子一百三十条已是孙大圣幼年得道之时，大闹阴司，消死名一笔勾之，自后来凡是猴属，尽无名号。查勘毕，当殿回报。阴君各执笏，对行者说："大圣，幽冥处既无名号可查，你还到阳间去折辨。"

正说处，只听得地藏王菩萨道："且住！且住！等我着谛听与你听个真假。"原来那谛听是地藏菩萨经案下伏的一个兽名。他若伏在地下，一霎时，将四大部洲山川社稷，洞天福地之间，赢虫、鳞虫、毛虫、羽虫、昆虫、天仙、地仙、神仙、人仙、鬼仙可以照鉴善恶，察听贤愚。那兽奉地藏钧旨，就于森罗庭院之中，俯伏在地。须臾，抬起头来，对地藏道："怪名虽有，但不可当面说破，又不能助力擒他。"地藏道："当面说出便怎么？"谛听道："当面说出，恐妖精恶发，搔扰宝殿，致令阴府不安。"又问："何为不能助力擒拿？"谛听道："妖精神通，与孙大圣无二。幽冥之神，能有多少法力？故此不能擒拿。"地藏道："似这般怎生祛除？"谛听言："佛法无边。"地藏早已省

第五十八回 二心搅乱大乾坤 一体难修真寂灭

悟，即对行者道："你两个形容如一，神通无二，若要辨明，须到雷音寺释迦如来那里，方得明白。"两个一齐嚷道："说的是！说的是！我和你西天佛祖之前折辨去！"那十殿阴君送出，谢了地藏，回上翠云宫，着鬼使闭了幽冥关隘不题。

看那两个行者，飞云奔雾，打上西天。有诗为证。诗曰：

> 人有二心生祸灾，天涯海角致疑猜。
> 欲思宝马三公位，又忆金銮一品台。
> 南征北讨无休歇，东挡西除未定哉。
> 禅门须学无心诀，静养婴儿结圣胎。

他两个在那半空里，扯扯拉拉，抓抓揪揪，且行且斗。直嚷至大西天灵鹫仙山雷音宝刹之外。早见那四大菩萨、八大金刚、五百阿罗、三千揭谛、比丘尼、比丘僧、优婆塞、优婆夷诸大圣众，都到七宝莲台之下，各听如来说法。那如来正讲到这：

> 不有中有，不无中无。不色中色，不空中空。非有为有，非无为无。非色为色，非空为空。空即是空，色即是色。色无定色，色即是空。空无定空，空即是色。知空不空，知色不色。名为照了，始达妙音。

概众稽首皈依。流通诵读之际，如来降天花普散缤纷，即离宝座，对大众道："汝等俱是一心，且看二心竞斗而来也。"

大众举目看之，果是两个行者，吃天喝地，打至雷音胜境。慌得那八大金刚上前挡住道："汝等欲往那里去？"这大圣道："妖精变作我的模样，欲至宝莲台下，烦如来为

249

批注

我辨个虚实也。"众金刚抵挡不住,直嚷至台下,跪于佛祖之前,拜告道:"弟子保护唐僧,来造宝山,求取真经,一路上炼魔缚怪,不知费了多少精神。前至中途,偶遇强徒劫掳,委是弟子二次打伤几人。师父怪我赶回,不容同拜如来金身。弟子无奈,只得投奔南海,见观音诉苦。不期这个妖精,假变弟子声音、相貌,将师父打倒,把行李抢去。师弟悟净寻至我山,被这妖假捏巧言,说有真僧取经之故。悟净脱身至南海,备说详细。观音知之,遂令弟子同悟净再至我山。因此,两人比并真假,打至南海,又打到天宫,又曾打见唐僧,打见冥府,俱莫能辨认。故此大胆轻造,千乞大开方便之门,广垂慈悯之念,与弟子辨明邪正,庶好保护唐僧亲拜金身,取经回东土,永扬大教。"大众听他两张口一样声俱说一遍,众亦莫辨;惟如来则通知之。正欲道破,忽见南下彩云之间,来了观音,参拜我佛。

我佛合掌道:"观音尊者,你看那两个行者,谁是真假?"菩萨道:"前日在弟子荒境,委不能辨。他又至天宫、地府,亦俱难认。特来拜告如来,千万与他辨明辨明。"如来笑道:"汝等法力广大,只能普阅周天之事,不能遍识周天之物,亦不能广会周天之种类也。"菩萨又请示周天种类,如来才道:"周天之内有五仙:乃天、地、神、人、鬼。有五虫:乃蠃、鳞、毛、羽、昆。这厮非天、非地、非神、非人、非鬼;亦非蠃、非鳞、非毛、非羽、非昆。又有四猴混世,不入十类之种。"菩萨道:"敢问是那四猴?"如来道:"第一是灵明石猴,通变化,识天时,知地利,移星换斗。第二是赤尻马猴,晓阴阳,会人事,善出入,避死延生。第三是通臂猿猴,拿日月,缩千山，辨休咎，乾坤摩弄。第四是六耳猕猴，善聆音，能察理，知前后，万物皆明。此四猴者，不入十类之种，不达两间之名。我观'假悟空'乃六耳猕猴也。此猴若立一处，能知千里外之事；凡人说话，亦能知之；故此善聆音，能察理，知前后，万物皆明。——与真悟空同像同音者，六耳猕猴也。"

那猕猴闻得如来说出他的本像，胆战心惊，急纵身，跳起来就走。如来见他走时，即令大众下手。早有四菩萨、八金刚、五百阿罗、三千揭谛、比丘僧、比丘尼、优婆塞、优婆夷、观音、木叉，一齐围绕。孙大圣也要上前。如来道："悟空休动手，待我与你擒他。"那猕猴毛骨悚然，料着难脱，即忙摇身一变，变作个蜜蜂儿，往上便飞。如来将金钵盂撇起去，正盖着那蜂儿，落下来。大众不知，以为走了，如来笑云："大众休言。妖精未走，见在我这钵盂之下。"大众一发上前，把钵盂揭起，果然见了本像，是一个六耳猕猴。孙大圣忍不住，轮起铁棒，劈头一下打死，至今绝此一种。如来不忍，道声"善哉！善哉！"大圣道："如来不该慈悯他。他打伤我师父，抢夺我包袱，依律问他个得财伤人，白昼抢夺，也该个斩罪哩！"如来道："你自快去保护唐僧来此求经罢。"大圣叩头谢道："上告如来得知。那师父定是不要我；我此去，若不收留，却不又劳一番神思！望如来方便，把《松箍儿咒》念一念，褪下这个金箍，交还如来，放我还俗去罢。"如来道："你休乱想，切莫放刁。我教观音送你去，不怕他不收。好生保护他去，那时功成归极乐，汝亦坐莲台。"

那观音在旁听说，即合掌谢了圣恩。领悟空，辄驾云而去。随后木叉行者、白鹦哥，一同赶上。不多时，到了中途草舍人家，沙和尚看见，急请师父拜门迎接。菩萨道："唐僧，前日打你的，乃'假行者'六耳猕猴也。幸如来知识，已被悟空打死。你今须是收留悟空。一路上魔障未消，必得他保护你，才得到灵山，见佛取经。再休嗔怪。"三藏叩头道："谨遵教旨。"

　　正拜谢时，只听得正东上狂风滚滚，众目视之，乃猪八戒背着两个包袱，驾风而至。呆子见了菩萨，倒身下拜道："弟子前日别了师父至花果山水帘洞寻得包袱，果见一个'假唐僧'、'假八戒'，都被弟子打死，原是两个猴身。却入里，方寻着包袱。当时查点，一物不少。却驾风转此。更不知两行者下落如何。"菩萨把如来识怪之事，说了一遍。那呆子十分欢喜，称谢不尽。师徒们拜谢了，菩萨回海，却都照旧合意同心，洗冤解怒。又谢了那村舍人家，整束行囊、马匹，找大路而西。正是：

　　　　中道分离乱五行，降妖聚会合元明。
　　　　神归心舍禅方定，六识祛降丹自成。

　　毕竟这去，不知三藏几时得面佛求经，且听下回分解。

名家鉴赏台

1. 西游点心

　　读完《西游记》第五十八回，小艾同学说道："一直听说真假美猴王的故事，就是感觉读来有些蹊跷，这六耳猕猴何许人也？"

　　答：这位六耳猕猴其实不是别人，正是悟空自己！这一回中根本就没有妖怪，那个所谓的六耳猕猴其实并不存在。从头到尾都是孙悟空一个人！大家会以为孙悟空是捉妖怪的，却怎么都想不到孙悟空也会自己冒充妖怪，把唐僧暴打一顿以泄私愤！

总之，就是心魔作乱。

2. 名家说话

总批：

读此，因思昔人"真猴似猴"之谑，不觉失笑。

昔人云："一心可以干万事，两心不可以干一事。"此回便是他注脚。

天下只有似者难辨，所以可恶。然毕竟似者有破败，真者无破败，似何益哉？似何益哉？

——李卓吾

真假美猴王的故事在民间也是脍炙人口，而且众人对这一回的评论也是精彩纷呈。李卓吾在评《西游记》的时候，一口气连用了十二个"妙"字。可谓可圈可点，拍案叫绝！

真作假时假亦真，假作真时真亦假。估计曹雪芹没少受《西游记》的影响，才有《红楼梦》这样的皇皇巨著吧！

绝妙好辞笺

1. 原作指摘

这大圣怒发，一撒手，撇了沙和尚，掣铁棒上前骂道："你是何等妖邪，敢变我的相貌，敢占我的儿孙，擅居吾仙洞，擅作这威福！"那行者见了，公然不答，也使铁棒来迎。二行者在一处，果是不分真假。好打呀：

　　两条棒，二猴精，这场相敌实非轻。都要护持唐御弟，各施功绩立英名。真猴实受沙门教，假怪虚称佛子情。盖为神通多变化，无真无假两相平。一个是混元一气齐天圣，一个是久炼千灵缩地精。这个是如意金箍棒，那个是随心铁杆兵。隔架遮拦无胜败，撑持抵敌没输赢。先前交手在洞外，少顷争持起半空。

他两个各踏云光，跳斗上九霄云内。

2. 演练改写

请认真阅读"原作指摘",并根据原文重新设计真假猴王争斗的场面:

西游竞技场

1. 本回批注实例

① 大圣道:"沙僧,你既助不得力,且回复师父,说我等这般这般,等老孙与此妖打上南海落伽山菩萨前辨个真假。"道罢,那行者也如此说。

大诈若忠,所以假人亦会说真话。

——张书绅

② 天王即取镜照住,请玉帝同众神观看。镜中乃是两个孙悟空的影子;金箍衣服,毫发不差。

真假原在心上,外面如何照得出。

——张书绅

③ 再看毛虫文簿,那猴子一百三十条已是孙大圣幼年得道之时,大闹阴司,消死名一笔勾之,自后来凡是猴属,尽无名号。

好照应,真不愧为奇书。

——张书绅

④ 那如来正讲到这:

不有中有,不无中无。不色中色,不空中空。非有为有,非无为无。非色为色,非空为空。空即是空,色即是色。色无定色,色即是空。空无定空,空即是色。知空不空,知色不色。名为照了,始达妙音。

奇笔幻思，一至于此。

——李卓吾

2. 本回批注演练（可在原文处靠右夹批，也可以在下面演练批注）

实践活动园

1. 西游人物秀

在下面给《西游记》第五十八回中的六耳猕猴画像。

2. 猕猴很委屈

那猕猴闻得如来说出他的本像，胆战心惊，急纵身，跳起来就走。如来见他走时，即令大众下手。早有四菩萨、八金刚、五百阿罗、三千揭谛、比丘僧、比丘尼、优婆塞、优婆夷、观音、木叉，一齐围绕。孙大圣也要上前。如来道："悟空休动手，待我与你擒他。"那猕猴毛骨悚然，料着难脱，即忙摇身一变，变作个蜜蜂儿，往上便飞。如来将金钵盂撇起去，正盖着那蜂儿，落下来。大众不知，以为走了，如来笑云："大众休言。妖精未走，见在我这钵盂之下。"大众一发上前，把钵盂揭起，果然见了本像，是一个六耳猕猴。孙大圣忍不住，轮起铁棒，劈头一下打死，至今绝此一种。

联系选文，请换一种方式来描写六耳猕猴被降服的片段。注意人物描写和正侧面描写的运用。

3. 人物微点评

① 微点评列举：

道罢，那行者也如此说一遍。众诸天与菩萨都看良久，莫想能认。菩萨道："且放了手，两边站下，等我再看。"果然撒手，两边站定。这边说："我是真的！"那边说："他是假的！"

菩萨唤木叉与善财上前，悄悄吩咐："你一个帮住一个，等我暗念《紧箍儿咒》，看那个害疼的便是真，不疼的便是假。"他二人果各帮一个。菩萨暗念真言，两个一齐喊疼，都抱着头，地下打滚，只叫："莫念！莫念！"菩萨不念，他两个又一齐揪住，照旧嚷斗。菩萨无计奈何，即令诸天、木叉，上前助力。众神恐伤真的，亦不敢下手。菩萨叫声"孙悟空"，两个一齐答应。菩萨道："你当年官拜'弼马温'，大闹天宫时，神将皆认得你；你且上界去分辨回话。"

② 请你细读本回目中对六耳猕猴的描写，用三言两语来评点他：

第六十一回

猪八戒助力败魔王　孙行者三调芭蕉扇

话表牛魔王赶上孙大圣，只见他肩膊上掮着那柄芭蕉扇，怡颜悦色而行。魔王大惊道："獼猴原来把运用的方法儿也叨饴得来了。我若当面问他索取，他定然不与。倘若扇我一扇，要去十万八千里远，却不遂了他意？我闻得唐僧在那大路上等候。他二徒弟猪精，三徒弟沙流精，我当年做妖怪时，也曾会他。且变作猪精的模样，返骗他一场。料獼猴以得意为喜，必不详细提防。"好魔王，他也有七十二变，武艺也与大圣一般，只是身子狼狈些，欠钻疾，不活达些；把宝剑藏了，念个咒语，摇身一变，即变作八戒一般嘴脸，抄下路，当面迎着大圣，叫道："师兄，我来也！"

这大圣果然欢喜。古人云："得胜的猫儿欢似虎"也，只倚着强能，更不察来人的意思。见是个八戒的模样，便就叫道："兄弟，你往那里去？"牛魔王绰着经儿道："师父见你许久不回，恐牛魔王手段大，你斗他不过，难得他的宝贝，教我来迎你的。"行者笑道："不必费心，我已得了手了。"牛王又问道："你怎么得的？"行者道："那老牛与我战经百十合，不分胜负。他就撇了我，去那乱石山碧波潭底，与一伙蛟精、龙精饮酒。是我暗跟他去，变作个螃蟹，偷了他所骑的辟水金睛兽，变了老牛的模样，径至芭蕉洞哄那罗刹女。那女子与老孙结了一场干夫妻，是老孙设法骗将来的。"牛王道："却是生受了。哥哥劳碌太甚，可把扇子我拿。"孙大圣那知真假，也虑不及此，遂将扇子递与他。

原来那牛王，他知那扇子收放的根本；接过手，不知捻个甚么诀儿，依然小似一片杏叶，现出本像。开言骂道："泼猕猴！认得我么？"行者见了，心中自悔道："是我的不是了！"恨了一声，跌足高呼道："咦！逐年家打雁，今却被小雁儿鹐了眼睛。"狠得他爆躁如雷，挣铁棒，劈头便打，那魔王就使扇子搧他一下；不知那大圣先前变蟭蟟虫入罗刹女腹中之时，将定风丹噙在口里，不觉的咽下肚里，所以五脏皆牢，皮骨皆固；凭他怎么搧，再也搧他不动。牛王慌了，把宝贝丢入口中，双手轮剑就砍。那两个在那半空中这一场好杀：

> 齐天孙大圣，混世泼牛王，只为芭蕉扇，相逢各骋强。粗心大圣将人骗，大胆牛王把扇诓。这一个，金箍棒起无情义；那一个，双刃青锋有智量。大圣施威喷彩雾，牛王放泼吐毫光。齐斗勇，两不良，咬牙锉齿气昂昂。播土扬尘天地暗，飞砂走石鬼神藏。这个说："你敢无知返骗我！"那个说："我妻许你共相将！"言村语泼，性烈情刚。那个说："你哄人妻女真该死！告到官司有罪殃！"伶俐的齐天圣，凶顽的大力王，一心只要杀，更不待商量。棒打剑迎齐努力，有些松慢见阎王。

且不说他两个相斗难分。却表唐僧坐在途中，一则火气蒸人，二来心焦口渴，对火焰山土地道："敢问尊神，那

第六十一回　猪八戒助力败魔王　孙行者三调芭蕉扇

牛魔王法力如何？"土地道："那牛王神通不小，法力无边，正是孙大圣的敌手。"三藏道："悟空是个会走路的，往常家二千里路，一霎时便回，怎么如今去了一日？断是与那牛王赌斗。"叫："悟能，悟净！你两个，那一个去迎你师兄一迎？倘或遇敌，就当用力相助，求得扇子来，解我烦躁，早早过山，赶路去也。"八戒道："今日天晚，我想着要去接他，但只是不认得积雷山路。"土地道："小神认得。且教卷帘将军与你师父做伴，我与你去来。"三藏大喜道："有劳尊神，功成再谢。"

那八戒抖擞精神，束一束皂锦直裰，挈着钯，即与土地纵起云雾，径回东方而去。正行时，忽听得喊杀声高，狂风滚滚。八戒按住云头看时，原来孙行者与牛王厮杀哩。土地道："天蓬还不上前怎的？"呆子掣钉钯，厉声高叫道："师兄，我来也！"行者恨道："你这夯货，误了我多少大事！"八戒道："师父教我来迎你，因认不得山路，商议良久，教土地引我，故此来迟；如何误了大事？"行者道："不是怪你来迟。这泼牛十分无礼！我向罗刹处弄得扇子来，却被这厮变作你的模样，口称迎我，我一时欢悦，转把扇子递在他手，他却现了本像，与老孙在此比并，所以误了大事也。"八戒闻言大怒。举钉钯，当面骂道："我把你这血皮胀的遭瘟！你怎敢变作你祖宗的模样，骗我师兄，使我兄弟不睦！"你看他没头没脸的使钉钯乱筑。那牛王，一则是与行者斗了一日，力倦神疲；二则是见八戒的钉钯凶猛，遮架不住，败阵就走。只见那火焰山土地，帅领阴兵，当面挡住道："大力王，且住手。唐三藏西天取经，无神不保，无天不佑，三界通知，十方拥护。快将芭蕉扇来搧息火焰，教他无灾无障，早过山去；不然，上天责你罪愆,定遭诛也。"牛王道:"你这土地,全不察理!那泼猴夺我子,欺我妾,骗我妻,番番无道,我恨不得囫囵吞他下肚,化作大便喂狗,怎么肯将宝贝借他!"

说不了,八戒赶上骂道:"我把你个结心癀!快拿出扇来,饶你性命!"那牛王只得回头,使宝剑又战八戒。孙大圣举棒相帮。这一场在那里好杀:

成精豕,作怪牛,兼上偷天得道猴。禅性自来能战炼,必当用土合元由。钉钯九齿尖还利,宝剑双锋快更柔。铁棒卷舒为主仗,土神助力结丹头。三家刑克相争竞,各展雄才要运筹。捉牛耕地金钱长,唤豕归炉木气收。心不在焉何作道,神常守舍要拴猴。胡乱嚷,苦相求,三般兵刃响飕飕。钯筑剑伤无好意,金箍棒起有因由。只杀得星不光兮月不皎,一天寒雾黑悠悠!

那魔王奋勇争强,且行且斗,斗了一夜,不分上下,早又天明。前面是他的积雷山摩云洞口,他三个与土地、阴兵,又喧哗振耳,惊动那玉面公主,唤丫鬟看是那里人嚷。只见守门小妖来报:"是我家爷爷与昨日那雷公嘴汉子并一个长嘴大耳的和尚同火焰山土地等众厮杀哩!"玉面公主听言,即命外护的大小头目,各执枪刀助力。前后点起七长八短,有百十余口。一个个卖弄精神,拈枪弄棒,齐告:"大王爷爷,我等奉奶奶内旨,特来助力也!"牛王大喜道:"来得好!来得好!"众妖一齐上前乱砍。八戒措手不及,倒拽着钯,败阵而走。大圣纵筋斗云,跳出重围。众阴兵亦四散奔走。老牛得胜,聚众妖归洞,紧闭了洞门不题。

行者道:"这厮骁勇!自昨日申时前后,与老孙战起,

第六十一回　猪八戒助力败魔王　孙行者三调芭蕉扇

直到今夜，未定输赢，却得你两个来接力。如此苦斗半日一夜，他更不见劳困。才这一伙小妖，却又莽壮。他将洞门紧闭不出，如之奈何？"八戒道："哥哥，你昨日巳时离了师父，怎么到申时才与他斗起？你那两三个时辰，在那里的？"行者道："别你后，顷刻就到这座山上，见一个女子，问讯，原来就是他爱妾玉面公主。被我使铁棒唬他一唬，他就跑进洞，叫出那牛王来。与老孙劗言劗语，嚷了一会，又与他交手，斗了有一个时辰。正打处，有人请他赴宴去了。是我跟他到那乱石山碧波潭底，变作一个螃蟹，探了消息，偷了他辟水金睛兽，假变牛王模样，复至翠云山芭蕉洞，骗了罗刹女，哄得他扇子。出门试演试演方法，把扇子弄长了，只是不会收小。正掮了走处，被他假变做你的嘴脸，返骗了去。故此耽搁两三个时辰也。"

八戒道："这正是俗语云：'大海里翻了豆腐船，汤里来，水里去。'如今难得他扇子，如何保得师父过山？且回去，转路走他娘罢！"土地道："大圣休焦恼，天蓬莫懈怠。但说转路，就是入了傍门，不成个修行之类，古语云：'行不由径'，岂可转走？你那师父，在正路上坐着，眼巴巴只望你们成功哩！"行者发狠道："正是，正是！呆子莫要胡谈！土地说得有理。我们正要与他：

赌输赢，弄手段，等我施为地煞变。自到西方无对头，牛王本是心猿变。今番正好会源流，断要相持借宝扇。趁清凉，息火焰，打破顽空参佛面。行满超升极乐天，大家同赴龙华宴！"

那八戒听言，便生努力。殷勤道：

"是，是，是！去，去，去！管甚牛王会不会，木生在亥配为猪，牵转牛儿归土类。申下生金本是猴，无刑无克多和气。用芭蕉，为水意，焰火消除成既济。昼夜休离苦尽功，功完赶赴'盂兰会'。"

他两个领着土地、阴兵一齐上前，使钉钯，轮铁棒，乒乒乓乓，把一座摩云洞的前门，打得粉碎。唬得那外护头目，战战兢兢，闯入里边报道："大王！孙悟空率众打破前门也！"那牛王正与玉面公主备言其事，懊恨孙行者哩。听说打破前门，十分发怒，急披挂，拿了铁棍，从里边骂出来道："泼猢狲！你是多大个人儿，敢这等上门撒泼，打破我门扇？"八戒近前乱骂道："泼老剥皮！你是个甚样人物，敢量那个大小！不要走！看钯！"牛王喝道："你这个嚷糟食的夯货，不见怎的！快叫那猴儿上来！"行者道："不知好歹的饲草！我昨日还与你论兄弟，今日就是仇人了！仔细吃吾一棒！"那牛王奋勇而迎。这场比前番更胜。三个英雄，厮混在一处。好杀：

钉钯铁棒逞神威，同帅阴兵战老牺。牺牲独展凶强性，遍满同天法力恢。使钯筑，着棍擂，铁棒英雄又出奇。三般兵器叮当响，隔架遮拦谁让谁？他道他为首，我道我夺魁。士兵为证难分解，木土相煎上下随。这两个说："你如何不借芭蕉扇！"那一个道："你焉敢欺心骗我妻！赶妾害儿仇未报，敲门打户又惊疑！"这个说："你仔细提防如意棒，擦着些儿就破皮！"那个说："好生躲避钯头齿，一伤九孔血淋漓！"牛魔不怕施威猛，铁棍高擎有见机。翻云覆雨随来往，吐雾喷风任发挥。恨苦这场都拚命，各怀恶念喜相持。丢架子，让高低，前迎后挡总无亏。兄弟二人齐努力，单身一棍独施为。卯时战到辰时后，战罢牛魔束手回。

第六十一回　猪八戒助力败魔王　孙行者三调芭蕉扇

　　他三个舍死忘生，又斗有百十余合。八戒发起呆性，仗着行者神通，举钯乱筑。牛王遮架不住，败阵回头，就奔洞门。却被土地、阴兵拦住洞门，喝道："大力王，那里走！吾等在此！"那老牛不得进洞，急抽身，又见八戒、行者赶来，慌得卸了盔甲，丢了铁棍，摇身一变，变做一只天鹅，望空飞走。

　　行者看见，笑道："八戒！老牛去了。"那呆子漠然不知，土地亦不能晓，一个个东张西觑，只在积雷山前后乱找。行者指道："那空中飞的不是？"八戒道："那是一只天鹅。"行者道："正是老牛变的。"土地道："既如此，却怎生么？"行者道："你两个打进此门，把群妖尽情剿除，拆了他的窝巢，绝了他的归路，等老孙与他赌变化去。"那八戒与土地，依言攻破洞门不题。

　　这大圣收了金箍棒，捻诀念咒，摇身一变，变作一个海东青，飕的一翅，钻在云眼里，倒飞下来，落在天鹅身上，抱住颈项嗛眼。那牛王也知是孙行者变化，急忙抖抖翅，变作一只黄鹰，返来嗛海东青。行者又变作一个乌凤，专一赶黄鹰。牛王识得，又变作一只白鹤，长唳一声，向南飞去。行者立定，抖抖翎毛，又变作一只丹凤，高鸣一声。那白鹤见凤是鸟王，诸禽不敢妄动，刷的一翅，淬下山崖，将身一变，变作一只香獐，乜乜些些，在崖前吃草。行者认得，也就落下翅来，变作一只饿虎，剪尾跑蹄，要来赶獐作食。魔王慌了手脚，又变作一只金钱花斑的大豹，要伤饿虎。行者见了，迎着风，把头一幌，又变作一只金眼狻猊，声如霹雳，铁额铜头，复转身要食大豹。牛王着了急，又变作一个人熊，放开脚，就来擒那狻猊。行者打个滚，就变作一只赖象，鼻似长蛇，牙如竹

批注

笋，撒开鼻子，要去卷那人熊。

牛王嘻嘻的笑了一笑，现出原身，——一只大白牛。头如峻岭，眼若闪光。两只角，似两座铁塔。牙排利刃。连头至尾，有千余丈长短；自蹄至背，有八百丈高下。——对行者高叫道："泼猢狲！你如今将奈我何？"行者也就现了原身，抽出金箍棒来，把腰一躬，喝声叫"长！"长得身高万丈，头如泰山，眼如日月，口似血池，牙似门扇，手执一条铁棒，着头就打。那牛王硬着头，使角来触。这一场，真个是撼岭摇山，惊天动地！有诗为证。诗曰：

道高一尺魔千丈，奇巧心猿用力降。

若得火山无烈焰，必须宝扇有清凉。

黄婆矢志扶元老，木母留情扫荡妖。

和睦五行归正果，炼魔涤垢上西方。

他两个大展神通，在半山中赌斗，惊得那过往虚空，一切神众与金头揭谛、六甲六丁、一十八位护教伽蓝都来围困魔王。那魔王公然不惧，你看他东一头，西一头，直挺挺，光耀耀的两只铁角，往来抵触；南一撞，北一撞，毛森森，筋暴暴的一条硬尾，左右敲摇。孙大圣当面迎，众多神四面打，牛王急了，就地一滚，复本像，便投芭蕉洞去。行者也收了法像，与众多神随后追袭。那魔王闯入洞里，闭门不出，概众把一座翠云山围得水泄不通。

正都上门攻打，忽听得八戒与土地、阴兵嚷嚷而至。行者见了，问曰："那摩云洞事体如何？"八戒笑道："那老牛的娘子，被我一钯筑死，剥开衣看，原来是个玉面狸精。那伙群妖，俱是些驴、骡、犊、特、獾、狐、狢、獐、羊、虎、麋、鹿等类。已此尽皆剿戮，又将他洞府房廊放火烧了。土地说他还有一处家小，住居此山，故又来

第六十一回 猪八戒助力败魔王 孙行者三调芭蕉扇

这里扫荡也。"行者道："贤弟有功。可喜！可喜！老孙空与那老牛赌变化，未曾得胜。他变做无大不大的白牛，我变了法天象地的身量。正和他抵触之间，幸蒙诸神下降。围困多时，他却复原身，走进洞去矣。"八戒道："那可是芭蕉洞么？"行者道："正是！正是！罗刹女正在此间。"八戒发狠道："既是这般，怎么不打进去，剿除那厮，问他要扇子，倒让他停留长智，两口儿叙情！"

好呆子，抖擞威风，举钯照门一筑，忽辣的一声，将那石崖连门筑倒了一边。慌得那女童忙报："爷爷！不知甚人把前门都打坏了！"牛王方跑进去，喘嘘嘘的，正告诉罗刹女与孙行者夺扇子赌斗之事，闻报，心中大怒。就口中吐出扇子，递与罗刹女。罗刹女接扇在手，满眼垂泪道："大王！把这扇子送与那猢狲，教他退兵去罢。"牛王道："夫人啊，物虽小而恨则深。你且坐着，等我再和他比并去来。"那魔重整披挂，又选两口宝剑，走出门来。正遇着八戒使钯筑门，老牛更不打话，掣剑劈脸便砍。八戒举钯迎着，向后倒退了几步，出门来，早有大圣轮棒当头。那牛魔即驾狂风，跳离洞府，又都在那翠云山上相持。众多神四面围绕，土地兵左右攻击。这一场，又好杀哩：

> 云迷世界，雾罩乾坤。飒飒阴风砂石滚，巍巍怒气海波浑。重磨剑二口，复挂甲全身。结冤深似海，怀恨越生嗔。你看齐天大圣因功绩，不讲当年老故人。八戒施威求扇子，众神护法捉牛君。牛王双手无停息，左遮右挡弄精神。只杀得那过鸟难飞皆敛翅，游鱼不跃尽潜鳞；鬼泣神嚎天地暗，龙愁虎怕日光昏！

那牛王拼命捐躯，斗经五十余合，抵敌不住，败了阵，往北就走。早有五台山秘魔岩神通广大泼法金刚阻住，道："牛魔，你往那里去！我等乃释迦牟尼佛祖差来，布列天罗地网，至此擒汝也！"正说间，随后有大圣、八戒、众神赶来。那魔王慌转身向南走；又撞着峨眉山清凉洞法力无量胜至金刚挡住，喝道："吾奉佛旨在此，正要拿住你也！"牛王心慌脚软，急抽身往东便走；却逢着须弥山摩耳崖毗卢沙门大力金刚迎住道："你老牛何往！我蒙如来密令，教来捕获你也！"牛王又悚然而退，向西就走；又遇着昆仑山金霞岭不坏尊王永住金刚敌住，喝道："这厮又将安走！我领西天大雷音寺佛老亲言，在此把截，谁放你也！"那老牛心惊胆战，悔之不及。见那四面八方都是佛兵天将，真个似罗网高张，不能脱命。正在仓惶之际，又闻得行者帅众赶来，他就驾云头，望上便走。

却好有托塔李天王并哪吒太子，领鱼肚药叉、巨灵神将，幔住空中，叫道："慢来！慢来！吾奉玉帝旨意，特来此剿除你也！"牛王急了，依前摇身一变，还变做一只大白牛，使两只铁角去触天王。天王使刀来砍。随后孙行者又到。哪吒太子厉声高叫："大圣，衣甲在身，不能为礼。愚父子昨日见佛如来，发檄奏闻玉帝，言唐僧路阻火焰山，孙大圣难伏牛魔王，玉帝传旨，特差我父王领众助力。"行者道："这厮神通不小！又变作这等身躯，却怎奈何？"太子笑道："大圣勿疑，你看我擒他。"

这太子即喝一声"变！"变得三头六臂，飞身跳在牛王背上，使斩妖剑望颈项上一挥，不觉得把个牛头斩下。天王收刀，却才与行者相见。那牛王腔子里又钻出一个头来，口吐黑气，眼放金光。被哪吒又砍一剑，头落处，又钻出一个头来。一连砍了十数剑，随即长出十数个头。哪吒取出火轮儿挂在那老牛的角上，便吹真火，焰焰烘烘，

第六十一回　猪八戒助力败魔王　孙行者三调芭蕉扇

把牛王烧得张狂哮吼，摇头摆尾。才要变化脱身，又被托塔天王将照妖镜照住本像，腾那不动，无计逃生，只叫"莫伤我命！情愿归顺佛家也！"哪吒道："既惜身命，快拿扇子出来！"牛王道："扇子在我山妻处收着哩。"

哪吒见说，将缚妖索子解下，跨在他那颈项上，一把拿住鼻头，将索穿在鼻孔里，用手牵来。孙行者却会聚了四大金刚、六丁六甲、护教伽蓝、托塔天王、巨灵神将并八戒、土地、阴兵，簇拥着白牛，回至芭蕉洞口。老牛叫道："夫人，将扇子出来，救我性命！"罗刹听叫，急卸了钗环，脱了色服，挽青丝如道姑，穿缟素似比丘，双手捧那柄丈二长短的芭蕉扇子，走出门；又见有金刚众圣与天王父子，慌忙跪在地下，磕头礼拜道："望菩萨饶我夫妻之命，愿将此扇奉承孙叔叔成功去也！"行者近前接了扇，同大众共驾祥云，径回东路。

却说那三藏与沙僧，立一会，坐一会，盼望行者，许久不回，何等忧虑！忽见祥云满空，瑞光满地，飘飘飖飖，盖众神行将近，这长老害怕道："悟净！那壁厢是谁神兵来也？"沙僧认得道："师父啊，那是四大金刚、金头揭谛、六甲六丁、护教伽蓝与过往众神。牵牛的是哪吒三太子。拿镜的是托塔李天王。大师兄执着芭蕉扇，二师兄并土地随后，其余的都是护卫神兵。"三藏听说，换了毗卢帽，穿了袈裟，与悟净拜迎众圣，称谢道："我弟子有何德能，敢劳列位尊圣临凡也！"四大金刚道："圣僧喜了，十分功行将完！吾等奉佛旨差来助汝，汝当竭力修持，勿得须臾怠惰。"三藏叩齿叩头，受身受命。

孙大圣执着扇子，行近山边，尽气力挥了一扇，那火焰山平平息焰，寂寂除光；行者喜喜欢欢，又搧一扇，只闻得习习潇潇，清风微动；第三扇，满天云漠漠，细雨落霏霏。有诗为证。诗曰：

　　火焰山遥八百程，火光大地有声名。
　　火煎五漏丹难熟，火燎三关道不清。
　　时借芭蕉施雨露，幸蒙天将助神功。
　　牵牛归佛休颠劣，水火相联性自平。

此时三藏解燥除烦，清心了意。四众皈依，谢了金刚，各转宝山。六丁六甲，升空保护。过往神祇四散。天王、太子，牵牛径归佛地回缴。止有本山土地，押着罗刹女，在旁伺候。

行者道："那罗刹，你不走路，还立在此等甚？"罗刹跪道："万望大圣垂慈，将扇子还了我罢。"八戒喝道："泼贱人，不知高低！饶了你的性命，就彀了，还要讨甚么扇子，我们拿过山去，不会卖钱买点心吃？费了这许多精神力气，又肯与你！雨蒙蒙的，还不回去哩！"罗刹再拜道："大圣原说扇息了火还我。今此一场，诚悔之晚矣。只因不偶偿，致令劳师动众。我等也修成人道，只是未归正果。见今真身现像归西，我再不敢妄作。愿赐本扇，从立自新，修身养命去也。"土地道："大圣！趁此女深知息火之法，断绝火根，还他扇子，小神居此苟安，拯救这方生民，求些血食，诚为恩便。"行者道："我当时问着乡人说：'这山扇息火，只收得一年五谷，便又火发！'如何治得除根？"罗刹道："要是断绝火根，只消连扇四十九扇，永远再不发了。"

行者闻言，执扇子，使尽筋力，望山头连扇四十九扇，那山上大雨淙淙。果然是宝贝：有火处下雨，无火处天晴。他师徒们立在这无火处，不遭雨湿。坐了一夜，次早才收拾马匹、行李，把扇子还了罗刹。又道："老孙若不与你，恐人说我言而无信。你将扇子回山，再休生事。看你得了人身，饶你去罢！"那罗刹接了扇子，念个咒语，捏做个杏叶儿，噙在口里。拜谢了众圣，隐姓修行，后来也得了正果，经藏中万古流名。罗刹、土地俱感激谢恩，随后相送。行者、八戒、沙僧，保着三藏遂此前进，真个是身体清凉，足下滋润。诚所谓：坎离既济真元合，水火均平大道成。毕竟不知几年才回东土，且听下回分解。

批注

名家鉴赏台

1. 西游点心

读完《西游记》第六十一回，小艾同学说道："好一场斗智斗勇大戏！精彩！看来牛魔王也不是没来历的呢！"

答：牛魔王应是从"鸠摩罗什"的"鸠摩"演化来的。在印度，当地人把牛看作神圣不可侵犯的动物。鸠摩罗什起初信奉印度教，他会佩戴很多以牛为标志的饰物，加上当时人们动不动称呼外来的僧人为"法王"，或许就这样传来传去，到后来被传成"牛魔王"了。

2. 名家说话

总批：

谁为火焰山？本身烦热者是。谁为芭蕉扇？本身清凉者是。作者特为此烦热世界，下一帖清凉散耳。读者若作实事理会，便是痴人说梦。

今人都在火坑里，安得罗刹扇子连搧他四十九扇也。

——李卓吾

本回写孙悟空大战牛魔王和三调芭蕉扇，场面壮观火爆，曲折波诡，竟然颇有些《水浒传》中《三打祝家庄》的味道。

尤其是三调芭蕉扇的故事情节，环环相扣，真应了一波未平，一波又起的老话，鲁迅先生评价这段是"变化施为，皆极奇恣"。

李卓吾先生更是明古人事理，洞今人之苦，念及凡人之水深火热者，就如火焰山般底层挣扎。

果然千人所见乃有千般景象。为李先生点赞！

绝妙好辞笺

1. 原作指摘

好魔王，他也有七十二变，武艺也与大圣一般，只是身子狼犺些，欠钻疾，不活达些；把宝剑藏了，念个咒语，摇身一变，即变作八戒一般嘴脸，抄下路，当面迎着大圣，叫道："师兄，我来也！"

这大圣果然欢喜。古人云："得胜的猫儿欢似虎"也，只倚着强能，更不察来人的意思。见是个八戒的模样，便就叫道："兄弟，你往那里去？"牛魔王绰着经儿道："师父见你许久不回，恐牛魔王手段大，你斗他不过，难得他的宝贝，教我来迎你的。"行者笑道："不必费心，我已得了手了。"牛王又问道："你怎么得的？"行者道："那老牛与我战经百十合，不分胜负。他就撇了我，去那乱石山碧波潭底，与一伙蛟精、龙精饮酒。是我暗跟他去，变作个螃蟹，偷了他所骑的辟水金睛兽，变了老牛的模样，径至芭蕉洞哄那罗刹女。那女子与老孙结了一场干夫妻，是老孙设法骗将来的。"牛王道："却是生受了。哥哥劳碌太甚，可把扇子我拿。"孙大圣那知真假，也虑不及此，遂将扇子递与他。

2. 演练改写

请认真阅读"原作指摘"，并根据原文语句重新设计牛魔王骗取芭蕉扇的情节：

西游竞技场

1. 本回批注实例

① 行者见了，心中自悔道："是我的不是了！"恨了一声，跌足高呼道："咦！逐年家打雁，今却被小雁儿鹐了眼睛。"

兄弟哄嫂嫂，哥哥又哄兄弟，古怪百出，变诈千岐。

——张书绅

② 好呆子，抖擞威风，举钯照门一筑，忽辣的一声，将那石崖连门筑倒了一边。慌得那女童忙报："爷爷！不知甚人把前门都打坏了！"牛王方跑进去，喘嘘嘘的，

这才是个出气牛。

——张书绅

③ 天王收刀，却才与行者相见。那牛王腔子里又钻出一个头来，口吐黑气，眼放金光。被哪吒又砍一剑，头落处，又钻出一个头来。一连砍了十数剑，随即长出十数个头。

何牛头之多也。

——李卓吾

④ 罗刹、土地俱感激谢恩，随后相送。行者、八戒、沙僧，保着三藏遂此前进，真个是身体清凉，足下滋润。

以炎热起，以清凉终。乃一篇"气"字之章法也。

——张书绅

2. 本回批注演练（可在原文处靠右夹批，也可以在下面演练批注）

实践活动园

1. 西游人物秀

在下面给《西游记》第六十一回中的牛魔王画像。

2. 老牛很牛

　　这大圣收了金箍棒，捻诀念咒，摇身一变，变作一个海东青，飕的一翅，钻在云眼里，倒飞下来，落在天鹅身上，抱住颈项嗛眼。那牛王也知是孙行者变化，急忙抖抖翅，变作一只黄鹰，返来嗛海东青。行者又变作一个乌凤，专一赶黄鹰。牛王识得，又变作一只白鹤，长唳一声，向南飞去。行者立定，抖抖翎毛，又变作一只丹凤，高鸣一声。那白鹤见凤是鸟王，诸禽不敢妄动，刷的一翅，淬下山崖，将身一变，变作一只香獐，乜乜些些，在崖前吃草。行者认得，也就落下翅来，变作一只饿虎，剪尾跑蹄，要来赶獐作食。魔王慌了手脚，又变作一只金钱花斑的大豹，要伤饿虎。行者见了，迎着风，把头一幌，又变作一只金眼狻猊，声如霹雳，铁额铜头，复转身要食大豹。牛王着了急，又变作一个人熊，放开脚，就来擒那狻猊。行者打个滚，就变作一只赖象，鼻似长蛇，牙如竹笋，撒开鼻子，要去卷那人熊。

　　牛王嘻嘻的笑了一笑，现出原身，——一只大白牛。头如峻岭，眼若闪光。两只角，似两座铁塔。牙排利刃。连头至尾，有千余丈长短；自蹄至背，有八百丈高下。——对行者高叫道："泼猕猴！你如今将奈我何？"行者也就现了原身，抽出金箍棒来，把腰一躬，喝声叫"长！"

长得身高万丈，头如泰山，眼如日月，口似血池，牙似门扇，手执一条铁棒，着头就打。那牛王硬着头，使角来触。

联系选文，请换一种方式来描写孙悟空和牛魔王大战的情景。注意人物描写和正侧面描写的运用。

3. 人物微点评

① 微点评列举：

牛王急了，依前摇身一变，还变做一只大白牛，使两只铁角去触天王。天王使刀来砍。随后孙行者又到。……

这太子即喝一声"变！"变得三头六臂，飞身跳在牛王背上，使斩妖剑望颈项上一挥，不觉得把个牛头斩下。天王收刀，却才与行者相见。那牛王腔子里又钻出一个头来，口吐黑气，眼放金光。被哪吒又砍一剑，头落处，又钻出一个头来。一连砍了十数剑，随即长出十数个头。哪吒取出火轮儿挂在那老牛的角上，便吹真火，焰焰烘烘，把牛王烧得张狂哮吼，摇头摆尾。才要变化脱身，又被托塔天王将照妖镜照住本像，腾那不动，无计逃生，只叫"莫伤我命！情愿归顺佛家也！"

② 请你细读本回中对牛魔王的描写，用三言两语来评点他：

第六十四回

荆棘岭悟能努力　木仙庵三藏谈诗

批注

　　话表祭赛国王谢了唐三藏师徒获宝擒怪之恩。所赠金玉，分毫不受。却命当驾官照依四位常穿的衣服，各做两套，鞋袜各做两双，绦环各做两条，外备干粮烘炒，倒换了通关文牒，大排銮驾，并文武多官，满城百姓，伏龙寺僧人，大吹大打，送四众出城。约有二十里，先辞了国王。众人又送二十里辞回。伏龙寺僧人，送有五六十里不回。有的要同上西天，有的要修行伏侍。行者见都不肯回去，遂弄个手段，把毫毛拔了三四十根，吹口仙气，叫"变！"都变作斑斓猛虎，拦住前路，哮吼踊跃。众僧方惧，不敢前进。大圣才引师父策马而去。少时间，去得远了。众僧人放声大哭，都喊："有恩有义的老爷！我等无缘，不肯度我们也！"

　　且不说众僧啼哭。却说师徒四众，走上大路，却才收回毫毛，一直西去。正是时序易迁，又早冬残春至，不暖不寒，正好逍遥行路。忽见一条长岭，岭顶上是路。三藏勒马观看，那岭上荆棘丫叉，薜萝牵绕。虽是有道路的痕迹，左右却都是荆刺棘针。唐僧叫："徒弟，这路怎生走得？"行者道："怎么走不得？"又道："徒弟啊，路痕在下，荆棘在上，只除是蛇虫伏地而游，方可去了；若你们走，腰也难伸，教我如何乘马？"八戒道："不打紧，等我使出钯柴手来，把钉钯分开荆棘，莫说乘马，就抬轿也包你过去。"三藏道："你虽有力，长远难熬。却不知有多少远近，怎生费得这许多精神！"行者道："不须商量，等我去看看。"将身一纵，跳在半空看时，一望无际。真个是：

　　匝地远天，凝烟带雨。夹道柔茵乱，漫山翠盖张。密密搓搓初发叶，攀攀扯扯正芬芳。遥望不知何所尽，近观一似绿云茫。蒙蒙茸茸，郁郁苍苍。风声飘索索，日影映煌煌。那中间有松有柏还有竹，多梅多柳更多桑。薜萝缠古树，藤葛绕垂杨。盘团似架，联络如床。有处花开真布锦，无端卉发远生香。为人谁不遭荆棘，那见西方荆棘长！

行者看罢多时，将云头按下道："师父，这去处远哩！"三藏问："有多少远？"行者道："一望无际，似有千里之遥。"三藏大惊道："怎生是好？"沙僧笑道："师父莫愁，我们也学烧荒的，放上一把火，烧绝了荆棘过去。"八戒道："莫乱谈！烧荒的须在十来月，草衰木枯，方好引火。如今正是蕃盛之时，怎么烧得！"行者道："就是烧得，也怕人子。"三藏道："这般怎生得度？"八戒笑道："要得度，还依我。"

好呆子，捻个诀，念个咒语，把腰躬一躬，叫"长！"就长了有二十丈高下的身躯；把钉钯幌一幌，教"变！"就变了有三十丈长短的钯柄；拽开步，双手使钯，将荆棘左右搂开："请师父跟我来也！"三藏见了甚喜，即策马紧随。后面沙僧挑着行李，行者也使铁棒拨开。这一日未曾住手；行有百十里，将次天晚，见有一块空阔之

批注

处。当路上有一通石碣，上有三个大字，乃"荆棘岭"；下有两行十四个小字，乃"荆棘蓬攀八百里，古来有路少人行。"八戒见了，笑道："等我老猪与他添上两句：'自今八戒能开破，直透西方路尽平！'"三藏欣然下马道："徒弟啊，累了你也！我们就在此住过了今宵，待明日天光再走。"八戒道："师父莫住，趁此天色晴明，我等有兴，连夜搂开路走他娘！"那长老只得相从。

八戒上前努力。师徒们，人不住手，马不停蹄，又行了一日一夜，却又天色晚矣。那前面蓬蓬结结，又闻得风敲竹韵，飒飒松声。却好又有一段空地，中间乃是一座古庙。庙门之外，有松柏凝青，桃梅斗丽。三藏下马，与三个徒弟同看。只见：

岩前古庙枕寒流，落日荒烟锁废丘。
白鹤丛中深岁月，绿芜台下自春秋。
竹摇青珮疑闻语，鸟弄余音似诉愁。
鸡犬不通人迹少，闲花野蔓绕墙头。

行者看了道："此地少吉多凶，不宜久坐。"沙僧道："师兄差疑了。似这杳无人烟之处，又无个怪兽妖禽，怕他怎的？"说不了，忽见一阵阴风，庙门后，转出一个老者，头戴角巾，身穿淡服，手持拐杖，足踏芒鞋，后跟着一个青脸獠牙，红须赤身鬼使，头顶着一盘面饼，跪下道："大圣，小神乃荆棘岭土地。知大圣到此，无以接待，特备蒸饼一盘，奉上老师父，各请一餐。此地八百里，更无人家，聊吃些儿充饥。"八戒欢喜，上前舒手，就欲取饼。不知行者端详已久，喝一声："且住！这厮不是好人！休得无礼！你是甚么土地，来诳老孙！看棍！"那老者见他打来，将身一转，化作一阵阴风，呼的一声，把个长老

第六十四回　荆棘岭悟能努力　木仙庵三藏谈诗

摄将起去，飘飘荡荡，不知摄去何所。慌得那大圣没跟寻处；八戒、沙僧俱相顾失色；白马亦只自惊吟。三兄弟连马四口，恍恍忽忽，远望高张，并无一毫下落，前后找寻不题。

却说那老者同鬼使，把长老抬到一座烟霞石屋之前，轻轻放下。与他携手相搀道："圣僧休怕。我等不是歹人，乃荆棘岭十八公是也。因风清月霁之宵，特请你来会友谈诗，消遣情怀故耳。"那长老却才定性，睁眼仔细观看，真个是：

　　漠漠烟云去所，清清仙境人家。
　　正好洁身修炼，堪宜种竹栽花。
　　每见翠岩来鹤，时闻青沼鸣蛙。
　　更赛天台丹灶，仍期华岳明霞。
　　说甚耕云钓月，此间隐逸堪夸。
　　坐久幽怀如海，朦胧月上窗纱。

三藏正自点看，渐觉月明星朗，只听得人语相谈。都道："十八公请得圣僧来也。"长老抬头观看，乃是三个老者：前一个霜姿丰采，第二个绿鬓婆娑，第三个虚心黛色。各各面貌、衣服俱不相同，都来与三藏作礼。长老还了礼，道："弟子有何德行，敢劳列位仙翁下爱？"十八公笑道："一向闻知圣僧有道，等待多时，今幸一遇。如果不吝珠玉，宽坐叙怀，足见禅机真派。"三藏躬身道："敢问仙翁尊号？"十八公道："霜姿者号孤直公，绿鬓者号凌空子，虚心者号拂云叟。老拙号曰劲节。"三藏道："四翁尊寿几何？"孤直公道：

　　"我岁今经千岁古，撑天叶茂四时春。
　　香枝郁郁龙蛇状，碎影重重霜雪身。

自幼坚刚能耐老，从今正直喜修真。

乌栖凤宿非凡辈，落落森森远俗尘。"

凌空子笑道：

"吾年千载傲风霜，高干灵枝力自刚。

夜静有声如雨滴，秋晴荫影似云张。

盘根已得长生诀，受命尤宜不老方。

留鹤化龙非俗辈，苍苍爽爽近仙乡。"

拂云叟笑道：

"岁寒虚度有千秋，老景潇然清更幽。

不杂嚣尘终冷淡，饱经霜雪自风流。

七贤作侣同谈道，六逸为朋共唱酬。

戛玉敲金非琐琐，天然情性与仙游。"

劲节十八公笑道：

"我亦千年约有余，苍然贞秀自如如。

堪怜雨露生成力，借得乾坤造化机。

万壑风烟惟我盛，四时洒落让吾疏。

盖张翠影留仙客，博弈调琴讲道书。"

三藏称谢道："四位仙翁，俱享高寿，但劲节翁又千岁余矣。高年得道，丰采清奇，得非汉时之'四皓'乎？"四老道："承过奖！承过奖！吾等非四皓，乃深山之'四操'也。敢问圣僧，妙龄几何？"三藏合掌躬身答曰：

"四十年前出母胎，未产之时命已灾。

逃生落水随波滚，幸遇金山脱本骸。

养性看经无懈怠，诚心拜佛敢俄捱？

今蒙皇上差西去，路遇仙翁下爱来。"

四老俱称道："圣僧自出娘胎，即从佛教，果然是从小修行，真中正有道之上僧也。我等幸接台颜，敢求大教。

第六十四回　荆棘岭悟能努力　木仙庵三藏谈诗

望以禅法指教一二，足慰生平。"长老闻言，慨然不惧，即对众言曰：

"禅者，静也；法者，度也。静中之度，非悟不成。悟者，洗心涤虑，脱俗离尘是也。夫人身难得，中土难生，正法难遇：全此三者，幸莫大焉。至德妙道，渺漠希夷，六根六识，遂可扫除。菩提者，不死不生，无余无欠，空色包罗，圣凡俱遣。访真了元始钳锤，悟实了牟尼手段。发挥象罔，踏碎涅槃。必须觉中觉了悟中悟，一点灵光全保护。放开烈焰照婆娑，法界纵横独显露。至幽微，更守固，玄关口说谁人度？我本元修大觉禅，有缘有志方记悟。"

四老侧耳受了，无边喜悦。一个个稽首皈依，躬身拜谢道："圣僧乃禅机之悟本也！"

拂云叟道："禅虽静，法虽度，须要性定心诚。纵为大觉真仙，终坐无生之道。我等之玄，又大不同也。"三藏云："道乃非常，体用合一，如何不同？"拂云叟笑云：

"我等生来坚实，体用比尔不同。感天地以生身，蒙雨露而滋色。笑傲风霜，消磨日月。一叶不凋，千枝节操。似这话不叩冲虚。你执持梵语。道也者，本安中国，反来求证西方。空费了草鞋，不知寻个甚么？石狮子剜了心肝，野狐涎灌彻骨髓。忘本参禅，妄求佛果，都似我荆棘岭葛藤谜语，萝蓏浑言。此般君子，怎生接引？这等规模，如何印授？必须要检点见前面目，静中自有生涯。没底竹篮汲水，无根铁树生花。灵宝峰头牢着脚，归来雅会上龙华。"

三藏闻言，叩头拜谢。十八公用手搀扶。孤直公将身扯起。凌空子打个哈哈道："拂云之言，分明漏泄。圣僧请起,不可尽信。我等趁此月明,原不为讲论修持,且自吟哦逍遥,放荡襟怀也。"拂云叟笑指石屋道:"若要吟哦,且入小庵一茶,何如?"

长老真个欠身,向石屋前观看。门上有三个大字,乃"木仙庵"。遂此同入,又叙了坐次。忽见那赤身鬼使,捧一盘茯苓膏,将五盏香汤奉上。四老请唐僧先吃,三藏惊疑,不敢便吃。那四老一齐享用,三藏却才吃了两块。各饮香汤收去。三藏留心偷看,只见那里玲珑光彩,如月下一般:

  水自石边流出,香从花里飘来。

  满座清虚雅致,全无半点尘埃。

那长老见此仙境,以为得意,情乐怀开,十分欢喜。忍不住念了一句道:

  "禅心似月迥无尘。"

劲节老笑而即联道:

  "诗兴如天青更新。"

孤直公道:

  "好句漫裁抟锦绣。"

凌空子道:

  "佳文不点唾奇珍。"

拂云叟道:

  "六朝一洗繁华尽,四始重删雅颂分。"

三藏道:"弟子一时失口,胡谈几字,诚所谓'班门弄斧'。适闻列仙之言,清新飘逸,真诗翁也。"劲节老道:"圣僧不必闲叙。出家人全始全终。既有起句,何无结句?望卒成之。"三藏道:"弟子不能,烦十八公结而成篇为妙。"劲节道:"你好心肠!你起的句,如何不肯结果?

第六十四回 荆棘岭悟能努力 木仙庵三藏谈诗

悭吝珠玑，非道理也。"三藏只得续后二句云：

"半枕松风茶未熟，吟怀潇洒满腔春。"

十八公道："好个'吟怀潇洒满腔春'！"孤直公道："劲节，你深知诗味，所以只管咀嚼。何不再起一篇？"十八公亦慨然不辞道："我却是顶针字起：

春不荣华冬不枯，云来雾往只如无。"

凌空子道："我亦体前顶针二句：

无风摇拽婆娑影，有客欣怜福寿图。"

拂云叟亦顶针道：

"图似西山坚节老，清如南国没心夫。"

孤直公亦顶针道：

"夫因侧叶称梁栋，台为横柯作宪乌。"

长老听了，赞叹不已道："真是阳春白雪，浩气冲霄！弟子不才，敢再起两句。"孤直公道："圣僧乃有道之士，大养之人也。不必再相联句，请赐教全篇，庶我等亦好勉强而和。"三藏无已，只得笑吟一律曰：

"杖锡西来拜法王，愿求妙典远传扬。

金芝三秀诗坛瑞，宝树千花莲蕊香。

百尺竿头须进步，十方世界立行藏。

修成玉像庄严体，极乐门前是道场。"

四老听毕，俱极赞扬。十八公道："老拙无能，大胆搀越，也勉和一首。"云：

"劲节孤高笑木王，灵椿不似我名扬。

山空百丈龙蛇影。泉泌千年琥珀香。

解与乾坤生气概，喜因风雨化行藏。

衰残自愧无仙骨，惟有苓膏结寿场。"

孤直公道："此诗起句豪雄，联句有力，但结句自谦太

批注

过矣。堪羡！堪羡！老拙也和一首。"云：

"霜姿常喜宿禽王，四绝堂前大器扬。
露重珠缨蒙翠盖，风轻石齿碎寒香。
长廊夜静吟声细，古殿秋阴淡影藏。
元日迎春曾献寿，老来寄傲在山场。"

凌空子笑而言曰："好诗！好诗！真个是月胁天心，老拙何能为和？但不可空过，也须扯谈几句。"曰：

"梁栋之材近帝王，太清宫外有声扬。
晴轩恍若来青气，暗壁寻常度翠香。
壮节凛然千古秀，深根结矣九泉藏。
凌云势盖婆娑影，不在群芳艳丽场。"

拂云叟道："三公之诗，高雅清淡，正是放开锦绣之囊也。我身无力，我腹无才，得三公之教，茅塞顿开。无已，也打油几句，幸勿哂焉。"诗曰：

"淇澳园中乐圣王，渭川千亩任分扬。
翠筠不染湘娥泪，斑箨堪传汉史香。
霜叶自来颜不改，烟梢从此色何藏？
子猷去世知音少，亘古留名翰墨场。"

三藏道："众仙老之诗，真个是吐凤喷珠，游夏莫赞。厚爱高情，感之极矣。但夜已深沉，三个小徒，不知在何处等我。意者弟子不能久留，敢此告回寻访，尤天穷之至爱也。望老仙指示归路。"四老笑道："圣僧勿虑，我等也是千载奇逢。况天光晴爽，虽夜深却月明如昼，再宽坐坐，待天晓自当远送过岭，高徒一定可相会也。"

正话间，只见石屋之外，有两个青衣女童，挑一对绛纱灯笼，后引着一个仙女。那仙女拈着一枝杏花，笑吟吟进门相见。那仙女怎生模样？他生得：

青姿妆翡翠，丹脸赛胭脂。星眼光还彩，蛾眉秀又齐。下衬一条五色梅浅红裙子，上穿一件烟里火比甲轻衣。弓鞋弯凤嘴，绫袜锦拖泥。妖娆娇似天台女，不亚当年俏妲姬。

四老欠身问道："杏仙何来？"那女子对众道了万福，道："知有佳客在此赛酬，特来相访。敢求一见。"十八公指着唐僧道："佳客在此，何劳求见！"三藏躬身，不敢言语。那女子叫："快献茶来。"又有两个黄衣女童，捧一个红漆丹盘，盘内有六个细磁茶盂，盂内设几品异果，横担着匙儿，提一把白铁嵌黄铜的茶壶，壶内香茶喷鼻。斟了茶，那女子微露春葱，捧磁盂先奉三藏，次奉四老，然后一盏，自取而陪。

凌空子道："杏仙为何不坐？"那女子方才去坐。茶毕，欠身问道："仙翁今宵盛乐，佳句请教一二如何？"拂云叟道："我等皆鄙俚之言，惟圣僧真盛唐之作，甚可嘉羡。"那女子道："如不吝教，乞赐一观。"四老即以长老前诗后诗并禅法论，宣了一遍。那女子满面春风，对众道："妾身不才，不当献丑。但聆此佳句，似不可虚也，勉强将后诗奉和一律如何？"遂朗吟道：

"上盖留名汉武王，周时孔子立坛场。

董仙爱我成林积，孙楚曾怜寒食香。

雨润红姿娇且嫩，烟蒸翠色显还藏。

自知过熟微酸意，落处年年伴麦场。"

四老闻诗，人人称贺。都道："清雅脱尘，句内包含春意。好个'雨润红姿娇且嫩'！'雨润红姿娇且嫩'！"那女子笑而悄答道："惶恐！惶恐！适闻圣僧之章，诚然锦心绣口。如不吝珠玉，赐教一阕如何？"唐僧不敢答

> 批注

应。那女子渐有见爱之情，挨挨轧轧，渐近坐边，低声悄语，呼道："佳客莫者，趁此良宵，不要子待要怎的？人生光景，能有几何？"十八公道："杏仙尽有仰高之情，圣僧岂可无俯就之意？如不见怜，是不知趣了也。"孤直公道："圣僧乃有道有名之士，决不苟且行事。如此样举措，是我等取罪过了。污人名，坏人德，非远达也。果是杏仙有意，可教拂云叟与十八公做媒，我与凌空子保亲，成此姻眷，何不美哉！"

三藏听言，遂变了颜色，跳起来高叫道："汝等皆是一类邪物，这般诱我！当时只以砥砺之言，谈玄谈道可也；如今怎么以美人局来骗害贫僧！是何道理！"四老见三藏发怒，一个个咬指担惊，再不复言。那赤身鬼使，暴躁如雷道："这和尚好不识抬举！我这姐姐，那些儿不好？他人材俊雅，玉质娇姿，不必说那女工针指，只这一段诗才，也配得过你。你怎么这等推辞！休错过了！孤直公之言甚当。如果不可苟合，待我再与你主婚。"三藏大惊失色。凭他们怎么胡谈乱讲，只是不从。鬼使又道："你这和尚，我们好言好语，你不听从，若是我们发起村野之性，还把你摄了去，教你和尚不得做，老婆不得娶，却不枉为人一世也？"那长老心如金石，坚执不从。暗想道："我徒弟们不知在那里寻我哩！……"说一声，止不住眼中堕泪。那女子陪着笑，挨至身边，翠袖中取出一个蜜合绫汗巾儿，与他揩泪，道："佳客勿得烦恼。我与你倚玉偎香，耍子去来。"长老咄的一声吃喝，跳起身来就走；被那些人扯扯拽拽，嚷到天明。

忽听得那里叫声："师父！师父！你在那方言语也？"原来那孙大圣与八戒、沙僧，牵着马，挑着担，一夜不曾

第六十四回　荆棘岭悟能努力　木仙庵三藏谈诗

住脚，穿荆度棘，东寻西找；却好半云半雾的，过了八百里荆棘岭西下，听得唐僧吆喝，却就喊了一声。那长老挣出门来，叫声"悟空，我在这里哩。快来救我！快来救我！"那四老与鬼使，那女子与女童，幌一幌，都不见了。

须臾间，八戒、沙僧俱到边前道："师父，你怎么得到此也？"三藏扯住行者道："徒弟啊，多累了你们了！昨日晚间见的那个老者，言说土地送斋一事，是你喝声要打，他就把我抬到此方。他与我携手相搀，走入门，又见三个老者，来此会我，俱道我做'圣僧'，一个个言谈清雅，极善吟诗。我与他赓和相攀，觉有夜半时候，又见一个美貌女子，执灯火，也来这里会我，吟了一首诗，称我做'佳客'。因见我相貌，欲求配偶，我方省悟。正不从时，又被他做媒的做媒，保亲的保亲，主婚的主婚，我立誓不肯。正欲挣着要走，与他嚷闹，不期你们到了。一则天明，二来还是怕你，只才还扯扯拽拽，忽然就不见了。"行者道："你既与他叙话谈诗，就不曾问他个名字？"三藏道："我曾问他之号。那老者唤做十八公，号劲节；第二个号孤直公；第三个号凌空子；第四个号拂云叟；那女子，人称他做杏仙。"八戒道："此物在于何处？才往那方去了？"三藏道："去向之方，不知何所；但只谈诗之处，去此不远。"

他三人同师父看处，只见一座石崖，崖上有"木仙庵"三字。三藏道："此间正是。"行者仔细观之，却原来是一株大桧树，一株老柏，一株老松，一株老竹。竹后有一株丹枫。再看崖那边，还有一株老杏，二株腊梅，二株丹桂。行者笑道："你可曾看见妖怪？"八戒道："不曾。"行者道："你不知，就是这几株树木在此成精也。"八戒道：

> 批注

> 批注

"哥哥怎得知成精者是树？"行者道："十八公乃松树；孤直公乃柏树；凌空子乃桧树；拂云叟乃竹竿；赤身鬼乃枫树；杏仙即杏树；女童即丹桂、腊梅也。"八戒闻言，不论好歹，一顿钉钯，三五长嘴，连拱带筑，把两颗腊梅、丹桂、老杏、枫杨俱挥倒在地，果然那根下俱鲜血淋漓。三藏近前扯住道："悟能，不可伤了他！他虽成了气候，却不曾伤我。我等找路去罢。"行者道："师父不可惜他，恐日后成了大怪，害人不浅也。"那呆子索性一顿钯，将松、柏、桧、竹一齐皆筑倒，却才请师父上马，顺大路一齐西行。毕竟不知前去如何，且听下回分解。

名家鉴赏台

1. 西游点心

读完《西游记》第六十四回，小艾同学说道："这次在荆棘岭出场的妖怪究竟是何来头？好像不是要吃唐僧肉吧！"

答：《西游记》一书中，荆棘岭这一段写得如梦如幻。一群植物精灵们和唐僧谈经论道、把酒赋诗，通篇充满玄机。他们也是少见的与取经团队没有什么利益冲突的妖精部落。这荆棘岭应该是西天路上最大的一片原始森林，估计这些树精花妖是有一定的灵魂追求的。

从大段的清谈中可以看出这树妖颇有些魏晋时期玄学名士的气度，却被杏仙的冲动，连累了身家性命。

猪八戒在这回中是绝对的主力干将，变大的猪身卖力干活，荡平荆棘岭群妖，可谓功劳不小啊！

2. 名家说话

总批：

昔人在荆棘中谈诗，今日谈诗中有荆棘矣。可为发叹。

第六十四回　荆棘岭悟能努力　木仙庵三藏谈诗

——李卓吾

这回的情节在整部小说中别具一格。其他回目都是刀光剑影，惊心动魄的打斗场面居多，充满阳刚之气，而这一回主要写唐僧和四妖谈诗说禅，一派光风霁月，充满阴柔之美。

如果不是杏妖的出场，该回目会是《西游记》中最为清丽脱俗了。但是妖就是妖，装扮得再像君子隐者，也还是摆脱不了伪君子的下场。

绝妙好辞笺

1. 原作指摘

好呆子，捻个诀，念个咒语，把腰躬一躬，叫"长！"就长了有二十丈高下的身躯；把钉钯幌一幌，教"变！"就变了有三十丈长短的钯柄；拽开步，双手使钯，将荆棘左右搂开："请师父跟我来也！"三藏见了甚喜，即策马紧随。后面沙僧挑着行李，行者也使铁棒拨开。这一日未曾住手；行有百十里，将次天晚，见有一块空阔之处。当路上有一通石碣，上有三个大字，乃"荆棘岭"；下有两行十四个小字，乃"荆棘蓬攀八百里，古来有路少人行。"八戒见了，笑道："等我老猪与他添上两句：'自今八戒能开破，直透西方路尽平！'"三藏欣然下马道："徒弟啊，累了你也！我们就在此住过了今宵，待明日天光再走。"八戒道："师父莫住，趁此天色晴明，我等有兴，连夜搂开路走他娘！"那长老只得相从。

2. 演练改写

请认真阅读"原作指摘"，请根据原文语句重新设计猪八戒变身去荆棘的情节：

西游竞技场

1. 本回批注实例

① 八戒见了,笑道:"等我老猪与他添上两句:'自今八戒能开破,直透西方路尽平!'"

破戒如何开得路?

——李卓吾

② 八戒欢喜,上前舒手,就欲取饼。

不肯用心,倒肯用饭,斯世此人不乏。

——张书绅

③ 长老真个欠身,向石屋前观看。门上有三个大字,乃"木仙庵"。

不是荆棘果能成仙,正见茅柴都会作怪。

——张书绅

④ 忽听得那里叫声:"师父!师父!你在那方言语也?"原来那孙大圣与八戒、沙僧,牵着马,挑着担,一夜不曾住脚。

老僧偷得半日,不知徒弟忙了一夜。

——张书绅

2. 本回批注演练(可在原文处靠右夹批,也可以在下面演练批注)

第六十四回　荆棘岭悟能努力　木仙庵三藏谈诗

实践活动园

1. 西游人物秀

在下面给《西游记》第六十四回中的树怪、花妖画像。

2. 树精很无辜

三藏道："此间正是。"行者仔细观之，却原来是一株大桧树，一株老柏，一株老松，一株老竹。竹后有一株丹枫。再看崖那边，还有一株老杏，二株腊梅，二株丹桂。行者笑道："你可曾看见妖怪？"八戒道："不曾。"行者道："你不知。就是这几株树木在此成精也。"八戒道："哥哥怎得知成精者是树？"行者道："十八公乃松树；孤直公乃柏树；凌空子乃桧树；拂云叟乃竹竿；赤身鬼乃枫树；杏仙即杏树；女童即丹桂、腊梅也。"八戒闻言，不论好歹，一顿钉钯，三五长嘴，连拱带筑，把两颗腊梅、丹桂、老杏、枫杨俱挥倒在地，果然那根下俱鲜血淋漓。三藏近前扯住道："悟能，不可伤了他！他虽成了气候，却不曾伤我。我等找路去罢。"行者道："师父不可惜他，恐日后成了大怪，害人不浅也。"那呆子索性一顿钯，将松、柏、桧、竹一齐皆筑倒，却才请师父上马，顺大路一齐西行。

联系选文，请想象一下树精花妖被八戒锄掉后的心理活动，并用文字描述出来。注意人物心理活动描写的运用。

289

3. 人物微点评

① 微点评列举：

四老见三藏发怒，一个个咬指担惊，再不复言。那赤身鬼使，暴躁如雷道："这和尚好不识抬举！我这姐姐，那些儿不好？他人材俊雅，玉质娇姿，不必说那女工针指，只这一段诗才，也配得过你。你怎么这等推辞！休错过了！孤直公之言甚当。如果不可苟合，待我再与你主婚。"三藏大惊失色。凭他们怎么胡谈乱讲，只是不从。鬼使又道："你这和尚，我们好言好语，你不听从，若是我们发起村野之性，还把你摄了去，教你和尚不得做，老婆不得娶，却不枉为人一世也？"那长老心如金石，坚执不从。暗想道："我徒弟们不知在那里寻我哩！……"说一声，止不住眼中堕泪。那女子陪着笑，挨至身边，翠袖中取出一个蜜合绫汗巾儿，与他揩泪，道："佳客勿得烦恼。我与你倚玉偎香，耍子去来。"长老咄的一声吃喝，跳起身来就走；被那些人扯扯拽拽，嚷到天明。

② 请你细读本回目中对树精花妖的描写，用三言两语来评点它们：

第六十五回

妖邪假设小雷音　四众皆遭大厄难

这回因果，劝人为善，切休作恶。一念生，神明照鉴，任他为作。拙蠢乖能君怎学，两般还是无心药。趁生前有道正该修，莫浪泊。认根源，脱本壳。访长生，须把捉。要时时明见，醒醐斟酌。贯彻三关填黑海，管教善者乘鸾鹤。那其间愍故更慈悲，登极乐。

话表唐三藏一念虔诚，且休言天神保护，似这草木之灵，尚来引送，雅会一宵，脱出荆棘针刺，再无萝薜攀缠。四众西进，行彀多时，又值冬残，正是那三春之日：

物华交泰，斗柄回寅。草芽遍地绿，柳眼满堤青。一岭桃花红锦浣，半溪烟水碧罗明。几多风雨，无限心情。日晒花心艳，燕衔苔蕊轻。山色王维画浓淡，鸟声季子舌纵横。芳菲铺绣无人赏，蝶舞蜂歌却有情。

师徒们也自寻芳踏翠，缓随马步。正行之间，忽见一座高山，远望着与天相接。三藏扬鞭指道："悟空，那座山也不知有多少高，可便似接着青天，透冲碧汉。"行者道："古诗不云：'只有天在上，更无山与齐。'但言山之极高，无可与他比并。岂有接天之理！"八戒道："若不接天,如何把昆仑山号为'天柱'?"行者道:"你不知。自古'天不满西北'。昆仑山在西北乾位上,故有顶天塞空之意,遂名天柱。"沙僧笑道:"大哥把这好话儿莫与他说。他听了去,又降别人。我们且走路。等上了那山,就知高下也。"

那呆子赶着沙僧,斯耍斯斗。老师父马快如飞。须臾,到那山崖之边。一步步往上行来,只见那山:

林中风飒飒,涧底水潺潺。鸦雀飞不过,神仙也道难。千崖万壑,亿曲百湾。尘埃滚滚无人到,怪石森森不厌看。有处有云如水滉,是方是树鸟声繁。鹿衔芝去,猿摘桃还。狐貉往来崖上跳,麋獐出入岭头顽。忽闻虎啸惊人胆,斑豹苍狼把路拦。

唐三藏一见心惊。孙行者神通广大,你看他一条金箍棒,哮吼一声,吓过了狼虫虎豹,剖开路,引师父直上高山。行过岭头,下西平处,忽见祥光霭霭,彩雾纷纷,有一所楼台殿阁,隐隐的钟磬悠扬。三藏道:"徒弟们,看是个甚么去处。"行者抬头,用手搭凉篷,仔细观看,那壁厢好个所在!真个是:

珍楼宝座,上刹名方。谷虚繁地籁,境寂散天香。青松带雨遮高阁,翠竹留云护讲堂。霞光缥缈龙宫显,彩色飘飘沙界长。朱栏玉户,画栋雕梁。谈经香满座,语箓月当窗。鸟啼丹树内,鹤饮石泉旁。四围花发琪园秀,三面门开舍卫光。楼台突兀门迎嶂,钟磬虚徐声韵长。窗开风细,帘卷烟茫。有僧情散淡,无俗意和昌。红尘不到真仙境,静土招提好道场。

行者看罢,回复道:"师父,那去处是便是座寺院,却不知禅光瑞霭之中,又有些凶气何也。观此景象,也似雷音，却又路道差池。我们到那厢，决不可擅入，恐遭毒手。"唐僧道："既有雷音之景，莫不就是灵山？你休误了我诚心，担搁了我来意。"行者道："不是，不是！灵山之路，我也走过几遍，那是这路途！"八戒道："纵然不是，也必有个好人居住。"沙僧道："不必多疑。此条路未免从那门首过，是不是一见可知也。"行者道："悟净说得有理。"

那长老策马加鞭，至山门前，见"雷音寺"三个大字，慌得滚下马来，倒在地下。口里骂道："泼猢狲！害杀我也！现是雷音寺，还哄我哩！"行者陪笑道："师父莫恼，你再看看。山门上乃四个字，你怎么只念出三个来，倒还怪我？"长老战兢兢的爬起来再看，真个是四个字，乃"小雷音寺"。三藏道："就是小雷音寺，必定也有个佛祖在内。经上言三千诸佛，想是不在一方：似观音在南海，普贤在峨眉，文殊在五台。这不知是那一位佛祖的道场。古人云：'有佛有经，无方无宝。'我们可进去来。"行者道："不可进去。此处少吉多凶。若有祸患，你莫怪我。"三藏道："就是无佛，也必有个佛像。我弟子心愿，遇佛拜佛，如何怪你。"即命八戒取袈裟，换僧帽，结束了衣冠，举步前进。

只听得山门里有人叫道："唐僧，你自东土来拜见我佛，怎么还这等怠慢？"三藏闻言，即便下拜。八戒也磕头，沙僧也跪倒；惟大圣牵马，收拾行李，在后。方入到二层门内，就见如来大殿。殿门外宝台之下，摆列着五百罗汉、三千揭谛、四金刚、八菩萨、比丘尼、优婆塞、无数的圣僧、道者。真个也香花艳丽，瑞气缤纷。慌得那长老与八戒、沙僧一步一拜，拜上灵台之间。行者公然不拜。又闻得莲台座上厉声高叫道："那孙悟空，见如来怎么不拜？"不知行者又仔细观看，见得是假，遂丢了马匹、行囊，掣棒在手，喝道："你这伙孽畜，十分胆大！怎么假倚佛名，败坏如来清德！不要走！"双手轮棒，上前便打。只听得半空中叮当一声，撇下一副金铙，把行者连头带足，合在金铙之内。慌得个猪八戒、沙和尚连忙使起钯杖，就被些阿罗、揭谛、圣僧、道者一拥近前围绕。他两个措手不及，尽被拿了。将三藏捉住，一齐都绳缠索绑，紧缚牢栓。

原来那莲花座上装佛祖者乃是个妖王，众阿罗等，都是些小怪。遂收了佛祖体像，依然现出妖身。将三众抬入后边收藏；把行者合在金铙之中，永不开放。只搁在宝台之上，限三昼夜化为脓血。化后，才将铁笼蒸他三个受用。这正是：

　　碧眼猢儿识假真，禅机见像拜金身。
　　黄婆盲目同参礼，木母痴心共话论。
　　邪怪生强欺本性，魔头怀恶诈天人。
　　诚为道小魔头大，错入旁门枉费身。

那时群妖将唐僧三众收藏在后；把马拴在后边；把他的袈裟、僧帽安在行李担内，亦收藏了。一壁厢严紧不题。

却说行者合在金铙里，黑洞洞的，燥得满身流汗，左拱右撞，不能得出。急得他使铁棒乱打，莫想得动分毫。他心里没了算计，将身往外一挣，却要挣破那金铙；遂捻着一个诀，就长有千百丈高，那金铙也随他身长，全无一些瑕缝光明。却又捻诀把身子往下一小，小如芥菜子儿，那铙也就随身小了，更没些些孔窍。他又把铁棒吹口仙气，叫"变！"即变做幡竿一样，撑住金铙。他却把脑后

第六十五回　妖邪假设小雷音　四众皆遭大厄难

毫毛，选长的，拔下两根，叫"变！"即变做梅花头五瓣钻儿，挨着棒下，钻有千百下，只钻得苍苍响喨，再不钻动一些。行者急了，却捻个诀，念一声"唵嚂静法界，乾元亨利贞"的咒语。拘得那五方揭谛、六丁六甲、一十八位护教伽蓝，都在金铙之外道："大圣，我等俱保护着师父，不教妖魔伤害，你又拘唤我等做甚？"行者道："我那师父，不听我劝解，就弄死他也不亏！——但只你等怎么快作法将这铙钹掀开，放我出来，再作处治。这里面不通光亮，满身暴燥，却不闷杀我也？"众神真个掀铙，就如长就的一般，莫想揭得分毫。金头揭谛道："大圣，这铙钹不知是件甚么宝贝，连上带下，合成一块。小神力薄，不能掀动。"行者道："我在里面，不知使了多少神通，也不得动。"

揭谛闻言，即着六丁神保护着唐僧，六甲神看守着金铙，众伽蓝前后照察；他却纵起祥光，须臾间，闯入南天门里。不待宣召，直上灵霄宝殿之下，见玉帝俯伏启奏道："主公，臣乃五方揭谛使。今有齐天大圣保唐僧取经，路遇一山，名小雷音寺。唐僧错认灵山进拜，原来是妖魔假设，困陷他师徒，将大圣合在一副金铙之内，进退无门，看看至死，特来启奏。"即传旨："差二十八宿星辰，快去释厄降妖。"

那星宿不敢少缓，随同揭谛，出了天门，至山门之内。有二更时分，那些大小妖精，因获了唐僧，老妖俱犒赏了，各去睡觉。众星宿更不惊张，都到铙钹之外，报道："大圣，我等是玉帝差来二十八宿，到此救你。"行者听说大喜。便教："动兵器打破，老孙就出来了！"众星宿道："不敢打。此物乃浑金之宝，打着必响；响时惊动妖

批注

魔,却难救拔。等我们用兵器揭他,你那里但见有一些光处就走。"行者道:"正是。"你看他们使枪的使枪,使剑的使剑,使刀的使刀,使斧的使斧;扛的扛,抬的抬,掀的掀,揭的揭;弄到有三更天气,漠然不动,就是铸成了囫囵的一般。那行者在里边,东张张,西望望,爬过来,滚过去,莫想看见一些光亮。

亢金龙道:"大圣啊,且休焦躁,观此宝定是个如意之物,断然也能变化。你在那里面,于那合缝之处,用手摸着,等我使角尖儿拱进来,你可变化了,顺松处脱身。"行者依言,真个在里面乱摸。这星宿把身变小了,那角尖儿就似个针尖一样,顺着钹合缝口上,伸将进去。可怜用尽千斤之力,方能穿透里面。却将本身与角使法像,叫"长!长!长!"角就长有碗来粗细。那钹口倒也不象金铸的,好似皮肉长成的,顺着亢金龙的角,紧紧噙住,四下里更无一丝拔缝。行者摸着他的角叫道:"不济事!上下没有一毫松处!没奈何,你忍着些儿疼,带我出去。"好大圣,即将金箍棒变作一把钢钻儿,将他那角尖上钻了一个孔窍,把身子变得似个芥菜子儿,拱在那钻眼里蹲着叫:"扯出角去!扯出角去!"这星宿又不知费了多少力,方才拔出,使得力尽筋柔,倒在地下。

行者却自他角尖钻眼里钻出,现了原身,掣出铁棒,照铙钹当的一声打去,就如崩倒铜山,咋开金铙。可惜把个佛门之器,打做个千百块散碎之金!唬得那二十八宿惊张,五方揭谛发竖。大小群妖皆梦醒。老妖王睡里慌张,急起来,披衣擂鼓,聚点群妖,各执器械。此时天将黎明。一拥赶到宝台之下。只见孙行者与列宿围在碎破金铙之外,大惊失色,即令:"小的们!紧关了前门,不要放出

第六十五回　妖邪假设小雷音　四众皆遭大厄难

人去！"

行者听说，即携星众，驾云跳在九霄空里。那妖王收了碎金，排开妖卒，列在山门外。妖王怀恨，没奈何披挂了，使一根短软狼牙棒，出营高叫："孙行者！好男子不可远走高飞！快向前与我交战三合！"行者忍不住，即引星众，按落云头，观看那妖精怎生模样。但见他：

蓬着头，勒一条扁薄金箍；光着眼，簇两道黄眉的竖。悬胆鼻，孔窍开查；四方口，牙齿尖利。穿一副叩结连环铠，勒一条生丝攒穗绦。脚踏乌喇鞋一对，手执狼牙棒一根。此形似兽不如兽，相貌非人却似人。

行者挺着铁棒喝道："你是个甚么怪物，擅敢假装佛祖，侵占山头，虚设小雷音寺！"那妖王道："这猴儿是也不知我的姓名，故来冒犯仙山。此处唤做小西天。因我修行，得了正果，天赐与我的宝阁珍楼。我名乃是黄眉老佛。这里人不知，但称我为黄眉大王、黄眉爷爷。一向久知你往西去，有些手段，故此设像显能，诱你师父进来，要和你打个赌赛。如若斗得过我，饶你师徒，让汝等成个正果；如若不能，将汝等打死，等我去见如来取经，果正中华也。"行者笑道："妖精，不必海口！既要赌，快上来领棒！"那妖王喜孜孜，使狼牙棒抵住。这一场好杀：

两条棒，不一样，说将起来有形状：一条短软佛家兵，一条坚硬藏海藏。都有随心变化功，今番相遇争强壮。短软狼牙杂锦妆，坚硬金箍蛟龙像。若粗若细实可夸，要短要长甚停当。猴与魔，齐打仗，这场真个无虚诳。驯猴秉教作心猿，泼怪欺天弄假像。嗔嗔恨恨各无情，恶恶凶凶都有样。那一个当头手起不放松，这一个架丢劈面难推让。喷云照日昏，吐雾遮峰嶂。棒来棒去两相迎，忘生忘死因三藏。

看他两个斗经五十回合，不见输赢。那山门口，鸣锣擂鼓，众妖精呐喊摇旗。这壁厢有二十八宿天兵共五方揭谛众圣，各掮器械，吆喝一声，把那魔头围在中间，吓得那山门外群妖难擂鼓，战兢兢手软不敲锣。

老妖魔公然不惧，一只手使狼牙棒，架着众兵；一只手去腰间解下一条旧白布搭包儿，往上一抛，滑的一声响喨，把孙大圣、二十八宿与五方揭谛，一搭包儿通装将去，挎在肩上，拽步回身。众小妖个个欢然得胜而回。老妖教小的们取了三五十条麻索，解开搭包，拿一个，捆一个。一个个都骨软筋麻，皮肤窊皱。捆了抬去后边，不分好歹，俱掷之于地。妖王又命排筵畅饮，自旦至暮方散，各归寝处不题。

却说孙大圣与众神捆至夜半，忽闻有悲泣之声。侧耳听时，却原来是三藏声音。哭道："悟空啊！我

　　自恨当时不听伊，致令今日受灾危。
　　金铙之内伤了你，麻绳捆我有谁知。
　　四众遭逢缘命苦，三千功行尽倾颓。
　　何由解得迍遭难，坦荡西方去复归！"

行者听言，暗自怜悯道："那师父虽是未听吾言，今遭此毒，然于患难之中，还有忆念老孙之意。趁此夜静妖眠，无人防备，且去解脱众等逃生也。"

好大圣，使了个遁身法，将身一小，脱下绳来，走近唐僧身边，叫声"师父。"长老认得声音，叫道："你为何到此？"行者悄悄的把前项事告诉了一遍。长老甚喜道："徒弟！快救我一救！向后事，但凭你处，再不强了！"

第六十五回 妖邪假设小雷音 四众皆遭大厄难

行者才动手，先解了师父，放了八戒、沙僧，又将二十八宿、五方揭谛，个个解了，又牵过马来，教快先走出去；方出门，却不知行李在何处，又来找寻。亢金龙道："你好重物轻人！既救了你师父就彀了，又还寻甚行李？"行者道："人固要紧，衣钵尤要紧。包袱中有通关文牒、锦襕袈裟、紫金钵盂，俱是佛门至宝，如何不要！"八戒道："哥哥，你去找寻，我等先去路上等你。"你看那星众，簇拥着唐僧，使个摄法，共弄神通，一阵风，撮出垣围，奔大路，下了山坡，却屯于平处等候。

约有三更时分，孙大圣轻挪慢步，走入里面，原来一层层门户甚紧。他就爬上高楼看时，窗牖皆关。欲要下去，又恐怕窗棂儿响，不敢推动。捻着诀，摇身一变，变做一个仙鼠，俗名蝙蝠。你道他怎生模样：

　　头尖还似鼠，眼亮亦如之。
　　有翅黄昏出，无光白昼居。
　　藏身穿瓦穴，觅食扑蚊儿。
　　偏喜晴明月，飞腾最识时。

他顺着不封瓦口椽子之下，钻将进去。越门过户，到了中间看时，只见那第三重楼窗之下，炯灼灼一道毫光，也不是灯烛之光，香火之光，又不是飞霞之光，掣电之光。他半飞半跳，近于光前看时，却是包袱放光。那妖精把唐僧的袈裟脱了，不曾折，就乱乱的搋在包袱之内。那袈裟本是佛宝，上边有如意珠、摩尼珠、红玛瑙、紫珊瑚、舍利子、夜明珠，所以透的光彩。他见了此衣钵，心中一喜，就现了本像，拿将过来，也不管担绳偏正，抬上肩，往下就走。不期脱了一头，扑的落在楼板上，唿喇的一声响喨。噫！有这般事：可可的老妖精在楼下睡觉，一声响,把他惊醒,跳起来,乱叫道:"有人了!有人了!"那些大小妖都起来,点灯打火,一齐吆喝,前后去看。有的来报道:"唐僧走了!"又有的来报道:"行者众人俱走了!"老妖急传号令,教:"拿!各门上谨慎!"行者听言,恐又遭他罗网,挑不成包袱,纵筋斗,就跳出楼窗外走了。

那妖精前前后后,寻不着唐僧等。又见天色将明,取了棒,帅众来赶,只见那二十八宿与五方揭谛等神,云雾腾腾,屯住山坡之下。妖王喝了一声"那里去!吾来也!"角木蛟急唤:"兄弟们!怪物来了!"亢金龙、女土蝠、房日兔、心月狐、尾火虎、箕水豹、斗木獬、牛金牛、氐土貉、虚日鼠、危月燕、室火猪、壁水貐、奎木狼、娄金狗、胃土雉、昴日鸡、毕月乌、觜火猴、参水猿、井木犴、鬼金羊、柳土獐、星日马、张月鹿、翼火蛇、轸水蚓,领着金头揭谛、银头揭谛、六甲、六丁等神、护教伽蓝,同八戒、沙僧,——不领唐三藏,丢了白龙马——各执兵器,一拥而上。这妖王见了,呵呵冷笑,叫一声哨子,有四五千大小妖精,一个个威强力胜,浑战在西山坡上。好杀:

> 魔头泼恶欺真性,真性温柔怎奈魔。百计施为难脱苦,千方妙用不能和。诸天来拥护,众圣助干戈。留情亏木母,定志感黄婆。浑战惊天并振地,强争设网与张罗。那壁厢摇旗呐喊,这壁厢擂鼓筛锣。枪刀密密寒光荡,剑戟纷纷杀气多。妖卒凶还勇,神兵怎奈何。愁云遮日月,惨雾罩山河。苦撑苦拽来相战,皆因三藏拜弥陀。

那妖精倍加勇猛,帅众上前掩杀。正在那不分胜败

第六十五回　妖邪假设小雷音　四众皆遭大厄难

之际，只闻得行者叱咤一声道："老孙来了！"八戒迎着道："行李如何？"行者道："老孙的性命几乎难免，却便说甚么行李！"沙僧执着宝杖道："且休叙话，快去打妖精也！"那星宿、揭谛、丁甲等神，被群妖围在垓心浑杀，老妖使棒来打他三个。这行者、八戒、沙僧丢开棍杖，轮着钉钯抵住。真个是地暗天昏，不能取胜。只杀得太阳星，西没山根；太阴星，东生海峤。那妖见天晚，打个哨子，教群妖各各留心，他却取出宝贝。孙行者看得分明，那怪解下搭包，拿在手中。行者道声"不好了！走啊！"他就顾不得八戒、沙僧、诸天等众，一路筋斗，跳上九霄空里。众神、八戒、沙僧不解其意，被他抛起去，又都装在里面，只是走了行者。那妖王收兵回寺，又教取出绳索，照旧绑了。将唐僧、八戒、沙僧悬梁高吊；白马拴在后边；诸神亦俱绑缚，抬在地窖子内，封了盖锁。那众妖遵依，一一收了不题。

却说行者跳在九霄，全了性命；见妖兵回转，不张旗号，已知众等遭擒。他却按下祥光，落在那东山顶上，咬牙恨怪物，滴泪想唐僧，仰面朝天望，悲嗟忽失声，叫道："师父啊！你是那世里造下这迍邅难，今生里步步遇妖精。似这般苦楚难逃，怎生是好！"独自一个，嗟叹多时，复又宁神思虑，以心问心道："这妖魔不知是个甚么搭包子，那般装得许多物件？如今将天神、天将，许多人又都装进去了。我待求救于天，奈恐玉帝见怪。我记得有个北方真武，号曰荡魔天尊，他如今现在南赡部洲武当山上，等我去请他来搭救师父一难。"正是：仙道未成猿马散，心神无主五行枯。毕竟不知此去端的如何，且听下回分解。

批注

名家鉴赏台

1. 西游点心

读完《西游记》第六十五回，小艾同学说道："这个小雷音寺的黄眉老祖真厉害，它又是什么来历呢？"

答：黄眉大王又叫作黄眉老怪，原本是东来佛祖笑和尚敲磬的童子，手使一根由敲磬槌变的短软狼牙棒。他趁佛祖不在家时，偷了金铙、后天人种袋两件宝贝，下界成精，并且在西天路上假设雷音寺诱使唐僧师徒上当，并把孙悟空扣在金铙里。又施展后天人种袋，数次把天兵天将收入袋子，可谓手段高明。紧急关头，弥勒佛终于出现，并用计谋收伏了黄眉大王。

2. 名家说话

总批：

人多从似处错了，小雷音寺便是样子。世上无一物不有似者，最能误人，所以"似是而非"深为可恶。

——李卓吾

李卓吾先生是从《西游记》中看透了芸芸众生的魑魅魍魉。

其实，李逵还是李鬼的故事，至今还在社会的各处纷纷登场，真是你方唱罢我登场。假聪明、假道义、假忠孝、假廉节……更不必说假雷音假如来的大手笔作假了！

绝妙好辞笺

1. 原作指摘

那长老策马加鞭，至山门前，见"雷音寺"三个大字，慌得滚下马来，倒在地下。口里骂道："泼猢狲！害杀我也！现是雷音寺，还哄我哩！"行者陪笑道："师父莫恼，你再看看。山门上乃四个字，你怎么只念出三个来,倒还怪我?"长老战兢兢的爬起来再看,真个是四个字,乃"小雷音寺"。三藏道:"就是小雷音寺,必定也有个佛祖在内。经上言三千诸佛,想是不在一方:似观音在南海,普贤在峨眉,文殊在五台。这不知是那一位佛祖的道场。古人云:'有佛有经,无方无宝。'我们可进去来。"行者道:"不可进去。此处少吉多凶。若有祸患,你莫怪我。"三藏道:"就是无佛,也必有个佛像。我弟子心愿,遇佛拜佛,如何怪你。"即命八戒取袈裟,换僧帽,结束了衣冠,举步前进。

只听得山门里有人叫道:"唐僧,你自东土来拜见我佛,怎么还这等怠慢?"三藏闻言,即便下拜。八戒也磕头,沙僧也跪倒;惟大圣牵马,收拾行李,在后。

2. 演练改写

请认真阅读"原作摘抄",根据原文语句重新设计唐僧上当受骗拜错神的情节:

西游竞技场

1. 本回批注实例

① 行者道:"你不知。自古'天不满西北'。昆仑山在西北乾位上,故有顶天塞空之意,遂名天柱。"

自高自大,真有目空一世之意。

——张书绅

② 长老战兢兢的爬起来再看,真个是四个字,乃"小雷音寺"。

原来不是雷音,妙不可言。

——张书绅

③ 不知行者又仔细观看，见得是假，遂丢了马匹、行囊，掣棒在手，喝道："你这伙孽畜，十分胆大！怎么假倚佛名，败坏如来清德！不要走！"

欺世盗名，此孔子所以为德之贼也。

——张书绅

④ 只听得半空中叮当一声，撇下一副金铙，把行者连头带足，合在金铙之内。

只说是讲道说义，孰知尽是大帽子扣人。

——张书绅

2. 本回批注演练（可在原文处靠右夹批，也可以在下面演练批注）

实践活动园

1. 西游人物亲

在下面给《西游记》第六十五回的黄眉老怪画像。可以发挥想象，能有绘画理由更好。

2. 黄眉很嚣张

行者挺着铁棒喝道："你是个甚么怪物，擅敢假装佛祖，侵占山头，虚设小雷音寺！"那妖王道："这猴儿是也不知我的姓名，故来冒犯仙山。此处唤做小西天。因我修行，得了正果，天赐与我的宝阁珍楼。我

第六十五回　妖邪假设小雷音　四众皆遭大厄难

名乃是黄眉老佛。这里人不知，但称我为黄眉大王、黄眉爷爷。一向久知你往西去，有些手段，故此设像显能，诱你师父进来，要和你打个赌赛。如若斗得过我，饶你师徒，让汝等成个正果；如若不能，将汝等打死，等我去见如来取经，果正中华也。"行者笑道："妖精，不必海口！既要赌，快上来领棒！"那妖王喜孜孜，使狼牙棒抵住。

联系选文，请改写黄眉老怪自夸时的嚣张。注意角色肖像细节描写的运用。

3. 人物微点评

① 微点评列举：

这妖王见了，呵呵冷笑，叫一声哨子，有四五千大小妖精，一个个威强力胜，浑战在西山坡上。好杀：

　　魔头泼恶欺真性，真性温柔怎奈魔。百计施为难脱苦，千方妙用不能和。诸天来拥护，众圣助干戈。留情亏木母，定志感黄婆。浑战惊天并振地，强争设网与张罗。那壁厢摇旗呐喊，这壁厢擂鼓筛锣。枪刀密密寒光荡，剑戟纷纷杀气多。妖卒凶还勇，神兵怎奈何。愁云遮日月，惨雾罩山河。苦挣苦拽来相战，皆因三藏拜弥陀。那妖精倍加勇猛，帅众上前掩杀。

② 请你细读本回目中对黄眉老怪的描写，用三言两语来评点他们：

第八十七回

凤仙郡冒天止雨　孙大圣劝善施霖

大道幽深，如何消息，说破鬼神惊骇。挟藏宇宙，剖判玄光，真乐世间无赛。灵鹫峰前，宝珠拈出，明映五般光彩。照彻乾坤，上下群生，知者寿同山海。

却说三藏师徒四众，别樵子下了隐雾山，奔上大路。行经数日，忽见一座城池相近。三藏道："悟空，你看那前面城池，可是天竺国么？"行者摇手道："不是！不是！如来处虽称极乐，却没有城池，乃是一座大山，山中有楼台殿阁，唤做灵山大雷音寺。就到了天竺国，也不是如来住处。天竺国还不知离灵山有多少路哩。那城想是天竺之外郡。到边前方知明白。"

不一时至城外。三藏下马，入到三层门里，见那民事荒凉，街衢冷落。又到市口之间，见许多穿青衣者，左右摆列，有几个冠带者，立于房檐之下。他四众顺街行走，那些人更不逊避。猪八戒村愚，把长嘴掬一掬，叫道："让路！让路！"那些人猛抬头，看见模样，一个个骨软筋麻，跌跌蹡蹡，都道："妖精来了！妖精来了！"唬得那檐下冠带者，战兢兢躬身问道："那方来者？"三藏恐他们闯

第八十七回　凤仙郡冒天止雨　孙大圣劝善施霖

祸，一力当先，对众道："贫僧乃东土大唐驾下拜天竺国大雷音寺佛祖求经者。路过宝方，一则不知地名，二则未落人家，才进城甚失回避，望列公恕罪。"那官人却才施礼道："此处乃天竺外郡，地名凤仙郡。连年干旱，郡侯差我等在此出榜，招求法师祈雨救民也。"行者闻言道："你的榜文何在？"众官道："榜文在此，适间才打扫廊檐，还未张挂。"行者道："拿来我看看。"众官即将榜文展开，挂在檐下。行者四众上前同看。榜上写着：

"大天竺国凤仙郡郡侯上官，为榜聘明师，招求大法事。慈因郡土宽弘，军民殷实，连年亢旱，累岁干荒，民田薔而军地薄，河道浅而沟浍空。井中无水，泉底无津。富室聊以全生，穷民难以活命。斗粟百金之价，束薪五两之资。十岁女易米三升，五岁男随人带去。城中惧法，典衣当物以存身；乡下欺公，打劫吃人而顾命。为此出给榜文，仰望十方贤哲，祷雨救民，恩当重报。愿以千金奉谢，决不虚言。须至榜者。"

行者看罢，对众官道："'郡侯上官'何也？"众官道："上官乃是姓。此我郡侯之姓也。"行者笑道："此姓却少。"八戒道："哥哥不曾读书。百家姓后有一句'上官欧阳'。"三藏道："徒弟们，且休闲讲。那个会求雨，与他求一场甘雨，以济民瘼，此乃万善之事；如不会，就行，莫误了走路。"行者道："祈雨有甚难事！我老孙翻江搅海，换斗移星，踢天弄井，吐雾喷云，担山赶月，唤雨呼风：那一件儿不是幼年耍子的勾当！何为稀罕！"

众官听说，着两个急去郡中报道："老爷，万千之喜至也！"那郡侯正焚香默祝，听得报声喜至，即问："何喜？"那官道："今日领榜，方至市口张挂，即有四个和尚，称是东土大唐差往天竺国大雷音拜佛求经者，见榜即道能祈甘雨，特来报知。"

那郡侯即整衣步行，不用轿马多人，径至市口，以礼敦请。忽有人报道："郡侯老爷来了。"众人闪过。那郡侯一见唐僧，不怕他徒弟丑恶，当街心倒身下拜道："下官乃凤仙郡郡侯上官氏，熏沐拜请老师祈雨救民。望师大舍慈悲，运神功，拔济，拔济！"三藏答礼道："此间不是讲话处。待贫僧到那寺观，却好行事。"郡侯道："老师同到小衙，自有洁净之处。"

师徒们遂牵马挑担，径至府中，一一相见。郡侯即命看茶摆斋。少顷斋至，那八戒放量吞餐，如同饿虎。唬得那些捧盘的心惊胆战，一往一来，添汤添饭，就如走马灯儿一般，刚刚供上，直吃得饱满方休。斋毕，唐僧谢了斋，却问："郡侯大人，贵处干旱几时了？"郡侯道：

"敝地大邦天竺国，凤仙外郡吾司牧。

一连三载遇干荒，草子不生绝五谷。

大小人家买卖难，十门九户俱啼哭。

三停饿死二停人，一停还似风中烛。

下官出榜遍求贤，幸遇真僧来我国。

若施寸雨济黎民，愿奉千金酬厚德！"

行者听说，满面喜生，呵呵的笑道："莫说！莫说！若说千金为谢，半点甘雨全无。但论积功累德，老孙送你一场大雨。"那郡侯原来十分清正贤良，爱民心重，即请行者上坐，低头下拜道："老师果舍慈悲，下官必不敢悖德。"行者道："且莫讲话，请起。但烦你好生看着我师父，等老孙行事。"沙僧道："哥哥，怎么行事？"行者道："你和八

第八十七回　凤仙郡冒天止雨　孙大圣劝善施霖

戒过来，就在他这堂下随着我做个羽翼，等老孙唤龙来行雨。"八戒、沙僧谨依使令。三个人都在堂下。郡侯焚香礼拜。三藏坐着念经。

> 批注

行者念动真言，诵动咒语，即时见正东上，一朵乌云，渐渐落至堂前，乃是东海老龙王敖广。那敖广收了云脚，化作人形，走向前，对行者躬身施礼道："大圣唤小龙来，那方使用？"行者道："请起。累你远来，别无甚事；此间乃凤仙郡，连年干旱，问你如何不来下雨？"老龙道："启上大圣得知，我虽能行雨，乃上天遣用之辈。上天不差，岂敢擅自来此行雨？"行者道："我因路过此方，见久旱民苦，特着你来此施雨救济，如何推托？"龙王道："岂敢推托？但大圣念真言呼唤，不敢不来。一则未奉上天御旨，二则未曾带得行雨神将，怎么动得雨部？大圣既有拔济之心，容小龙回海点兵，烦大圣到天宫奏准，请一道降雨的圣旨，请水官放出龙来，我却好照旨意数目下雨。"

行者见他说出理来，只得发放老龙回海。他即跳出罡斗，对唐僧备言龙王之事。唐僧道："既然如此，你去为之，切莫打诳语。"行者即吩咐八戒、沙僧："保着师父，我上天宫去也。"好大圣，说声去，寂然不见。那郡侯胆战心惊道："孙老爷那里去了？"八戒笑道："驾云上天去了。"郡侯十分恭敬，传出飞报，教满城大街小巷，不拘公卿士庶，军民人等，家家供养龙王牌位，门设清水缸，缸插杨柳枝，侍奉香火，拜天不题。

却说行者一驾筋斗云，径到西天门外，早见护国天王引天丁、力士上前迎接道："大圣，取经之事完乎？"行者道："也差不远矣。今行至天竺国界，有一外郡，名凤仙郡。彼处三年不雨，民甚艰苦，老孙欲祈雨拯救。呼得龙

309

王到彼，他言无旨，不敢私自为之，特来朝见玉帝请旨。"天王道："那壁厢敢是不该下雨哩。我向时闻得说：那郡侯撒泼，冒犯天地，上帝见罪，立有米山、面山、黄金大锁；直等此三事倒断，才该下雨。"行者不知此意是何，要见玉帝。天王不敢拦阻，让他进去。径至通明殿外，又见四大天师迎道："大圣到此何干？"行者道："因保唐僧，路至天竺国界，凤仙郡无雨，郡侯召师祈雨。老孙呼得龙王，意命降雨，他说未奉玉帝旨意，不敢擅行，特来求旨，以苏民困。"四大天师道："那方不该下雨。"行者笑道："该与不该，烦为引奏引奏，看老孙的人情何如。"葛仙翁道："俗语云：'苍蝇包网儿，好大面皮！'"许旌阳道："不要乱谈，且只带他进去。"邱洪济、张道陵与葛、许四真人引至灵霄殿下，启奏道："万岁，有孙悟空路至天竺国凤仙郡，欲与求雨，特来请旨。"玉帝道："那厮三年前十二月二十五日，朕出行监观万天，浮游三界，驾至他方，见那上官正不仁，将斋天素供，推倒喂狗，口出秽言，造有冒犯之罪，朕即立以三事，在于披香殿内。汝等引孙悟空去看。若三事倒断，即降旨与他；如不倒断，且休管闲事。"

四天师即引行者至披香殿里看时，见有一座米山，约有十丈高下；一座面山，约有二十丈高下。米山边有一只拳大之鸡，在那里紧一嘴，慢一嘴，嗛那米吃。面山边有一只金毛哈巴狗儿，在那里长一舌，短一舌，餂那面吃。左边悬一座铁架子，架上挂一把金锁，约有一尺三四寸长短，锁梃有指头粗细，下面有一盏明灯，灯焰儿燎着那锁梃。行者不知其意，回头问天师曰："此何意也？"天师道："那厮触犯了上天，玉帝立此三事，直等鸡嗛了米尽，狗餂得面尽，灯焰燎断锁梃，那方才该下雨哩。"

第八十七回　凤仙郡冒天止雨　孙大圣劝善施霖

行者闻言，大惊失色，再不敢启奏。走出殿，满面含羞。四大天师笑道："大圣不必烦恼，这事只宜作善可解。若有一念善慈，惊动上天，那米、面山即时就倒，锁梃即时就断。你去劝他归善，福自来矣。"行者依言，不上灵霄辞玉帝，径来下界复凡夫。须臾，到西天门，又见护国天王。天王道："请旨如何？"行者将米山、面山、金锁之事说了一遍，道："果依你言，不肯传旨。适间天师送我，教劝那厮归善，即福原也。"遂相别，降云下界。

那郡侯同三藏、八戒、沙僧、大小官员人等接着，都簇簇攒攒来问。行者将郡侯喝了一声道："只因你这厮三年前十二月二十五日冒犯了天地，致令黎民有难，如今不肯降雨！"郡侯慌得跪伏在地道："老师如何得知三年前事？"行者道："你把那斋天的素供，怎么推倒喂狗？可实实说来！"那郡侯不敢隐瞒，道："三年前十二月二十五日，献供斋天，在于本衙之内，因妻不贤，恶言相斗，一时怒发无知，推倒供桌，泼了素馔，果是唤狗来吃了。这两年忆念在心，神思恍惚，无处可以解释。不知上天见罪，遗害黎民。今遇老师降临，万望明示，上界怎么样计较。"行者道："那一日正是玉皇下界之日。见你将斋供喂狗，又口出秽言，玉帝即立三事记汝。"八戒问道："哥，是那三事？"行者道："披香殿立一座米山，约有十丈高下；一座面山，约有二十丈高下。米山边有拳大的一只小鸡，在那里紧一嘴，慢一嘴的嗛那米吃；面山边有一个金毛哈巴狗儿，在那里长一舌，短一舌的餂那面吃。左边又一座铁架子，架上挂一把黄金大锁，锁梃儿有指头粗细，下面有一盏明灯，灯焰儿燎着那锁梃。直等那鸡嗛米尽，狗餂面尽，灯燎断锁梃，他这里方才该下雨哩。"八戒笑

311

道："不打紧！不打紧！哥肯带我去，变出法身来，一顿把他的米面都吃了，锁梃弄断了，管取下雨。"行者道："呆子莫胡说！此乃上天所设之计，你怎么得见？"三藏道："似这等说，怎生是好？"行者道："不难！不难！我临行时，四天师曾对我言，但只作善可解。"那郡侯拜伏在地，哀告道："但凭老师指教，下官一一皈依也。"行者道："你若回心向善，趁早儿念佛看经，我还替你作为；汝若仍前不改，我亦不能解释，不久天即诛之，性命不能保矣。"

那郡侯磕头礼拜，誓愿皈依。当时召请本处僧道，启建道场，各各写发文书，申奏三天。郡侯领众拈香瞻拜，答天谢地，引罪自责。三藏也与他念经。一壁厢又出飞报，教城里城外大家小户，不论男女人等，都要烧香念佛。自此时，一片善声盈耳。行者却才欢喜。对八戒、沙僧道："你两个好生护持师父，等老孙再与他去去来。"八戒道："哥哥，又往那里去？"行者道："这郡侯听信老孙之言，果然受教，恭敬善慈，诚心念佛，我这去再奏玉帝，求些雨来。"沙僧道："哥哥既要去，不必迟疑，且耽搁我们行路；必求雨一坛，庶成我们之正果也。"

好大圣，又纵云头，直至天门外。还遇着护国天王。天王道："你今又来做甚？"行者道："那郡侯已归善矣。"天王亦喜。正说处，早见直符使者，捧定了道家文书，僧家关牒，到天门外传递。那符使见了行者，施礼道："此意乃大圣劝善之功。"行者道："你将此文牒送去何处？"符使道："直送至通明殿上，与天师传递到玉皇大天尊前。"行者道："如此，你先行，我当随后而去。"那符使入天门去了。护国天王道："大圣，不消见玉帝了。你只往九天应元府下，借点雷神，径自声雷掣电，还他就有雨下也。"

第八十七回 凤仙郡冒天止雨　孙大圣劝善施霖

真个行者依言，入天门里，不上灵霄殿求请旨意，转云步，径往九天应元府，见那雷门使者、纠录典者、廉访典者都来迎着，施礼道："大圣何来？"行者道："有事要见天尊。"三使者即为传奏。天尊随下九凤丹霞之扆，整衣出迎。相见礼毕，行者道："有一事特来奉求。"天尊道："何事？"行者道："我因保唐僧，至凤仙郡，见那干旱之甚，已许他求雨，特来告借贵部官将到彼声雷。"天尊道："我知那郡侯冒犯上天，立有三事，不知可该下雨哩。"行者笑道："我昨日已见玉帝请旨。玉帝着天师引我去披香殿看那三事，乃是米山、面山、金锁。只要三事倒断，方该下雨。我愁难得倒断，天师教我劝化郡侯等众作善，以为'人有善念，天必从之。'庶几可以回天心，解灾难也。今已善念顿生，善声盈耳。适间直符使者已将改行从善的文牒奏上玉帝去了，老孙因特造尊府，告借雷部官将相助相助。"天尊道："既如此，差邓、辛、张、陶，帅领闪电娘子，即随大圣下降凤仙郡声雷。"

那四将同大圣，不多时，至于凤仙境界。即于半空中作起法来。只听得唿鲁鲁的雷声，又见那淅沥沥的闪电。真个是：

> 电掣紫金蛇，雷轰群蛰哄。荧煌飞火光，霹雳崩山洞。列缺满天明，震惊连地纵。红销一闪发萌芽，万里江山都撼动。

那凤仙郡，城里城外，大小官员，军民人等，整三年不曾听见雷电；今日见有雷声霍闪，一齐跪下，头顶着香炉，有的手拈着柳枝，都念"南无阿弥陀佛！南无阿弥陀佛！"这一声善念，果然惊动上天。正是那古诗云：

> "人心生一念，天地悉皆知。

批注

313

善恶若无报，乾坤必有私。"

且不说孙大圣指挥雷将，掣电轰雷于凤仙郡，人人归善。却说那上界直符使者，将僧道两家的文牒，送至通明殿，四天师传奏灵霄殿。玉帝见了道："那厮们既有善念，看三事如何。"正说处，忽有披香殿看管的将官报道："所立米面山俱倒了。霎时间米面皆无。锁梃亦断。"奏未毕，又有当驾天官引凤仙郡土地、城隍、社令等神齐来拜奏道："本郡郡主并满城大小黎庶之家，无一家一人不皈依善果，礼佛敬天。今启垂慈，普降甘雨，救济黎民。"玉帝闻言大喜，即传旨："着风部、云部、雨部，各遵号令，去下方，按凤仙郡界，即于今日今时，声雷布云，降雨三尺零四十二点。"时有四大天师奉旨，传与各部随时下界，各逞神威，一齐振作。

行者正与邓、辛、张、陶，令闪电娘子在空中调弄，只见众神都到，合会一天。那其间风云际会，甘雨滂沱。好雨：

漠漠浓云，蒙蒙黑雾。雷车轰轰，闪电灼灼。滚滚狂风，淙淙骤雨。所谓一念回天，万民满望。全亏大圣施元运，万里江山处处阴。好雨倾河倒海，蔽野迷空。檐前垂瀑布，窗外响玲珑。万户千门人念佛，六街三市水流洪。东西河道条条满，南北溪湾处处通。槁苗得润，枯木回生。田畴麻麦盛，村堡豆粮升。客旅喜通贩卖，农夫爱尔耘耕。从今黍稷多条畅，自然稼穑得丰登。风调雨顺民安乐，海晏河清享太平。

一日雨下足了三尺零四十二点，众神祇渐渐收回。孙大圣厉声高叫道："那四部众神，且暂停云从，待老孙去叫郡侯拜谢列位。列位可拨开云雾，各现真身，与这凡夫亲眼看看，他才信心供奉也。"众神听说，只得都停在空中。

这行者按落云头，径至郡里。早见三藏、八戒、沙僧，都来迎接。那郡侯一步一拜来谢。行者道："且慢谢我。我已留住四部神祇，你可传召多人同此拜谢，教他向后好来降雨。"郡侯随传飞报，召众同酬，都一个个拈香朝拜。只见那四部神祇，开明云雾，各现真身。四部者，乃雨部、雷部、云部、风部。只见那：

> 龙王显像，雷将舒身。云童出现，风伯垂真。龙王显像，银须苍貌世无双；雷将舒身，钩嘴威颜诚莫比。云童出现，谁如玉面金冠；风伯垂真，曾似燥眉环眼。齐齐显露青霄上，各各挨排观圣仪。凤仙郡界人才信，顶礼拈香恶性回。今日仰朝天上将，洗心向善尽皈依。

众神祇宁待了一个时辰，人民拜之不已。孙行者又起在云端，对众作礼道："有劳！有劳！请列位各归本部。老孙还教郡界中人家，供养高真，遇时节醮谢。列位从此后，五日一风，十日一雨，还来拯救拯救。"众神依言，各各转部不题。

却说大圣坠落云头，与三藏道："事毕民安，可收拾走路矣。"那郡侯闻言，急忙行礼道："孙老爷说那里话！今此一场，乃无量无边之恩德。下官这里差人办备小宴，奉答厚恩。仍买治民间田地，与老爷起建寺院，立老爷生祠，勒碑刻名，四时享祀。虽刻骨镂心，难报万一，怎么就说走路的话！"三藏道："大人之言虽当，但我等乃西方挂搭行脚之僧，不敢久住。一二日间，定走无疑。"那郡侯那里肯放。连夜差多人治办酒席，起盖祠宇。

次日，大开佳宴，请唐僧高坐；孙大圣与八戒、沙僧

批注

列坐。郡侯同本郡大小官员部臣把杯献馔，细吹细打，款待了一日。这场果是欣然。有诗为证：

　　田畴久旱逢甘雨，河道经商处处通。
　　深感神僧来郡界，多蒙大圣上天宫。
　　解除三事从前恶，一念皈依善果弘。
　　此后愿如尧舜世，五风十雨万年丰。

　　一日筵，二日宴；今日酬，明日谢；扳留将有半月，只等寺院生祠完备。一日，郡侯请四众往观。唐僧惊讶道："功程浩大，何成之如此速耶？"郡侯道："下官催趱人工，昼夜不息，急急命完，特请列位老爷看看。"行者笑道："果是贤才能干的好贤侯也！"即时都到新寺。见那殿阁巍峨，山门壮丽，俱称赞不已。行者请师父留一寺名。三藏道："有，留名当唤做'甘霖普济寺'。"郡侯称道："甚好！甚好！"用金贴广招僧众，侍奉香火。殿左边立起四众生祠，每年四时祭祀；又起盖雷神、龙神等庙，以答神功。看毕，即命趱行。

　　那一郡人民，知久留不住，各备赆仪，分文不受。因此，合郡官员人等，盛张鼓乐，大展旌幢，送有三十里远近，犹不忍别，遂掩泪目送，直至望不见方回。这正是：硕德神僧留普济，齐天大圣广施恩。毕竟不知此去还有几日方见如来，且听下回分解。

名家鉴赏台

1. 西游点心

　　读完《西游记》第八十七回，小艾同学感叹道："这个玉帝为何因为一件小事就不给凤仙郡下雨？"

答： 这个问题其实既简单又复杂。原来，三年前的十二月二十五日，凤仙郡的上官郡侯在与妻子吵架时，由于一时之气，不仅怒将斋拜上天的供桌推倒，而且还将素供喂狗，口出秽言。其情其景正巧被当天下界的玉帝所见，为了惩罚郡侯的冒犯之罪，玉帝特以三事立罚，三事不过凤仙郡永不施雨。玉帝所立三事，分别为鸡啄米山、狗舔面山、烛烧金锁。猪八戒听说之后，想以个人之力强行破解三事，悟空骂其无知，不懂天上之意，随后悟空教化郡侯——引领全城百姓共行善举、念佛看经，旦听全城善声盈耳，众善触及上天之后，凤仙郡终于久旱逢霖……

2. 名家说话

总批：

米山、面山处，亦可提醒不敬天地愚人。太守一念恶，则不雨；太守一念善，则雨。百姓死活，全在太守手里。寄语天下太守，也要知他百姓死活方好。

——李卓吾

李卓吾先生毕竟高明，还从《西游记》中看到了现实的残酷和无情。与其说寄语天下的太守，不如说寄语天上天下的苍生之主：神仙也罢，人主也罢，都不要和百姓怄气。

绝妙好辞笺

1. 原作指摘

斋毕，唐僧谢了斋，却问："郡侯大人，贵处干旱几时了？"郡侯道：

"敝地大邦天竺国，凤仙外郡吾司牧。

一连三载遇干荒，草子不生绝五谷。

大小人家买卖难，十门九户俱啼哭。

三停饿死二停人，一停还似风中烛。

下官出榜遍求贤，幸遇真僧来我国。

若施寸雨济黎民，愿奉千金酬厚德！"

2. 演练改写

请认真阅读"原作指摘"，请根据原文内容重新描写凤仙郡缺雨的情景：

西游竞技场

1. 本回批注实例

① 那凤仙郡，城里城外，大小官员，军民人等，整三年不曾听见雷电；今日见有雷声霍闪，一齐跪下，头顶着香炉，有的手拈着柳枝，都念"南无阿弥陀佛！南无阿弥陀佛！"

如今念一声佛求天者极多。

——李卓吾

② 正说处，忽有披香殿看管的将官报道："所立米面山俱倒了。霎时间米面皆无。锁梃亦断。"

善恶之报，如影随形。

——张书绅

③ 玉帝闻言大喜，即传旨："着风部、云部、雨部，各遵号令，去下方，按凤仙郡界，即于今日今时，声雷布云，降雨三尺零四十二点。"

比泾河雨数，又少了三寸六点。

——张书绅

④ 一日，郡侯请四众往观。唐僧惊讶道："功程浩大，何成之如此速耶？"郡侯道："下官催趱人工，昼夜不息，急急命完，特请列位老爷看

看。"行者笑道："果是贤才能干的好贤侯也！"

下民无灾，不知子弟却又遭灾。

——张书绅

2. 本回批注演练（可在原文处靠右夹批，也可以在下面演练批注）

实践活动园

1. 西游人物煮

在下面给《西游记》第八十七回中的玉帝画像。

2. 玉帝很小气

玉帝道："那厮三年前十二月二十五日，朕出行监观万天，浮游三界，驾至他方，见那上官正不仁，将斋天素供，推倒喂狗，口出秽言，造有冒犯之罪，朕即立以三事，在于披香殿内。汝等引孙悟空去看。若三事倒断，即降旨与他；如不倒断，且休管闲事。"

四天师即引行者至披香殿里看时，见有一座米山，约有十丈高下；一座面山，约有二十丈高下。米山边有一只拳大之鸡，在那里紧一嘴，慢一嘴，嗛那米吃。面山边有一只金毛哈巴狗儿，在那里长一舌，短一舌，餂那面吃。左边悬一座铁架子，架上挂一把金锁，约有一尺三四寸长短，锁梃有指头粗细，下面有一盏明灯，灯焰儿燎着那锁梃。

联系选文，请扩写玉帝撞见上官不敬事的情景。注意人物细节描写的运用。

3. 人物微点评

① 微点评列举：

那郡侯正焚香默祝，听得报声喜至，即问："何喜？"那官道："今日领榜，方至市口张挂，即有四个和尚，称是东土大唐差往天竺国大雷音拜佛求经者，见榜即道能祈甘雨，特来报知。"

那郡侯即整衣步行，不用轿马多人，径至市口，以礼敦请。忽有人报道："郡侯老爷来了。"众人闪过。那郡侯一见唐僧，不怕他徒弟丑恶，当街心倒身下拜道："下官乃凤仙郡郡侯上官氏，熏沐拜请老师祈雨救民。望师大舍慈悲，运神功，拔济，拔济！"

② 请你细读本回目中对凤仙郡守的描写，用三言两语来评点他：

第九十二回

三僧大战青龙山　四星挟捉犀牛怪

却说孙大圣挟同二弟滚着风，驾着云，向东北艮地上，顷刻至青龙山玄英洞口，按落云头。八戒就欲筑门，行者道："且消停。待我进去看看师父生死如何，再好与他争持。"沙僧道："这门闭紧，如何得进？"行者道："我自有法力。"

好大圣，收了棒，捻着诀，念声咒语，叫"变！"即变做个火焰虫儿。真个也疾伶！你看他：

展翅星流光灿，古云腐草为萤。神通变化不非轻，自有徘徊之性。飞近石门悬看，旁边瑕缝穿风。将身一纵到幽庭，打探妖魔动静。

他自飞入，只见几只牛横敧直倒，一个个呼吼如雷，尽皆睡熟。又至中厅里面，全无消息。四下门户通关，不知那三个妖精睡在何处。才转过厅房，向后又照，只闻得啼泣之声，乃是唐僧锁在后房檐柱上哭哩。行者暗暗听他哭甚，只见他哭道：

"一别长安十数年，登山涉水苦熬煎。
　幸来西域逢佳节，喜到金平遇上元。
　不识灯中假佛像，概因命里有灾愆。

贤徒追袭施威武，但愿英雄展大权。"

　　行者闻言，满心欢喜，展开翅，飞近师前。唐僧揩泪道："呀！西方景象不同。此时正月，蛰虫始振，为何就有萤飞？"行者忍不住，叫声："师父，我来了！"唐僧喜道："悟空，我心说正月怎得萤火，原来是你。"行者即现了本相道："师父啊，为你不识真假，误了多少路程，费了多少心力。我一行说不是好人，你就下拜，却被这怪侮暗灯光，盗取酥合香油，连你都摄将来了。我当吩咐八戒、沙僧回寺看守，我即闻风追至此间。不识地名，幸遇四值功曹传报，说此山名青龙山玄英洞。我日间与此怪斗至天晚方回，与师弟辈细道此情，却就不曾睡，同他两个来此。我恐夜深不便交战，又不知师父下落，所以变化进来，打听师情。"唐僧喜道："八戒、沙僧如今在外边哩？"行者道："在外边。才子老孙看时，妖精都睡着。我且解了锁，搠开门，带你出去罢。"唐僧点头称谢。

　　行者使个解锁法，用手一抹，那锁早自开了。领着师父往前正走，忽听得妖王在中厅内房里叫道："小的们，紧闭门户，小心火烛。这会怎么不叫更巡逻，梆铃都不响了？"原来那伙小妖征战一日，俱辛辛苦苦睡着；听见叫唤，却才醒了。梆铃响处，有几个执器械的，敲着锣，从后而走，可可的撞着他师徒两个。众小妖一齐喊道："好和尚啊！扭开锁往那里去！"行者不容分说，掣出棒幌一幌，碗来粗细，就打。棒起处，打死两个。其余的丢了器械，近中厅，打着门叫："大王！不好了！不好了！毛脸和尚在家里打杀人了！"那三怪听见，一毂辘爬将起来，只教"拿住！拿住！"唬得个唐僧手软脚软。行者也不顾师父，一路棒，滚向前来。众小妖遮架不住，被他放倒三两

第九十二回　三僧大战青龙山　四星挟捉犀牛怪

个，推倒两三个，打开几层门，径自出来，叫道："兄弟们何在？"八戒、沙僧正举着钯杖等待，道："哥哥，如何了？"行者将变化入里解放师父，正走，被妖惊觉，顾不得师父，打出来的事，讲说一遍不题。

那妖王把唐僧捉住，依然使铁索锁了。执着刀，轮着斧，灯火齐明，问道："你这厮怎样开锁，那猴子如何得进，快早供来，饶你之命！不然，就一刀两段！"慌得那唐僧，战战兢兢的跪道："大王爷爷！我徒弟孙悟空，他会七十二般变化。才变个火焰虫儿，飞进来救我；不期大王知觉，被小大王等撞见，是我徒弟不知好歹，打伤两个，众皆喊叫，举兵着火，他遂顾不得我，走出去了。"三个妖王，呵呵大笑道："早是惊觉，未曾走了！"叫小的们把前后门紧紧关闭。亦不喧哗。

沙僧道："闭门不喧哗，想是暗弄我师父。我们动手耶！"行者道："说的是。快早打门。"那呆子卖弄神通，举钯尽力筑去，把那石门筑得粉碎，却又厉声喊骂道："偷油的贼怪！快送吾师出来也！"唬得那门内小妖，滚将进去，报道："大王，不好了！不好了！前门被和尚打破了！"三个妖王十分烦恼道："这厮着实无礼！"即命取披挂结束了，各持兵器，帅小妖出门迎敌。此时约有三更时候，半天中月明如昼。走出来，更不打话，便就轮兵。这里行者抵住钺斧，八戒敌住大刀，沙僧迎住大棍。这场好杀：

　　僧三众，棍杖钯。三个妖魔胆气加。钺斧钢刀藤纥褡，只闻风响并尘沙。初交几合喷愁雾，次后飞腾散彩霞。钉钯解数随身滚，铁棒英豪更可夸。降妖宝杖人间少，妖怪顽心不让他。钺斧口明尖鐏利，藤条

批注

323

节幪一身花。大刀幌亮如门扇，和尚神通偏赛他。这壁厢因师性命发狠打，那壁厢不放唐僧劈脸挝。斧剁棒迎争胜负，钯轮刀砍两交搭。扢挞藤条降怪杖，翻翻复复逞豪华。

三僧三怪，赌斗多时，不见输赢。那辟寒大王喊一声，叫："小的们上来！"众精各执兵刃齐来，早把个八戒绊倒在地。被几个水牛精，揪揪扯扯，拖入洞里捆了。沙僧见没了八戒，只见那群牛发喊嚷声。即掣宝杖，望辟尘大王虚丢了架子要走，又被群精一拥而来，拉了个踉蹡，急挣不起，也被捉去捆了。行者觉道难为，纵筋斗云，脱身而去。当时把八戒、沙僧拖至唐僧前。唐僧见了，满眼垂泪道："可怜你二人也遭了毒手！悟空何在？"沙僧道："师兄见捉住我们，他就走了。"唐僧道："他既走了，必然那里去求救。但我等不知何日方得脱网。"师徒们凄凄惨惨不题。

却说行者驾筋斗云复至慈云寺，寺僧接着，来问："唐老爷救得否？"行者道："难救！难救！那妖精神通广大，我弟兄三个，与他三个斗了多时，被他呼小妖先捉了八戒，后捉了沙僧，老孙幸走脱了。"众僧害怕道："爷爷这般会腾云驾雾，还捉获不得，想老师父被倾害也。"行者道："不妨！不妨！我师父自有伽蓝、揭谛、丁甲等神暗中护佑；却也曾吃过草还丹，料不伤命；——只是那妖精有本事。汝等可好看马匹、行李，等老孙上天去求救兵来。"众僧胆怯道："爷爷又能上天？"行者笑道："天宫原是我的旧家。当年我做齐天大圣，因为乱了蟠桃会，被我佛收降，如今没奈何，保唐僧取经，将功折罪。一路上辅正除邪，我师父该有此难，汝等却不知也。"众僧听此言，又

第九十二回　三僧大战青龙山　四星挟捉犀牛怪

磕头礼拜。行者出得门，打个唿哨，即时不见。

好大圣，早至西天门外。忽见太白金星与增长天王、殷、朱、陶、许四大灵官讲话。他见行者来，都慌忙施礼道："大圣那里去？"行者道："因保唐僧行至天竺国东界金平府绨天县，我师被本县慈云寺僧留赏元宵。比至金灯桥，有金灯三盏，点灯用酥合香油，价贵白金五万余两，年年有诸佛降祥受用。正看时，果有三尊佛像降临。我师不识好歹，上桥就拜。我说不是好人，早被他侮暗灯光，连油并我师一风摄去。我随风追袭，至天晓，到一山，幸四功曹报道：'那山名青龙山。山有玄英洞。洞有三怪，名辟寒大王、辟暑大王、辟尘大王。'老孙急上门寻讨，与他赌斗一阵，未胜。是我变化入里，见师父锁住未伤，随解了欲出，又被他知觉，我遂走了。后又同八戒、沙僧苦战，复被他将二人也捉去捆了。老孙因此特启玉帝，查他来历，请命将降之。"金星呵呵冷笑道："大圣既与妖怪相持，岂看不出他的出处？"行者道："认便认得，是一伙牛精。只是他大有神通，急不能降也。"金星道："那是三个犀牛之精。他因有天文之像，累年修悟成真，亦能飞云步雾。其怪极爱干净，常嫌自己影身，每欲下水洗浴。他的名色也多：有兕犀，有雄犀，有牯犀，有斑犀，又有胡冒犀、堕罗犀、通天花文犀。都是一孔三毛二角，行于江海之中，能开水道。似那辟寒、辟暑、辟尘都是角有贵气，故以此为名而称大王也。若要拿他，只是四木禽星见面就伏。"行者连忙唱喏问道："是那四木禽星？烦长庚老——明示明示。"金星笑道："此星在斗牛宫外，罗布乾坤。你去奏闻玉帝，便见分晓。"行者拱拱手称谢，径入天门里去。

325

不一时，到于通明殿下，先见葛、邱、张、许四大天师。天师问道："何往？"行者道："近行至金平府地方，因我师宽放禅性，元夜观灯，遇妖魔摄去。老孙不能收降，特来奏闻玉帝求救。"四天师即领行者至灵霄宝殿启奏。各各礼毕，备言其事。玉帝传旨："教点那路天兵相助？"行者奏道："老孙才到西天门，遇长庚星说：'那怪是犀牛成精，惟四木禽星可以降伏。'"玉帝即差许天师同行者去斗牛宫点四木禽星下界收降。

及至宫外，早有二十八宿星辰来接。天师道："吾奉圣旨，教点四木禽星与孙大圣下界降妖。"旁即闪过角木蛟、斗木獬、奎木狼、井木犴应声呼道："孙大圣，点我等何处降妖？"行者笑道："原来是你。这长庚老儿却隐匿，我不解其意。早说是二十八宿中的四木，老孙径来相请，又何必劳烦旨意？"四木道："大圣说那里话！我等不奉旨意，谁敢擅离？端的是那方？快早去来。"行者道："在金平府东北艮地青龙山玄英洞，犀牛成精。"斗木獬、奎木狼、角木蛟道："若果是犀牛成精，不须我们，只消井宿去罢。他能上山吃虎，下海擒犀。"行者道："那犀不比望月之犀，乃是修行得道，都有千年之寿者。须得四位同去才好，切勿推调。倘一时一位拿他不住，却不又费事了？"天师道："你们说得是甚话！旨意着你四人，岂可不去？趁早飞行。我回旨去也。"那天师遂别行者而去。

四木道："大圣不必迟疑，你先去索战，引他出来，我们随后动手。"行者即近前骂道："偷油的贼怪！还我师来！"原来那门被八戒筑破，几个小妖弄了几块板儿搪住，在里边听得骂詈，急跑进报道："大王，孙和尚在外面骂哩！"辟尘儿道："他败阵去了，这一日怎么又来？想是那里求些救兵来了。"辟寒、辟暑道："怕他甚么救兵！快取披挂来！小的们，都要用心围绕，休放他走了。"那伙精不知死活，一个个各执枪刀，摇旗擂鼓，走出洞来，对行者喝道："你个不怕打的猢狲儿，你又来了！"行者最恼得是这"猢狲"二字，咬牙发狠，举铁棒就打。三个妖王，调小妖，跑个圈子阵，把行者圈在垓心。那壁厢四木禽星一个个各轮兵刃道："孽畜！休动手！"那三个妖王看他四星，自然害怕，俱道："不好了！不好了！他寻将降手儿来了！小的们，各顾性命走耶！"只听得呼呼吼吼，喘喘呵呵，众小妖都现了本身：原来是那山牛精、水牛精、黄牛精，满山乱跑。那三个妖王，也现了本相，放下手来，还是四只蹄子，就如铁炮一般，径往东北上跑。这大圣帅井木犴、角木蛟紧追急赶，略不放松。惟有斗木獬、奎木狼在东山凹里、山头上、山涧中、山谷内，把些牛精打死的、活捉的，尽皆收净。却向玄英洞里解了唐僧、八戒、沙僧。

沙僧认得是二星，随同拜谢。因问："二位如何到此相救？"二星道："吾等是孙大圣奏玉帝请旨调来收怪救你也。"唐僧又滴泪道："我悟空徒弟怎么不见进来？"二星道："那三个老怪是三只犀牛，他见吾等，各各顾命，向东北艮方逃遁。孙大圣帅井木犴、角木蛟追赶去了。我二星扫荡群牛到此，特来解放圣僧。"唐僧复又顿首拜谢，朝天又拜。八戒搀起道："师父，礼多必诈，不须只管拜了。四星官，一则是玉帝圣旨，二则是师兄人情。今既扫荡群妖，还不知老妖如何降伏。我们且收拾些细软东西出来，掀翻此洞，以绝其根，回寺等候师兄罢。"奎木狼道："天蓬元帅说得有理。你与卷帘大将保护你师回寺安歇，待吾等还去艮方迎敌。"八戒道："正是，正是。你二位还协同一捉，必须剿尽，方好回旨。"二星官即时追袭。

八戒与沙僧将他洞内细软宝贝——有许多珊瑚、玛瑙、珍珠、琥珀、瑳㻁、宝贝、美玉、良金，——搜出一石，搬在外面，请师父到山崖上坐了，他又进去放起火来，把一座洞烧成灰烬，却才领唐僧找路回金平慈云寺去。正是：

经云"泰极还生否"，好处逢凶实有之。
爱赏花灯禅性乱，喜游美景道心漓。
大丹自古宜长守，一失原来到底亏。
紧闭牢拴休旷荡，须臾懈怠见参差。

且不言他三众得命回寺。却表斗木獬、奎木狼二星官驾云直向东北艮方赶妖怪来。二人在那半空中，寻看不见。直到西洋大海，远望见孙大圣在海上吆喝。他两个按落云头道："大圣，妖怪那里去了？"行者恨道："你两个怎么不来追降？这会子却冒冒失失的问甚？"斗木獬道："我见大圣与井、角二星战败妖魔追赶，料必擒拿。我二人却就扫荡群精，入玄英洞救出你师父、师弟。搜了山，烧了洞，把你师父付托与你二弟领回府城慈云寺。多时不见车驾回转，故又追寻到此也。"行者闻言，方才喜谢道："如此，却是有功。多累！多累！但那三个妖魔，被我赶到此间，他就钻下海去。当有井、角二星，紧紧追拿，教老孙在岸边抵挡。你两个既来，且在岸边把截，等老孙也再去来。"

好大圣，轮着棒，捻着诀，辟开水径，直入波涛深处。只见那三个妖魔在水底下与井木犴、角木蛟舍死忘生苦斗哩。他跳近前喊道："老孙来也！"那妖精抵住二

第九十二回 三僧大战青龙山 四星挟捉犀牛怪

星官,措手不及。正在危难之处,忽听得行者叫喊,顾残生,拨转头往海心里飞跑。原来这怪头上角,极能分水,只闻得花花花,冲开明路。这后边二星官并孙大圣并力追之。

却说西海中有个探海的夜叉,巡海的介士,远见犀牛分开水势,又认得孙大圣与二天星,即赴水晶宫对龙王慌慌张张报道:"大王!有三只犀牛,被齐天大圣和二位天星赶来也!"老龙王敖顺听言,即唤太子摩昂:"快点水兵。想是犀牛精辟寒、辟暑、辟尘儿三个惹了孙行者。今既至海,快快拔刀相助。"敖摩昂得令,即忙点兵。

顷刻间,龟鳖鼋鼍,鲭鲌鳜鲤,与虾兵蟹卒等,各执枪刀,一齐呐喊,腾出水晶宫外,挡住犀牛精。犀牛精不能前进,急退后,又有井、角二星并大圣拦阻,慌得他失了群,各各逃生,四散奔走,早把个辟尘儿被老龙王领兵围住。孙大圣见了心欢,叫道:"消停!消停!捉活的,不要死的。"摩昂听令,一拥上前,将辟尘儿扳翻在地,用铁钩子穿了鼻,攒蹄捆倒。

老龙王又传号令,教分兵赶那两个,协助二星官擒拿。即时小龙王帅众前来,只见井木犴现原身,按住辟寒儿,大口小口的啃着吃哩。摩昂高叫道:"井宿!井宿!莫咬死他。孙大圣要活的,不要死的哩。"连喊数喊,已是被他把颈项咬断了。

摩昂吩咐虾兵蟹卒,将个死犀牛抬转水晶宫,却又与井木犴向前追赶。只见角木蛟把那辟暑儿倒赶回来,只撞着井宿。摩昂帅龟鳖鼋鼍,撒开簸箕阵围住。那怪只教:"饶命!饶命!"井木犴走近前,一把揪住耳朵,夺了他的刀,叫道:"不杀你!不杀你!拿与孙大圣发落去来。"

> 批注

　　当即倒干戈，复至水晶宫外报道："都捉来也。"行者见一个断了头，血淋津的，倒在地下。一个被井木犴拖着耳朵，推跪在地。近前仔细看了道："这头不是兵刀伤的啊。"摩昂笑道："不是我喊得紧，连身子都着井星官吃了。"行者道："既是如此，也罢，取锯子来，锯下他的这两只角，剥了皮带去。犀牛肉还留与龙王贤父子享之。"又把辟尘儿穿了鼻，教角木蛟牵着；辟暑儿也穿了鼻，教井木犴牵着："带他上金平府见那刺史官，明究其由，问他个积年假佛害民，然后的决。"

　　众等遵言，辞龙王父子，都出西海。牵着犀牛，会着奎、斗二星，驾云雾，径转金平府。行者足踏祥光，半空中叫道："金平府刺史，各佐贰郎官并府城内外军民人等听着：吾乃东土大唐差往西天取经的圣僧。你这府县，每年家供献金灯，假充诸佛降祥者，即此犀牛之怪。我等过此，因元夜观灯，见这怪将灯油并我师父摄去，是我请天神收伏。今已扫清山洞，剿尽妖魔，不得为害。以后你府县再不可供献金灯，劳民伤财也。"那慈云寺里，八戒、沙僧方保唐僧进得山门，只听见行者在半空言语，即便撇了师父，丢下担子，纵风云起到空中，问行者降妖之事。行者道："那一只被井星咬死，已锯角剥皮带来，两只活拿在此。"八戒道："这两个索性推下此城，与官员人等看看，也认得我们是圣是神。左右累四位星官收云下地，同到府堂，将这怪的决。已此情真罪当，再有甚讲！"四星道："天蓬帅近来知理明律，却好呀！"八戒道："因做了这几年和尚，也略学得些儿。"

　　众神果推落犀牛，一簇彩云，降至府堂之上。唬得这府县官员，城里城外人等，都家家设香案，户户拜天神。

第九十二回　三僧大战青龙山　四星挟捉犀牛怪

少时间，慈云寺僧把长老用轿抬进府门，会着行者，口中不离"谢"字道："有劳上宿星官救出我等。因不见贤徒，悬悬在念，今幸得胜而回！然此怪不知赶向何方才捕获也！"行者道："自前日别了尊师，老孙上天查访，蒙太白金星识得妖魔是犀牛，指示请四木禽星。当时奏闻玉帝，蒙旨差委，直至洞口交战。妖王走了，又蒙斗、奎二宿救出尊师。老孙与井、角二宿并力追妖，直赶到西洋大海，又亏龙王遣子帅兵相助。所以捕获到此审究也。"长老赞扬称谢不已。又见那府县正官并佐贰首领，都在那里高烧宝烛，满斗焚香，朝上礼拜。

少顷间，八戒发起性来，掣出戒刀，将辟尘儿头一刀砍下，又一刀把辟暑儿头也砍下。随即取锯子锯下四只角来。孙大圣更有主张，就教："四位星官，将此四只犀角拿上界去，进贡玉帝，回缴圣旨。"把自己带来的二只："留一只在府堂镇库，以作向后免征灯油之证；我们带一只去，献灵山佛祖。"四星心中大喜，即时拜别大圣，忽驾彩云回奏而去。

府县官，留住他师徒四众，大排素宴，遍请乡官陪奉。一壁厢出给告示，晓谕军民人等，下年不许点设金灯，永蠲买油大户之役。一壁厢叫屠子宰剥犀牛之皮，硝熟熏干，制造铠甲；把肉普给官员人等。又一壁厢动支柱罚无碍钱粮，买民间空地，起建四星降妖之庙；又为唐僧四众建立生祠，各各树碑刻文，用传千古，以为报谢。

师徒们索性宽怀领受。又被那二百四十家灯油大户，这家酬，那家请，略无虚刻。八戒遂心满意受用，把洞里搜来的宝物，每样各笼些须在袖，以为各家斋筵之赏。住经个月，犹不得起身。长老吩咐："悟空，将余剩的宝物，

> 批注

尽送慈云寺僧，以为酬礼。瞒着那些大户人家，天不明走罢；恐只管贪乐，误了取经，惹佛祖见罪，又生灾厄，深为不便。"行者随将前件一一处分。

次日五更早起，唤八戒备马。那呆子吃了自在酒饭，睡得梦梦乍道："这早备马怎的？"行者喝道："师父教走路哩！"呆子抹抹脸道："又是这长老没正经！二百四十家大户都请，才吃了有三十几顿饱斋，怎么又弄老猪忍饿！"长老听言骂道："馕糟的夯货！莫胡说！快早起来！再若强嘴，教悟空拿金箍棒打牙！"那呆子听见说打，慌了手脚道："师父今番变了，常时疼我，爱我，念我蠢夯护我；哥要打时，他又劝解；今日怎么发狠转教打么？"行者道："师父怪你为嘴，误了路程，快早收拾行李、备马，免打！"那呆子真个怕打，跳起来穿了衣服，吆喝沙僧："快起来！打将来了！"沙僧也随跳起，各各收拾皆完。长老摇手道："寂寂悄悄的，不要惊动寺僧。"连忙上马，开了山门，找路而去。这一去，正所谓：暗放玉笼飞彩凤，私开金锁走蛟龙。毕竟不知天明时，酬谢之家端的如何，且听下回分解。

名家鉴赏台

1. 西游点心

读完《西游记》第九十二回，小艾同学又感叹道："这犀牛精又是什么来历呢？他们为什么这么怕四木星君呢？"

答：因为在本回中，唐僧在金平府元夜观灯时，误将三只犀牛精当成神佛参拜，遂被三只犀牛精捉进了洞中，悟空师兄弟三人找到犀牛精的玄英洞，却因为寡不敌众，八戒、沙僧被抓，悟空只好到天宫求救。

太白金星道:"若要拿他,只是四木禽星见面就伏。"

四木禽星是二十八星宿之中的,大家都知道,二十八星宿根本不是悟空的对手,但是为何四木禽星能够降服悟空打不过的犀牛精呢?

其实,这与中国古代的五行学说有关。三个犀牛精俱属土,能够克水,因此偷吃灯油。土能生金,因而能变成金身佛像,迷惑众生。悟空打不过妖精,是因为金由土生,乃是妖精的晚辈;八戒虽为木而能够克土,但独力难克三土;沙悟净是土,与妖精同类,也无法克服。

悟空上天请得四个木星——井木犴、角木蛟、斗木獬、奎木狼——下界降妖,木能克土,所以把三个犀牛精赶到海里去了。犀牛土能够克水,且能生金,所以要往西海跑。斗木獬和奎木狼乃是陆上物,所以在山洞里收拾妖精;井木犴与角木蛟乃是水中物,所以径直去海中追赶三个犀牛精。

四木禽星能够降服悟空打不过的三只犀牛精。这也就是传说中的"一物降一物"吧。

2. 名家说话

总批:

四星挟捉三犀,不过是木克土耳,无他奥义。读者勿为所混。

——李卓吾

这回写的是西游团队剿灭犀牛精的故事。为了感谢师徒四人所做的贡献,当地百姓为他们建立了生祠,这是西游团队在凤仙郡求雨成功之后又一次有人给他们建立生祠。这绝对是对四人最高的评价和褒奖了。

越临近西天朝圣路,小说笔触越舒缓,不似先前这么紧张跌宕。只是猪八戒的待遇已大非昨日,无师父的偏袒。

唐僧也已经学会了行者的口头禅,出口就是"馕糟的夯货!莫胡说!……"

可怜的八戒还不知道发生了什么!已经被师父骂惨。

绝妙好辞笺

1. 原作指摘

行者道:"因保唐僧行至天竺国东界金平府纻天县,我师被本县慈云寺僧留赏元宵。比至金灯桥,有金灯三盏,点灯用酥合香油,价贵白金五万余两,年年有诸佛降祥受用。正看时,果有三尊佛像降临。我师不识好歹,上桥就拜。我说不是好人,早被他侮暗灯光,连油并我师一风摄去。我随风追袭,至天晓,到一山,幸四功曹报道:'那山名青龙山。山有玄英洞。洞有三怪,名辟寒大王、辟暑大王、辟尘大王。'老孙急上门寻讨,与他赌斗一阵,未胜。是我变化入里,见师父锁住未伤,随解了欲出,又被他知觉,我遂走了。后又同八戒、沙僧苦战,复被他将二人也捉去捆了。老孙因此特启玉帝,查他来历,请命将降之。"

2. 演练改写

请认真阅读"原作指摘",请根据原文内容重新设计元夜唐僧观灯被妖怪抓走的情景:

西游竞技场

1. 本回批注实例

① "我日间与此怪斗至天晚方回,与师弟辈细道此情,却就不曾睡,同他两个来此。我恐夜深不便交战,又不知师父下落,所以变化进来,打听师情。"

和尚开怀,两个葫芦并蒂;秃子夜饮,一轮明月当天,有何不便。

——张书绅

② 行者道："认便认得，是一伙牛精。只是他大有神通，急不能降也。"

如今世上牛精神通一味悭吝。

——李卓吾

③ 金星笑道："此星在斗牛宫外，罗布乾坤。你去奏闻玉帝，便见分晓。"

先不道破，为下文蓄势。

——张书绅

④ 老龙王又传号令，教分兵赶那两个，协助二星官擒拿。

不是四星捉怪，像是龙王打围。

——张书绅

2. 本回批注演练（可在原文处靠右夹批，也可以在下面演练批注）

实践活动园

1. 西游人物画

在下面给《西游记》第九十二回中的太白金星画像。可以发挥想象，能有绘画理由更好。

2. 金星很狡黠

金星呵呵冷笑道："大圣既与妖怪相持，岂看不出他的出处？"行者道："认便认得，是一伙牛精。只是他大有神通，急不能降也。"金星道："那是三个犀牛之精。他因有天文之象，累年修悟成真，亦能飞云步雾。其怪极爱干净，常嫌自己影身，每欲下水洗浴。他的名色也多：有兕犀，有雄犀，有牯犀，有斑犀，又有胡冒犀、堕罗犀、通天花文犀。都是一孔三毛二角，行于江海之中，能开水道。似那辟寒、辟暑、辟尘都是角有贵气，故以此为名而称大王也。若要拿他，只是四木禽星见面就伏。"行者连忙唱喏问道："是那四木禽星？烦长庚老一一明示明示。"金星笑道："此星在斗牛宫外，罗布乾坤。你去奏闻玉帝，便见分晓。"

联系选文，请扩写太白金星对犀牛精的介绍。注意人物细节描写的运用。

3. 人物微点评

① 微点评列举：

三个妖王十分烦恼道："这厮着实无礼！"即命取披挂结束了，各持兵器，帅小妖出门迎敌。此时约有三更时候，半天中月明如昼。走出来，更不打话，便就轮兵。这里行者抵住钺斧，八戒敌住大刀，沙僧迎住大棍。这场好杀：

> 僧三众，棍杖钯。三个妖魔胆气加。钺斧钢刀藤纥褡，只闻风响并尘沙。初交几合喷愁雾，次后飞腾散彩霞。钉钯解数随身滚，铁棒英豪更可夸。降妖宝杖人间少，妖怪顽心不让他。钺斧口明尖鐏利，藤条节懞一身花。大刀幌亮如门扇，和尚神通偏赛他。这壁厢因师性命发狠打，那壁厢不放唐僧劈脸挝。斧刺棒迎争胜负，钯轮刀砍两交搭。扢挞藤条降怪杖，翻翻复复逞豪华。

② 请你细读本回目中对三只犀牛精的描写，用三言两语来评点他们：

第九十八回

猿熟马驯方脱壳 功成行满见真如

> 批注

话表寇员外既得回生，复整理了幢幡鼓乐，僧道亲友，依旧送行不题。却说唐僧四众，上了大路。果然西方佛地，与他处不同。见了些琪花、瑶草、古柏、苍松。所过地方，家家向善，户户斋僧。每逢山下人修行，又见林间客诵经。师徒们夜宿晓行，又经有六七日，忽见一带高楼，几层杰阁。真个是：

冲天百尺，耸汉凌空。低头观落日，引手摘飞星。豁达窗轩吞宇宙，嵯峨栋宇接云屏。黄鹤信来秋树老，彩鸾书到晚风清。此乃是灵宫宝阙，琳馆珠庭。真堂谈道，宇宙传经。花向春来美，松临雨过青。紫芝仙果年年秀，丹凤仪翔万感灵。

三藏举鞭遥指道："悟空，好去处耶！"行者道："师父，你在那假境界，假佛像处，倒强要下拜；今日到了这真境界，真佛像处，倒还不下马，是怎的说？"三藏闻言，慌得翻身跳下来，已到了那楼阁门首。只见一个道童，斜立山门之前，叫道："那来的莫非东土取经人么？"长老急整衣，抬头观看。见他：

身披锦衣，手摇玉麈。身披锦衣，宝阁瑶池常赴宴；

第九十八回　猿熟马驯方脱壳　功成行满见真如

手摇玉麈，丹台紫府每挥尘。肘悬仙箓，足踏履鞋。飘然真羽士，秀丽实奇哉。炼就长生居胜境，修成永寿脱尘埃。圣僧不识灵山客，当年金顶大仙来。

孙大圣认得他，即叫："师父，此乃是灵山脚下玉真观金顶大仙，他来接我们哩。"三藏方才醒悟，进前施礼。大仙笑道："圣僧今年才到。我被观音菩萨哄了。他十年前领佛金旨，向东土寻取经人，原说二三年就到我处。我年年等候，渺无消息，不意今年才相逢也。"三藏合掌道："有劳大仙盛意，感激！感激！"遂此四众牵马挑担，同入观里。却又与大仙一一相见。即命看茶摆斋，又叫小童儿烧香汤与圣僧沐浴了，好登佛地。正是那：

功满行完宜沐浴，炼驯本性合天真。

千辛万苦今方息，九戒三皈始自新。

魔尽果然登佛地，灾消故得见沙门。

洗尘涤垢全无染，反本还原不坏身。

师徒们沐浴了，不觉天色将晚。就于玉真观安歇。

次早，唐僧换了衣服，披上锦襕袈裟，戴了毗卢帽，手持锡杖，登堂拜辞大仙。大仙笑道："昨日褴褛，今日鲜明，观此相，真佛子也。"三藏拜别就行。大仙道；"且住，等我送你。"行者道："不必你送，老孙认得路。"大仙道："你认得的是云路。圣僧还未登云路，当从本路而行。"行者道："这个讲得是。老孙虽走了几遭，只是云来云去，实不曾踏着此地。既有本路，还烦你送送。我师父拜佛心重，幸勿迟疑。"那大仙笑吟吟，携着唐僧手，接引游坛上法门。原来这条路不出山门，就自观宇中堂穿出后门便是。大仙指着灵山道："圣僧，你看那半天中有祥光五色，瑞霭千重的，就是灵鹫高峰，佛祖之圣境也。"唐僧见了就拜。行者笑道:"师父,还不到拜处哩。常言道:'望山走倒马。'离此镇还有许远,如何就拜!若拜到顶上,得多少头磕是?"大仙道:"圣僧,你与大圣、天蓬、卷帘四位,已此到于福地,望见灵山,我回去也。"三藏遂拜辞而去。

大圣引着唐僧等,徐徐缓步,登了灵山。不上五六里,见了一道活水,滚浪飞流,约有八九里宽阔,四无人迹。三藏心惊道:"悟空,这路来得差了。敢莫大仙错指了?此水这般宽阔,这般汹涌,又不见舟楫,如何可渡?"行者笑道:"不差!你看那壁厢不是一座大桥?要从那桥上行过去,方成正果哩。"长老等又近前看时,桥边有一扁,扁上有"凌云渡"三字。原来是一根独木桥。正是:

远看横空如玉栋,近观断水一枯槎。
维河架海还容易,独木单梁人怎蹅!
万丈虹霓平卧影,千寻白练接天涯。
十分细滑浑难渡,除是神仙步彩霞。

三藏心惊胆战道:"悟空,这桥不是人走的。我们别寻路径去来。"行者笑道:"正是路!正是路!"八戒慌了道:"这是路,那个敢走?水面又宽,波浪又涌,独独一根木头,又细又滑,怎生动脚?"行者道:"你都站下,等老孙走个儿你看。"

好大圣,拽开步,跳上独木桥,摇摇摆摆。须臾,跑将过去,在那边招呼道:"过来!过来!"唐僧摇手。八戒、沙僧咬指道:"难!难!难!"行者又从那边跑过来,拉着八戒道:"呆子,跟我走,跟我走!"那八戒卧倒在地道:"滑!滑!滑!走不得!你饶我罢!让我驾风雾过

第九十八回　猿熟马驯方脱壳　功成行满见真如

去！"行者按住道："这是甚么去处，许你驾风雾？必须从此桥上走过，方可成佛。"八戒道："哥啊，佛做不成也罢，实是走不得！"

他两个在那桥边，滚滚爬爬，扯扯拉拉的耍斗，沙僧走去劝解，才撒脱了手。三藏回头，忽见那下溜中有一人撑一只船来，叫道："上渡！上渡！"长老大喜道："徒弟，休得乱顽。那里有只渡船儿来了。"他三个跳起来站定，同眼观看，那船儿来得至近，原来是一只无底的船儿。行者火眼金睛，早已认得是接引佛祖，又称为南无宝幢光王佛。行者却不题破，只管叫："这里来！撑拢来！"霎时撑近岸边，又叫："上渡！上渡！"三藏见了，又心惊道："你这无底的破船儿，如何渡人？"佛祖道："我这船：

鸿蒙初判有声名，幸我撑来不变更。

有浪有风还自稳，无终无始乐升平。

六尘不染能归一，万劫安然自在行。

无底船儿难过海，今来古往渡群生。"

孙大圣合掌称谢道："承盛意，接引吾师。——师父，上船去。他这船儿，虽是无底，却稳；纵有风浪，也不得翻。"长老还自惊疑，行者叉着膊子，往上一推。那师父踏不住脚，毂辘的跌在水里，早被撑船人一把扯起，站在船上。师父还抖衣服，垛鞋脚，抱怨行者。行者却引沙僧、八戒，牵马挑担，也上了船，都立在艕艣之上。那佛祖轻轻用力撑开，只见上溜头泱下一个死尸。长老见了大惊。行者笑道："师父莫怕。那个原来是你。"八戒也道："是你，是你！"沙僧拍着手，也道："是你，是你！"那撑船的打着号子，也说："那是你！可贺，可贺！"

他们三人，也一齐声相和。撑着船，不一时，稳稳当当的过了凌云仙渡。三藏才转身，轻轻的跳上彼岸。有诗为证。诗曰：

　　脱却胎胞骨肉身，相亲相爱是元神。
　　今朝行满方成佛，洗净当年六六尘。

此诚所谓广大智慧，登彼岸无极之法。四众上岸回头，连无底船儿却不知去向。行者方说是接引佛祖。三藏方才省悟，急转身，反谢了三个徒弟。行者道："两不相谢。彼此皆扶持也。我等亏师父解脱，借门路修功，幸成了正果；师父也赖我等保护，秉教伽持，喜脱了凡胎。师父，你看这面前花草松篁，鸾凤鹤鹿之胜境，比那妖邪显化之处，孰美孰恶？何善何凶？"三藏称谢不已。一个个身轻体快，步上灵山。早见那雷音古刹：

　　顶摩霄汉中，根接须弥脉。巧峰排列，怪石参差。悬崖下瑶草琪花，曲径旁紫芝香蕙。仙猿摘果入桃林，却似火烧金；白鹤栖松立枝头，浑如烟捧玉。彩凤双双，青鸾对对。彩凤双双，向日一鸣天下瑞；青鸾对对，迎风耀舞世间稀。又见那黄森森金瓦迭鸳鸯，明幌幌花砖铺玛瑙。东一行，西一行，尽都是蕊宫珠阙；南一带，北一带，看不了宝阁珍楼。天王殿上放霞光，护法堂前喷紫焰。浮屠塔显，优钵花香。正是地胜疑天别，云闲觉昼长。红尘不到诸缘尽，万劫无亏大法堂。

师徒们逍逍遥遥，走上灵山之巅。又见青松林下列优婆，翠柏丛中排善士。长老就便施礼，慌得那优婆塞、优婆夷、比丘僧、比丘尼合掌道："圣僧且休行礼。待见了牟尼，却来相叙。"行者笑道："早哩！早哩！且去拜上位者。"

第九十八回 猿熟马驯方脱壳 功成行满见真如

那长老手舞足蹈，随着行者，直至雷音寺山门之外。那厢有四大金刚迎住道："圣僧来耶？"三藏躬身道："是弟子玄奘到了。"答毕，就欲进门。金刚道："圣僧少待，容禀过再进。"那金刚着一个转山门报与二门上四大金刚，说唐僧到了；二门上又传入三门上，说唐僧到了；三山门内原是打供的神僧，闻得唐僧到时，急至大雄殿下，报与如来至尊释迦牟尼文佛说："唐朝圣僧，到于宝山，取经来了。"佛爷爷大喜。即召聚八菩萨、四金刚、五百阿罗、三千揭谛、十一大曜、十八伽蓝，两行排列，却传金旨，召唐僧进。那里边，一层一节，钦依佛旨，叫："圣僧进来。"这唐僧循规蹈矩，同悟空、悟能、悟净，牵马挑担，径入山门。正是：

当年奋志奉钦差，领牒辞王出玉阶。

清晓登山迎雾露，黄昏枕石卧云霾。

挑禅远步三千水，飞锡长行万里崖。

念念在心求正果，今朝始得见如来。

四众到大雄宝殿殿前，对如来倒身下拜。拜罢，又向左右再拜。各各三匝已遍，复向佛祖长跪，将通关文牒奉上。如来一一看了，还递与三藏。三藏频频作礼，启上道："弟子玄奘，奉东土大唐皇帝旨意，遥诣宝山，拜求真经，以济众生。望我佛祖垂恩，早赐回国。"如来方开怜悯之口，大发慈悲之心，对三藏言曰："你那东土乃南赡部洲。只因天高地厚，物广人稠，多贪多杀，多淫多诳，多欺多诈；不遵佛教，不向善缘，不敬三光，不重五谷；不忠不孝，不义不仁，瞒心昧己，大斗小秤，害命杀牲，造下无边之孽，罪盈恶满，致有地狱之灾：所以永堕幽冥，受那许多碓捣磨舂之苦，变化畜类。有那许多披毛顶角之形，将身还债，将肉饲人。其永堕阿鼻，不得超升者，皆此之故也。虽有孔氏在彼立下仁义礼智之教，帝王相继，治有徒流绞斩之刑，其如愚昧不明，放纵无忌之辈何耶！我今有经三藏，可以超脱苦恼，解释灾愆。三藏：有《法》一藏，谈天；有《论》一藏，说地；有《经》一藏，度鬼。共计三十五部，该一万五千一百四十四卷。真是修真之径，正善之门。凡天下四大部洲之天文、地理、人物、鸟兽、花木、器用、人事，无般不载。汝等远来，待要全付与汝取去，但那方之人，愚蠢村强，毁谤真言，不识我沙门之奥旨。"叫："阿傩、迦叶，你两个引他四众，到珍楼之下，先将斋食待他。斋罢，开了宝阁，将我那三藏经中，三十五部之内，各检几卷与他，教他传流东土，永注洪恩。"

　　二尊者即奉佛旨，将他四众，领至楼下。看不尽那奇珍异宝，摆列无穷。只见那设供的诸神，铺排斋宴，并皆是仙品、仙肴、仙茶、仙果，珍馐百味，与凡世不同。师徒们顶礼了佛恩，随心享用。其实是：

　　　　宝焰金光映目明，异香奇品更微精。
　　　　千层金阁无穷丽，一派仙音入耳清。
　　　　素味仙花人罕见，香茶异食得长生。
　　　　向来受尽千般苦，今日荣华喜道成。

　　这番造化了八戒，便宜了沙僧：佛祖处正寿长生，脱胎换骨之馔，尽着他受用。二尊者陪奉四众餐毕，却入宝阁，开门登看。那厢有霞光瑞气，笼罩千重；彩雾祥云，遮漫万道。经柜上，宝篋外，都贴了红签，楷书着经卷名目。乃是：

　　《涅槃经》一部……七百四十八卷

《菩萨经》一部……一千二十一卷

《虚空藏经》一部……四百卷

《首楞严经》一部……一百一十卷

《恩意经大集》一部……五十卷

《决定经》一部……一百四十卷

《宝藏经》一部……四十五卷

《华严经》一部……五百卷

《礼真如经》一部……九十卷

《大般若经》一部……九百一十六卷

《大光明经》一部……三百卷

《未曾有经》一部……一千一百一十卷

《维摩经》一部……一百七十卷

《三论别经》一部……二百七十卷

《金刚经》一部……一百卷

《正法论经》一部……一百二十卷

《佛本行经》一部……八百卷

《五龙经》一部……三十二卷

《菩萨戒经》一部……一百一十六卷

《大集经》一部……一百三十卷

《摩竭经》一部……三百五十卷

《法华经》一部……一百卷

《瑜伽经》一部……一百卷

《宝常经》一部……二百二十卷

《西天论经》一部……一百三十卷

《僧祇经》一部……一百五十七卷

《佛国杂经》一部……一千九百五十卷

《起信论经》一部……一千卷

>批注

　　《大智度经》一部……一千八十卷

　　《宝威经》一部……一千二百八十卷

　　《本阁经》一部……八百五十卷

　　《正律文经》一部……二百卷

　　《大孔雀经》一部……二百二十卷

　　《维识论经》一部……一百卷

　　《具舍论经》一部……二百卷

　　阿傩、迦叶引唐僧看遍经名，对唐僧道："圣僧东土到此，有些甚么人事送我们？快拿出来，好传经与你去。"三藏闻言道："弟子玄奘，来路迢遥，不曾备得。"二尊者笑道："好，好，好！白手传经继世，后人当饿死矣！"行者见他讲口扭捏，不肯传经，他忍不住叫噪道："师父，我们去告如来，教他自家来把经与老孙也。"阿傩道："莫嚷！此是甚么去处，你还撒野放刁！到这边来接着经。"八戒、沙僧耐住了性子，劝住了行者，转身来接。一卷卷收在包里，驮在马上，又捆了两担，八戒与沙僧挑着，却来宝座前叩头，谢了如来，一直出门。逢一位佛祖，拜两拜；见一尊菩萨，拜两拜。又到大门，拜了比丘僧、尼，优婆夷、塞，一一相辞，下山奔路不题。

　　却说那宝阁上有一尊燃灯古佛，他在阁上，暗暗的听着那传经之事，心中甚明，——原是阿傩、迦叶将无字之经传去，却自笑云："东土众僧愚迷，不识无字之经，却不枉费了圣僧这场跋涉？"问："座边有谁在此？"只见白雄尊者闪出。古佛吩咐道："你可作起神威，飞星赶上唐僧，把那无字之经夺了，教他再来求取有字真经。"白雄尊者，即驾狂风，滚离了雷音寺山门之外，大作神威。那阵好风，真个是：

第九十八回 猿熟马驯方脱壳 功成行满见真如

佛前勇士，不比巽二风神。仙窍怒号，远赛吹嘘少女。这一阵，鱼龙皆失穴，江海逆波涛。玄猿捧果难来献，黄鹤回云找旧巢。丹凤清音鸣不美，锦鸡喔运叫声嘈。青松枝折，优钵花飘。翠竹竿竿倒，金莲朵朵摇。钟声远送三千里，经韵轻飞万壑高。崖下奇花残美色，路旁瑶草偃鲜苗。彩鸾难舞翅，白鹿躲山崖。荡荡异香漫宇宙，清清风气彻云霄。

那唐长老正行间，忽闻香风滚滚，只道是佛祖之祯祥，未曾提防。又闻得响一声，半空中伸下一只手来，将马驮的经，轻轻抢去，唬得个三藏捶胸叫唤，八戒滚地来追，沙和尚护守着经担，孙行者急赶去如飞。那白雄尊者，见行者赶得将近，恐他棍头上没眼，一时间不分好歹，打伤身体，即将经包摔碎，抛落尘埃。行者见经包破落，又被香风吹得飘零，却就按下云头顾经，不去追赶。那白雄尊者收风敛雾，回报古佛不题。

八戒去追赶，见经本落下，遂与行者收拾背着，来见唐僧。唐僧满眼垂泪道："徒弟呀！这个极乐世界，也还有凶魔欺害哩！"沙僧接了抱着的散经，打开看时，原来雪白，并无半点字迹。慌忙递与三藏道："师父，这一卷没字。"行者又打开一卷，看时，也无字。八戒打开一卷，也无字。三藏叫："通打开来看看。"卷卷俱是白纸。长老短叹长吁的道："我东土人果是没福！似这般无字的空本，取去何用？怎么敢见唐王！诳君之罪，诚不容诛也！"行者早已知之，对唐僧道："师父，不消说了，这就是阿傩、迦叶那厮，问我要人事，没有，故将此白纸本子与我们来了。快回去告在如来之前，问他捐财作弊之罪。"八戒嚷道："正是！正是！告他去来！"四众急急回山，无好步，忙忙又转上雷音。

不多时，到于山门之外。众皆拱手相迎，笑道："圣僧是换经来的？"三藏点头称谢。众金刚也不阻挡，让他进去，直至大雄殿前。行者嚷道："如来！我师徒们受了万蛰千魔，千辛万苦，自东土拜到此处，蒙如来吩咐传经，被阿傩、迦叶指财不遂，通同作弊，故意将无字的白纸本儿教我们拿去，我们拿他去何用？望如来敕治！"佛祖笑道："你且休嚷。他两个问你要人事之情，我已知矣。但只是经不可轻传，亦不可以空取，向时众比丘圣僧下山，曾将此经在舍卫国赵长者家与他诵了一遍，保他家生者安全，亡者超脱，只讨得他三斗三升米粒黄金回来。我还说他们忒卖贱了，教后代儿孙没钱使用。你如今空手来取，是以传了白本。白本者，乃无字真经，倒也是好的。因你那东土众生，愚迷不悟，只可以此传之耳。"即叫："阿傩、迦叶，快将有字的真经，每部中各检几卷与他，来此报数。"

二尊者复领四众，到珍楼宝阁之下，仍问唐僧要些人事。三藏无物奉承，即命沙僧取出紫金钵盂，双手奉上道："弟子委是穷寒路遥，不曾备得人事。这钵盂乃唐王亲手所赐，教弟子持此，沿路化斋。今特奉上，聊表寸心。万望尊者不鄙轻亵，将此收下，待回朝奏上唐王，定有厚谢。只是以有字真经赐下，庶不孤钦差之意，远涉之劳也。"那阿傩接了，但微微而笑。被那些管珍楼的力士，管香积的庖丁，看阁的尊者，你抹他脸，我扑他背，弹指的，扭唇的，一个个笑道："不羞！不羞！需索取经的人事！"须臾，把脸皮都羞皱了，只是拿着钵盂不放。迦叶却才进阁检经，一一查与三藏。三藏却叫："徒弟们，你们都好生看看,莫似前番。"他三人接一卷,看一卷,却都是有字的。传了五千零四十八卷,乃一藏之数。收拾齐整,驮在马上;剩下的,还装了一担,八戒挑着。自己行囊,沙僧挑着。行者牵了马,唐僧拿了锡杖,按一按毗卢帽,抖一抖锦袈裟,才喜喜欢欢,到我佛如来之前。正是那:

《大藏真经》滋味甜,如来造就甚精严。

须知玄奘登山苦,可笑阿傩却爱钱。

先次未详亏古佛,后来真实始安然。

至今得意传东土,大众均将雨露沾。

阿傩、迦叶引唐僧来见如来。如来高升莲座,指令降龙、伏虎二大罗汉敲响云磬,遍请三千诸佛、三千揭谛、八金刚、四菩萨、五百尊罗汉、八百比丘僧、大众优婆塞、比丘尼、优婆夷,各天各洞,福地灵山,大小尊者圣僧,该坐的请登宝座,该立的侍立两旁。一时间,天乐遥闻,仙音嘹喨,满空中祥光迭迭,瑞气重重,诸佛毕集,参见了如来。如来问:"阿傩、迦叶,传了多少经卷与他?可一一报数。"二尊者即开报:"现付去唐朝:

《涅槃经》……四百卷

《菩萨经》……三百六十卷

《虚空藏经》……二十卷

《首楞严经》……三十卷

《恩意经大集》……四十卷

《决定经》……四十卷

《宝藏经》……二十卷

《华严经》……八十一卷

《礼真如经》……三十卷

《大般若经》……六百卷

《金光明品经》……五十卷

《未曾有经》……五百五十卷

《维摩经》……三十卷

《三论别经》……四十二卷

《金刚经》……一卷

《正法论经》……二十卷

《佛本行经》……一百一十六卷

《五龙经》……二十卷

《菩萨戒经》……六十卷

《大集经》……三十卷

《摩竭经》……一百四十卷

《法华经》……十卷

《瑜伽经》……三十卷

《宝常经》……一百七十卷

《西天论经》……三十卷

《僧祇经》……一百一十卷

《佛国杂经》……一千六百三十八卷

《起信论经》……五十卷

《大智度经》……九十卷

《宝威经》……一百四十卷

《本阁经》……五十六卷

《正律文经》……十卷

《大孔雀经》……十四卷

《维识论经》……十卷

《具舍论经》……十卷

在藏总经，共三十五部，各部中检出五千零四十八卷，与东土圣僧传留在唐。现俱收拾整顿于人马驮担之上，专等谢恩。"

三藏四众拴了马，歇了担，一个个合掌躬身，朝上礼拜。如来对唐僧言曰："此经功德，不可称量。虽为我门之龟鉴，实乃三教之源流。若到你那南赡部洲，示与一切众生，不可轻慢。非沐浴斋戒，不可开卷。宝之！重之！盖此内有成仙了道之奥妙，有发明万化之奇方也。"三藏叩头谢恩，信受奉行，依然对佛祖遍礼三匝，承谨归诚，领经而去；去到三山门，一一又谢了众圣不题。

如来因打发唐僧去后，才散了传经之会。旁又闪上观世音菩萨合掌启佛祖道："弟子当年领金旨向东土寻取经之人，今已成功，共计得一十四年，乃五千零四十日，还少八日，不合藏数。望我世尊，早赐圣僧回东转西，须在八日之内，庶完藏数，准弟子缴还金旨。"如来大喜道："所言甚当，准缴金旨。"即叫八大金刚吩咐道："汝等快使神威，驾送圣僧回东，把真经传留，即引圣僧西回。须在八日之内，以完一藏之数。勿得迟违。"金刚随即赶上唐僧，叫道："取经的，跟我来！"唐僧等俱身轻体健，荡荡飘飘，随着金刚，驾云而起。这才是：见性明心参佛祖，功完行满即飞升。毕竟不知回东土怎生传授，且听下回分解。

名家鉴赏台

1. 西游点心

读完《西游记》第九十八回，小艾同学长叹一声："总算到了西天，怎么佛祖弟子也索要人事（好处费）呢？"

答：阿傩、迦叶带领唐僧看完经书后，让唐僧拿些人事给他们，他们才能将经书传给唐僧，对于阿傩和迦叶的这一做法，很多人都很迷惑，阿傩、迦叶为什么要执意向唐僧索要人事呢？

当时的唐三藏没有东西可以拿得出手，便让沙僧取出自己的金钵盂，双手托着金钵盂对阿傩和迦叶说，自己穷汉路遥，没有准备人事，浑身上下也只有这个金钵盂，这个金钵盂是唐王赐给自己的，自己一路上都是拿着它化斋，现在将这个金钵盂献给阿傩和迦叶，聊表心意，希望阿傩和迦叶不要嫌弃，等自己取了经书回到东土大唐，一定有重谢。

很多人看到这里会觉得阿傩是个爱财之人，而且还有存心为难唐僧的感觉，人家千辛万苦历经九九八十一难到这里来，身上怎么可能还有钱呢？

《西游记》的学者对阿傩、迦叶向唐僧索要人事的行为做出的解释是阿傩和迦叶是为了帮助唐僧去除杂念，也就是真正达到"净"这一境界。金钵盂是唐僧身上唯一值钱的东西，阿傩和迦叶当然是清楚的，而他们之所以这样做其实只是为了考验唐僧。唐僧当时如果没有将紫金钵盂拿出来，就说明唐僧六根不净，是不能取得真经的。

2.名家说话

总批：

可惜《无字经》不曾取来，所以如今东土都是个钻故纸的苍蝇。可惜！可痛！所以一藏《无字经》，完完全全都在此处，只要人合着眼去看耳。

——李卓吾

看到《无字经》便觉得作者写作之妙，即使是到了西天佛祖之地，依然也是如世俗一般，佛祖手下的阿傩、迦叶几次三番讨要人事。最后逼得唐僧取出吃饭的家伙：金钵盂。

其实，这只金钵盂是极有象征意义的。你看金钵盂是唐王李世民所赠，它是一国之君的信物，表示取经是唐朝的国家行为，并非个人行为。

绝妙好辞笺

1. 原作指摘

三藏见了，又心惊道："你这无底的破船儿，如何渡人？"佛祖道："我这船：

鸿蒙初判有声名，幸我撑来不变更。

有浪有风还自稳，无终无始乐升平。

六尘不染能归一，万劫安然自在行。

无底船儿难过海，今来古往渡群生。"

孙大圣合掌称谢道："承盛意，接引吾师。——师父，上船去。他这船儿，虽是无底，却稳；纵有风浪，也不得翻。"长老还自惊疑，行者叉着膊子，往上一推。那师父踏不住脚，毂辘的跌在水里，早被撑船人一把扯起，站在船上。师父还抖衣服，垛鞋脚，抱怨行者。行者却引沙僧、八戒，牵马挑担，也上了船，都立在艕艛之上。那佛祖轻轻用力撑开，只见上溜头泱下一个死尸。长老见了大惊。行者笑道："师父莫怕。那个原来是你。"八戒也道："是你，是你！"沙僧拍着手，也道："是你，是你！"那撑船的打着号子，也说："那是你！可贺，可贺！"

他们三人，也一齐声相和。撑着船，不一时，稳稳当当的过了凌云仙渡。三藏才转身，轻轻的跳上彼岸。

2. 演练改写

请认真阅读"原作指摘"，请根据原文语句重新设计唐僧渡河脱肉身成佛的情景：

西游竞技场

1. 本回批注实例

① 阿傩、迦叶引唐僧看遍经名,对唐僧道:"圣僧东土到此,有些甚么人事送我们?快拿出来,好传经与你去。

此处也少不得钱。

——李卓吾

② 却说那宝阁上有一尊燃灯古佛,他在阁上,暗暗的听着那传经之事,心中甚明,——原是阿傩、迦叶将无字之经传去。

可惜此经不传,至今令人堕文字中。

——李卓吾

③ 须臾,把脸皮都羞皱了,只是拿着钵盂不放。

趣甚,只是罪过,不当人子。

——李卓吾

④ 迦叶却才进阁检经,一一查与三藏。三藏却叫:"徒弟们,你们都好生看看,莫似前番。"他三人接一卷,看一卷,却都是有字的。

有字便好为人解释,后世子孙不怕饿死矣。

——张书绅

2. 本回批注演练(可在原文处靠右夹批,也可以在下面演练批注)

实践活动园

1. 西游人物画

在下面给《西游记》第九十二回中的阿傩、伽叶画像。可以发挥想象，能有绘画理由更好。

2. 尊者很猥琐

二尊者复领四众，到珍楼宝阁之下，仍问唐僧要些人事。三藏无物奉承，即命沙僧取出紫金钵盂，双手奉上道："弟子委是穷寒路遥，不曾备得人事。这钵盂乃唐王亲手所赐，教弟子持此，沿路化斋。今特奉上，聊表寸心。万望尊者不鄙轻亵，将此收下，待回朝奏上唐王，定有厚谢。只是以有字真经赐下，庶不孤钦差之意，远涉之劳也。"那阿傩接了，但微微而笑。被那些管珍楼的力士，管香积的庖丁，看阁的尊者，你抹他脸，我扑他背，弹指的，扭唇的，一个个笑道："不羞！不羞！需索取经的人事！"须臾，把脸皮都羞皱了，只是拿着钵盂不放。

联系选文，请扩写阿傩、迦叶问唐僧要人事的情节。注意细节描写的运用。

3. 人物微点评

① 微点评列举：

阿傩、迦叶引唐僧看遍经名，对唐僧道："圣僧东土到此，有些甚么人事送我们？快拿出来，好传经与你去。"三藏闻言道："弟子玄奘，来路迢遥，不曾备得。"二尊者笑道："好，好，好！白手传经继世，后人当饿死矣！"行者见他讲口扭捏，不肯传经，他忍不住叫噪道："师父，我们去告如来，教他自家来把经与老孙也。"阿傩道："莫嚷！此是甚么去处，你还撒野放刁！到这边来接着经。"

② 请你细读本回中对二尊者阿傩、迦叶的描写，用三言两语来评点他们：

第四篇

九九归一成圆满

第一百回

径回东土　五圣成真

　　且不言他四众脱身，随金刚驾风而起。却说陈家庄救生寺内多人，天晓起来，仍治果肴来献，至楼下，不见了唐僧。这个也来问，那个也来寻，俱慌慌张张，莫知所措，叫苦连天的道："清清把个活佛放去了！"一会家无计，将办来的品物，俱抬在楼上祭祀烧纸。以后每年四大祭，二十四小祭。还有那告病的，保安的，求亲许愿，求财求子的，无时无日，不来烧香祭赛。真个是金炉不断千年火，玉盏常明万载灯。不题。

　　却说八大金刚使第二阵香风，把他四众，不一日，送至东土，渐渐望见长安。原来那太宗自贞观十三年九月望前三日送唐僧出城，至十六年，即差工部官在西安关外起建了望经楼接经。太宗年年亲至其地。恰好那一日出驾复到楼上，忽见正西方满天瑞霭，阵阵香风，金刚停在空中叫道："圣僧，此间乃长安城了。我们不好下去，这里人伶俐，恐泄漏吾像。孙大圣三位也不消去，汝自去传了经与汝主，即便回来。我在霄汉中等你，与你一同缴旨。"大圣道："尊者之言虽当，但吾师如何挑得经担！如何牵得这马！须得我等同去一送。烦你在空少等，谅不敢误。"金刚道："前日观音菩萨启过如来，往来只在八日，方完藏数。今已经四日有余，只怕八戒贪图富贵，误了期限。"八戒笑道："师父成佛，我也望成佛，岂有贪图之理！泼大粗人！都在此等我，待交了经，就来与你回向也。"呆子挑着担，沙僧牵着马，行者领着圣僧，都按下云头，落于望经楼边。

太宗同多官一齐见了，即下楼相迎道："御弟来也？"唐僧即倒身下拜。太宗搀起，又问："此三者何人？"唐僧道："是途中收的徒弟。"太宗大喜，即命侍官："将朕御车马扣背，请御弟上马，同朕回朝。"唐僧谢了恩，骑上马。大圣轮金箍棒紧随。八戒、沙僧俱扶马挑担，随驾后共入长安。真个是：

　　当年清宴乐升平，文武安然显俊英。
　　水陆场中僧演法，金銮殿上主差卿。
　　关文敕赐唐三藏，经卷原因配五行。
　　苦炼凶魔种种灭，功成今喜上朝京。

唐僧四众，随驾入朝。满城中无一不知是取经人来了。却说那长安唐僧旧住的洪福寺大小僧人，看见几株松树一颗颗头俱向东，惊讶道："怪哉！怪哉！今夜未曾刮风，如何这树头都扭过来了？"内有三藏的旧徒道："快拿衣服来！取经的老师父来了！"众僧问道："你何以知之？"旧徒曰："当年师父去时，曾有言道：'我去之后，或三五年，或六七年，但看松树枝头若是东向，我即回矣。'我师父佛口圣言，故此知之。"急披衣而出。至西街时，早已有人传播说："取经的人适才方到，万岁爷爷接入城来了。"众僧听说，又急急跑来，却就遇着。一见大驾，不敢近前，随后跟至朝门之外。唐僧下马，同众进朝。唐僧将龙马与经担，同行者、八戒、沙僧，站在玉阶之下。太宗传宣："御弟上殿。"赐坐。唐僧又谢恩坐了，教把经卷抬来。行者等取出，近侍官传上。太宗又问："多少经数？怎生取来？"三藏道："臣僧到了灵山，参见佛祖，蒙差阿傩、迦叶二尊者先引至珍楼内赐斋，次到宝阁内传经。那尊者需索人事，因未曾备得，不曾送他，他遂以经与了。当谢佛祖之恩，东行，忽被妖风抢了经去。幸小徒有些神通赶夺，却俱抛掷散漫。因展看，皆是无字空本。臣等着惊，复去拜告恳求。佛祖道：'此经成就之时，有比丘圣僧将下山与舍卫国赵长者家看诵了一遍，保祐他家生者安全，亡者超脱，止讨了他三斗三升米粒黄金，意思还嫌卖贱了，后来子孙没钱使用。'我等知二尊者需索人事，佛祖明知，只得将钦赐紫金钵盂送他，方传了有字真经。此经有三十五部。各部中检了几卷传来，共计五千零四十八卷，此数盖合一藏也。"太宗更喜，教："光禄寺设宴开东阁酬谢。"忽见他三徒立在阶下，容貌异常，便问："高徒果外国人耶？"长老俯伏道："大徒弟姓孙，法名悟空，臣又呼他为孙行者。他出身原是东胜神洲傲来国花果山水帘洞人氏。因五百年前大闹天宫，被佛祖困压在西番两界山石匣之内，蒙观音菩萨劝善，情愿皈依，是臣到彼救出，甚亏此徒保护。二徒弟姓猪，法名悟能，臣又呼他为猪八戒。他出身原是福陵山云栈洞人氏。因在乌斯藏高老庄上作怪，即蒙菩萨劝善，亏行者收之。一路上挑担有力，涉水有功。三徒弟姓沙，法名悟净，臣又呼他为沙和尚。他出身原是流沙河作怪者，也蒙菩萨劝善，秉教沙门。那匹马不是主公所赐者。"太宗道："毛片相同，如何不是？"三藏道："臣到蛇盘山鹰愁涧涉水，原马被此马

> 批注

吞之，亏行者请菩萨问此马来历，原是西海龙王之子，因有罪，也蒙菩萨救解，教他与臣作脚力。当时变作原马，毛片相同。幸亏他登山越岭，跋涉崎岖。去时骑坐，来时驮经，亦甚赖其力也。"太宗闻言，称赞不已。又问："远涉西方，端的路程多少？"三藏道："总记菩萨之言，有十万八千里之远。途中未曾记数。只知经过了一十四遍寒暑。日日山，日日岭。遇林不小，遇水宽洪。还经几座国王，俱有照验印信。"叫："徒弟，将通关文牒取上来，对主公缴纳。"当时递上。太宗看了，乃贞观一十三年九月望前三日给。太宗笑道："久劳远涉。今已贞观二十七年矣。"牒文上有宝象国印，乌鸡国印，车迟国印，西梁女国印，祭赛国印，朱紫国印，狮驼国印，比丘国印，灭法国印；又有凤仙郡印，玉华州印，金平府印。太宗览毕，收了。

早有当驾官请宴，即下殿携手而行。又问："高徒能礼貌乎？"三藏道："小徒俱是山村旷野之妖身，未谙中华圣朝之礼数。万望主公赦罪。"太宗笑道："不罪他，不罪他。都同请东阁赴宴去也。"三藏又谢了恩，招呼他三众，都到阁内观看。果是中华大国，比寻常不同。你看那：

> 门悬彩绣，地衬红毡。异香馥郁，奇品新鲜。琥珀杯，玻璃盏，镶金点翠；黄金盘，白玉碗，嵌锦花缠。烂煮蔓菁，糖浇香芋。蘑菇甜美，海菜清奇。几次添来姜辣笋，数番办上蜜调葵。面筋椿树叶，木耳豆腐皮。石花仙菜，蕨粉干薇。花椒煮菜莪，芥末拌瓜丝。几盘素品还犹可，数种奇稀果夺魁。核桃柿饼，龙眼荔枝。宣州茧栗山东枣，江南银杏兔头梨。榛松莲肉葡萄大，榧子瓜仁菱米齐。橄榄林檎，苹婆

沙果。慈菇嫩藕，脆李杨梅。无般不备，无件不齐。还有些蒸酥蜜食兼嘉馔，更有那美酒香茶与异奇。说不尽百味珍馐真上品，果然是中华大国异西夷。

师徒四众与文武多官，俱侍列左右，太宗皇帝仍正坐当中。歌舞吹弹，整齐严肃，遂尽乐一日。正是：

　　君王嘉会赛唐虞，取得真经福有余。
　　千古流传千古盛，佛光普照帝王居。

当日天晚，谢恩宴散。太宗回宫，多官回宅。唐僧等归于洪福寺，只见寺僧磕头迎接。方进山门，众僧报道："师父，这树头儿今早俱忽然向东。我们记得师父之言，遂出城来接。果然到了！"长老喜之不胜，遂入方丈。此时八戒也不嚷茶饭，也不弄喧头，行者、沙僧，个个稳重。只因道果完成，自然安静。当晚睡了。

次早，太宗升朝，对群臣言曰："朕思御弟之功，至深至大，无以为酬。一夜无寐，口占几句俚谈，权表谢意。但未曾写出。"叫："中书官来，朕念与你，你一一写之。"其文云：

　　"盖闻二仪有象，显覆载以含生；四时无形，潜寒暑以化物。是以窥天鉴地，庸愚皆识其端；明阴洞阳，贤哲罕穷其数。然天地包乎阴阳，而易识者，以其有象也；阴阳处乎天地，而难穷者，以其无形也。故知象显可征，虽愚不惑；形潜莫睹，在智犹迷。况乎佛道崇虚，乘幽控寂。弘济万品，典御十方。举威灵而无上，抑神力而无下；大之则弥于宇宙，细之则摄于毫厘。无灭无生，历千劫而亘古；若隐若显，运百福而长今。妙道凝玄，遵之莫知其际；法流湛寂，挹之莫测其源。故知蠢蠢凡愚，区区庸鄙，投其旨趣，能无疑惑者哉！然则大教之兴，基乎西土。腾汉庭而皎梦，照东域而流慈。古者，分形分迹之时，言未驰而成化；当常见常隐之世，民仰德而知遵。及乎晦影归真，迁移越世，金容掩色，不镜三千之光；丽象开图，空端四八之相。于是微言广被，拯禽类于三途；遗训遐宣，导群生于十地。佛有经，能分大小之乘；更有法，传讹邪正之术。我僧玄奘法师者，法门之领袖也。幼怀慎敏，早悟三空之功；长契神清，先包四忍之行。松风水月，未足比其清华；仙露明珠，讵能方其朗润！故以智通无累，神测未形。超六尘而迥出，使千古而传芳。凝心内境，悲正法之陵迟；栖虑玄门，慨深文之讹谬。思欲分条振理，广彼前闻；截伪续真，开兹后学。是以翘心净土，法游西域。乘危远迈，策杖孤征。积雪晨飞，途间失地；惊沙夕起，空外迷天。万里山川，拨烟霞而进步；百重寒暑，蹑霜雨而前踪。诚重劳轻，求深欲达。周游西宇，十有四年。穷历异邦，询求正教。双林八水，味道餐风；鹿苑鹫峰，瞻奇仰异。承至言于先圣，受真教于上贤。探赜妙门，精穷奥业。三乘六律之道，驰骤于心田；一藏百箧之文，波涛于海口。爰自所历之国无涯，求取之经有数。总得大乘要文，凡三十五部，计五千四十八卷，译布中华，宣扬胜业。引慈云于西极，注法雨于东陲。圣教缺而复全，苍生罪而还福。湿火宅之干焰，共拔迷途；朗金水之昏波，同臻彼岸。是知恶因业坠，善以缘升。升坠之端，惟人自作。譬之桂生高岭，云露方得泫其花；莲出绿波，飞尘不能染其叶。非莲性自洁而桂质本贞，良由所附者高，则微物不能累；所凭者净，则浊类不能沾。夫以卉木无知，犹资善而成善，矧乎人伦有识，宁不缘庆而成庆？方冀真经传布，并日月而无穷；景福遐敷，与乾坤而永大也欤！"

写毕，即召圣僧。此时长老已在朝门外候谢。闻宣急入，行俯伏之礼。太宗传请上殿，将文字递与长老。览遍，复下谢恩，奏道："主公文辞高古，理趣渊微。但不知是何名目。"太宗道："朕夜口占，答谢御弟之意，名曰'圣教序'。不知好否。"长老叩头，称谢不已。太宗又曰：

"朕才愧圭璋，言惭金石。至于内典，尤所未闻。口占叙文，诚为鄙拙。秽翰墨于金简，标瓦砾于珠林。循躬省虑，腼面恧心。甚不足称，虚劳致谢。"

当时多官齐贺，顶礼圣教御文，遍传内外。太宗道："御弟将真经演诵一番，何如？"长老道："主公，若演真经，须寻佛地。宝殿非可诵之处。"太宗甚喜。即问当驾官："长安城寺，有那座寺院洁净？"班中闪上大学士萧瑀奏道："城中有一雁塔寺，洁净。"太宗即令多官："把真经各虔捧几卷，同朕到雁塔寺，请御弟谈经去来。"多官遂各各捧着，随太宗驾幸寺中，搭起高台，铺设齐整。长老仍命："八戒、沙僧，牵龙马，理行囊；行者在我左右。"又向太宗道："主公欲将真经传流天下，须当誊录副本，方可布散。原本还当珍藏，不可轻亵。"太宗又笑道："御弟之言，甚当！甚当！"随召翰林院及中书科各官誊写真经。又建一寺，在城之东，名曰誊黄寺。

长老捧几卷登台，方欲讽诵，忽闻得香风缭绕，半空中有八大金刚现身高叫道："诵经的，放下经卷，跟我回西去也。"这底下行者三人，连白马，平地而起。长老亦将经卷丢下，也从台上起于九霄，相随腾空而去。慌得那太宗与多官望空下拜。这正是：

　　　　圣僧努力取经编，西宇周流十四年。
　　　　苦历程途遭患难，多经山水受迍邅。
　　　　功完八九还加九，行满三千及大千。
　　　　大觉妙文回上国，至今东土永留传。

　　太宗与多官拜毕，即选高僧，就于雁塔寺里，修建水陆大会，看诵《大藏真经》，超脱幽冥孽鬼，普施善庆。将誊录过经文，传布天下不题。

　　却说八大金刚，驾香风，引着长老四众，连马五口，复转灵山，连去连来，适在八日之内。此时灵山诸神，都在佛前听讲。八金刚引他师徒进去，对如来道："弟子前奉金旨，驾送圣僧等，已到唐国，将经交纳，今特缴旨。"遂叫唐僧等近前受职。如来道："圣僧，汝前世原是我之二徒，名唤金蝉子。因为汝不听说法，轻慢我之大教，故贬汝之真灵，转生东土。今喜皈依，秉我迦持，又乘吾教，取去真经，甚有功果，加升大职正果，汝为旃檀功德佛。孙悟空，汝因大闹天宫，吾以甚深法力，压在五行山下，幸天灾满足，归于释教；且喜汝隐恶扬善，在途中炼魔降怪有功，全终全始，加升大职正果，汝为斗战胜佛。猪悟能，汝本天河水神，天蓬元帅。为汝蟠桃会上酗酒戏了仙娥，贬汝下界投胎，身如畜类。幸汝记爱人身，在福陵山云栈洞造孽，喜归大教，入吾沙门，保圣僧在路，却又有顽心，色情未泯。因汝挑担有功，加升汝职正果，做净坛使者。"八戒口中嚷道："他们都成佛，如何把我做个净坛使者？"如来道："因汝口壮身慵，食肠宽大。盖天下四大部洲，瞻仰吾教者甚多，凡诸佛事，教汝净坛，乃是个有受用的品级,如何不好!——沙悟净,汝本是卷帘大将,先因蟠桃会上打碎玻璃盏,贬汝下界,汝落于流沙河,伤生吃人造孽,幸皈吾教,诚敬迦持,保护圣僧,登山牵马有功,加升大职正果,为金身罗汉。"又叫那白马:"汝本是西洋大海广晋龙王之子。因汝违逆父命,犯了不孝之罪,幸得皈身皈法,皈我沙门,每日家亏你驮负圣僧来西,又亏你驮负圣经去东,亦有功者,加升汝职正果,为八部天龙马。"

长老四众,俱各叩头谢恩。马亦谢恩讫。仍命揭谛引了马下灵山后崖,化龙池边,将马推入池中。须臾间,那马打个展身,即退了毛皮,换了头角,浑身上长起金鳞,腮颔下生出银须,一身瑞气,四爪祥云,飞出化龙池,盘绕在山门里擎天华表柱上。诸佛赞扬如来的大法。孙行者却又对唐僧道:"师父,此时我已成佛,与你一般,莫成还戴金箍儿,你还念甚么《紧箍咒儿》掯勒我?趁早儿念个《松箍儿咒》,脱下来,打得粉碎,切莫叫那甚么菩萨再去捉弄他人。"唐僧道:"当时只为你难管,故以此法制之。今已成佛,自然去矣。岂有还在你头上之理!你试摸摸看。"行者举手去摸一摸,果然无之。此时旃檀佛、斗战佛、净坛使者、金身罗汉,俱正果了本位。天龙马亦自归真。有诗为证。诗曰:

  一体真如转落尘,合和四相复修身。
  五行论色空还寂,百怪虚名总莫论。
  正果旃檀皈大觉,完成品职脱沉沦。
  经传天下恩光阔,五圣高居不二门。

五圣果位之时,诸众佛祖、菩萨、圣僧、罗汉、揭谛、比丘、优婆夷塞、各山各洞的神仙、大神、丁甲、功曹、伽蓝、土地，一切得道的师仙，始初俱来听讲，至此各归方位。你看那：

灵鹫峰头聚霞彩，极乐世界集祥云。金龙稳卧，玉虎安然。乌兔任随来往，龟蛇凭汝盘旋。丹凤青鸾情爽爽，玄猿白鹿意怡怡。八节奇花，四时仙果。乔松古桧，翠柏修篁。五色梅时开时结，万年桃时熟时新。千果千花争秀，一天瑞霭纷纭。

大众合掌皈依，都念：

"南无燃灯上古佛。南无药师琉璃光王佛。南无释迦牟尼佛。南无过去未来现在佛。南无清净喜佛。南无毘卢尸佛。南无宝幢王佛。南无弥勒尊佛。南无阿弥陀佛。南无无量寿佛。南无接引归真佛。南无金刚不坏佛。南无宝光佛。南无龙尊王佛。南无精进善佛。南无宝月光佛。南无现无愚佛。南无婆留那佛。南无那罗延佛。南无功德华佛。南无才功德佛。南无善游步佛。南无旃檀光佛。南无摩尼幢佛。南无慧炬照佛。南无海德光明佛。南无大慈光佛。南无慈力王佛。南无贤善首佛。南无广主严佛。南无金华光佛。南无才光明佛。南无智慧胜佛。南无世静光佛。南无日月光佛。南无日月珠光佛。南无慧幢胜王佛。南无妙音声佛。南无常光幢佛。南无观世灯佛。南无法胜王佛。南无须弥光佛。南无大慧力王佛。南无金海光佛。南无大通光佛。南无才光佛。南无旃檀功德佛。南无斗战胜佛。南无观世音菩萨。南无大势至菩萨。南无文殊菩萨。南无普贤菩萨。南无清净大海众菩萨。南无莲池海会佛菩萨。南无西天极乐诸菩萨。南无三千揭谛大菩萨。南无五百阿罗大菩萨。南无比丘夷塞尼菩萨。南无无边无量法菩萨。南无金刚大士圣菩萨。南无净坛使者菩萨。南无八宝金身罗汉菩萨。南无八部天龙广力菩萨。

如是等一切世界诸佛,

> 愿以此功德,庄严佛净土。
> 上报四重恩,下济三途苦。
> 若有见闻者,悉发菩提心。
> 同生极乐国,尽报此一身。

十方三世一切佛,诸尊菩萨摩诃萨,摩诃般若波罗密。"

《西游记》至此终。

名家鉴赏台

1. 西游点心

读完《西游记》第一百回,小艾同学一声长叹道:"这漫长的取经路终于结束了,佛祖封唐僧的佛是什么佛?"

答:旃檀功德佛,是佛经《大宝积经》卷九十《优波离会》以及《决定毗尼经》所载的三十五佛之一,为《三十五佛名礼忏文》《八十八佛大忏悔文》所列。该佛在三十五佛中,位于佛陀的西北方,其身蓝色,右手触地印,左手定印,持诵此佛名号的功德,能消过去生中,阻止斋僧的罪业。

据说在唐代时,楚地有个文通塔,供奉旃檀佛。吴承恩认为旃檀佛应是一个了不起的佛,于是在创作西游记时,确定唐僧的佛家封号为旃檀功德佛。

2. 名家说话

总批:

你看若猴、若猪、若马，俱成正果。独有人反信不及，倒去为猴、为猪、为马，却不是大颠倒乎？

——李卓吾

全书结尾如来封佛职这段，设计得极有意思的，结局皆大欢喜。这样的结局也算佛祖给取经团队一个比较满意的交代了。看得出来斗战胜佛是作者的精心设计。

李卓吾先生的评注不多，惜墨如金，但是字字句句恰到人性的薄弱处，实在是把这世界看得透透的。西游有了终结篇，人生的"西游"正在每个人的人生经历中发酵萌芽直至伸展到灵魂的每一个细节里。

绝妙好辞笺

1. 原作指摘

却说那长安唐僧旧住的洪福寺大小僧人，看见几株松树一颗颗头俱向东，惊讶道："怪哉！怪哉！今夜未曾刮风，如何这树头都扭过来了？"内有三藏的旧徒道："快拿衣服来！取经的老师父来了！"众僧问道："你何以知之？"旧徒曰："当年师父去时，曾有言道：'我去之后，或三五年，或六七年，但看松树枝头若是东向，我即回矣。'我师父佛口圣言，故此知之。"急披衣而出。至西街时，早已有人传播说："取经的人适才方到，万岁爷爷接入城来了。"众僧听说，又急急跑来，却就遇着。一见大驾，不敢近前，随后跟至朝门之外。

2. 演练改写

请认真阅读"原作指摘"，根据选文重新设计唐僧当年出发西游时预见归来的情景：

西游竞技场

1. 本回批注实例

① 牒文上有宝象国印,乌鸡国印,车迟国印,西梁女国印,祭赛国印,朱紫国印,狮驼国印,比丘国印,灭法国印;又有凤仙郡印,玉华州印,金平府印。太宗览毕,收了。

一部《西游》于此层层收煞,"止至善"三字方不落空。

——张书绅

② 须臾间,那马打个展身,即退了毛皮,换了头角,浑身上长起金鳞,腮颔下生出银须,一身瑞气,四爪祥云,飞出化龙池,盘绕在山门里擎天华表柱上。诸佛赞扬如来的大法。

擎天玉柱,栋梁之才。

——张书绅

③ 孙行者却又对唐僧道:"师父,此时我已成佛,与你一般,莫成还戴金箍儿,你还念甚么《紧箍咒儿》掯勒我?趁早儿念个《松箍儿咒》,脱下来,打得粉碎,切莫叫那甚么菩萨再去捉弄他人。"唐僧道:"当时只为你难管,故以此法制之。今已成佛,自然去矣。岂有还在你头上之理!你试摸摸看。"行者举手去摸一摸,果然无之。此时旃檀佛、斗战佛、净坛使者、金身罗汉,俱正果了本位。天龙马亦自归真。

——李卓吾

④ 此时旃檀佛、斗战佛、净坛使者、金身罗汉,俱正果了本位。天龙马亦自归真。

东土开花,西天果熟。前为学道之始,此乃了道之终。

——张书绅

2. 本回批注演练（可在原文处靠右夹批，也可以在下面演练批注）

实践活动园

1. 西游人物素

在下面给《西游记》第一百回中的如来画像。

2. 如来很英明

"猪悟能，汝本天河水神，天蓬元帅。为汝蟠桃会上酗酒戏了仙娥，贬汝下界投胎，身如畜类。幸汝记爱人身，在福陵山云栈洞造孽，喜归大教，入吾沙门，保圣僧在路，却又有顽心，色情未泯。因汝挑担有功，加升汝职正果，做净坛使者。"八戒口中嚷道："他们都成佛，如何把我做个净坛使者？"如来道："因汝口壮身慵，食肠宽大。盖天下四大部洲，瞻仰吾教者甚多，凡诸佛事，教汝净坛，乃是个有受用的品级，如何不好！"

联系选文，请换个角度扩写猪八戒问封职，如来劝解的情节。注意人物细节描写的运用。

3. 人物微点评

① 微点评列举：

太宗升朝，对群臣言曰："朕思御弟之功，至深至大，无以为酬。一夜无寐，口占几句俚谈，权表谢意。但未曾写出。"

② 请你细读对本书中太宗的语言描写，用三言两语来评点他：

图书在版编目（CIP）数据

耿老师的西游课 / 耿荣编著. — 南京：南京大学出版社, 2019.6
（领读经典 / 王召强主编）
ISBN 978-7-305-21967-2

Ⅰ.①耿… Ⅱ.①耿… Ⅲ.①阅读课—中学—教学参考资料 Ⅳ.① G634.333

中国版本图书馆 CIP 数据核字（2019）第 075775 号

出版发行	南京大学出版社
社　　址	南京市汉口路 22 号　邮　编 210093
出 版 人	金鑫荣

丛 书 名	领读经典
丛书主编	王召强
书　　名	**耿老师的西游课**
编　　著	耿　荣
策　　划	夏德元
责任编辑	张倩倩　纪玉媛　　编辑热线 025-83592409
封面设计	叶　茂
插图绘制	史建期

印　　刷	南京新洲印刷有限公司
开　　本	718×1000　1/16　印张 24.25　字数 336 千
版　　次	2019 年 6 月第 1 版　2019 年 6 月第 1 次印刷
ISBN 978-7-305-21967-2
定　　价	58.00 元

网　　址	http://www.njupco.com
官方微博	http://weibo.com/njupco
官方微信	njupress
销售热线	025-83594756

* 版权所有，侵权必究
* 凡购买南大版图书，如有印装质量问题，请与所购图书销售部门联系调换